Principles of Wine
와인학 원론

(주)지구문화
JIGU CULTURE Co.Ltd

머 리 말

와인은 전 세계 각국에서 수천 종이 생산되고 있습니다. 와인은 '신의 창조물'이라 일컬으며, 수 천년 전부터 오늘날까지 발달해 왔습니다.

필자들 역시 30년이 넘도록 와인을 가까이 하고 연구해 왔습니다만 와인의 오묘함을 이해하고, 전 세계에서 생산되는 수많은 와인을 속속들이 파악, 분석하는 일은 어쩌면 불가능한 일인지도 모른다는 생각이 들었습니다. 다만 기초적인 와인 상식에서부터 이해하면서 즐기다 보면 자연스럽게 와인의 진면목을 알게 될 것입니다.

와인은 오늘날 건강 100세 장수 트랜드와 궁합이 잘 맞습니다. 따라서 와인을 즐기는 사람들이 많아지면서 국내에서도 소비가 늘어나고 와인 산업이 성장하고 있습니다. 와인 분야에 창업을 하거나 종사하고자 하는 사람들이 이어지고 있으며, 대학에 와인 관련 서비스학과도 늘어나고 있습니다.

그러나 와인의 역사에서부터 포도의 생산 환경과 품종, 세계 와인 생산지마다의 특성, 그리고 와인 테이스팅 방법과 서비스 및 와인의 음식 궁합과 유통시장 등을 다룬 전문 서적의 발간이 아직은 미미한 현실입니다.

이 책 '와인학 원론'은 주한 프랑스 대사관 와인담당 상무관으로 20년 근무하고, 와인마케팅 경영연구원을 운영하고 있는 한관규 원장, 오랫동안 호텔에서 서비스 분야 실무 바탕과 대학에서 와인 종사자를 양성하고 있는 이성희 교수, 그리고 정미영 와인 연구원이 각고 끝에, 와인에 입문하고자 하는 분들은 물론, 대학생들의 기본과목으로, 와인 분야 종사자들을 비롯한 와인 애호가 분들에게 올바른 가이드북이 되도록 집필하게 되었습니다.

이 책은 체계적인 구성을 위해 총 5 PART 16개 장으로 정리하였습니다. PART Ⅰ 와인학 입문에서 1장 와인 입문, 2장 포도밭의 자연조건, 3장 포도품종, 4장 포도재배와 수확을 배우고 PART Ⅱ 와인의 제조에서 5장 와인 양조, 6장 와인 숙성을 살펴보면서 와인에 대한 기본적인 이해를 할 수 있도록 하였습니다.

PART Ⅲ 세계 와인 생산국가에서는 7장 와인 규정 및 레이블 이해, 8장 프랑스 와인 산지 Ⅰ, 9장 프랑스 와인 산지 Ⅱ, 10장 구세계 와인, 11장 신세계 와인으로 구성하여, 세계 와인을 살펴보고, 와인 규정 및 레이블을 이해할 수 있도록 하였으며, 세계 주요 생산지의 지도 떼루아, 와인의 특징, 유명 와이너리 소개와 함께 주요 와인의 라벨을 볼 수 있도록 하여 세계 와인에 대하여 체계적으로 알아볼 수 있도록 하였습니다.

PARTⅣ 와인 테이스팅 & 서비스에서는 12장 와인 테이스팅, 13장 고객의 와인 주문, 14장 와인 서비스로 구성하였고, PARTⅤ 와인의 음식 궁합과 유통에서는 15장 와인과 음식의 조화, 16장 와인 유통과 시장으로 구성하여 와인 테이스팅 방법, 고객의 와인 주문 및 와인 서비스, 와인과 음식의 조화, 국내 와인 시장 및 마케팅 등 와인 서비스 실무에 대한 내용을 상세히 서술하였습니다.

특히, 본서 구성에 있어 주제에 맞는 사진을 넣어 시각적인 책이 될 수 있도록 하였으며, 부록으로 전 세계 와인 규정에 따른 등급표와 와이너리 회사명을 추가하였습니다. 또한, 필수적으로 알아야 할 와인 용어를 영어, 프랑스어, 이탈리아어, 스페인어 등으로 구분하여 표기하고 설명하여 학생들과 와인을 처음 접하는 사람들도 쉽게 이해할 수 있도록 하였습니다.

본 서적이 나오기까지 큰 도움을 주신 분들이 많이 계십니다. 와인마케팅경영연구원에서 "보르도 및 부르고뉴 그랑 크뤼 와인 과정"을 수료하신 분들의 동문회 "BB와인포럼" 김택호 회장님과 원우님들께 감사를 드립니다. 주말과 공휴일에 집필하느라 많은 시간을 함께 하지 못한 가족에게도 고마움을 전합니다. 또한, 장기간 도서 집필을 기다려 주고 출판을 결정해 준 ㈜지구문화 주병오 사장님과 주민기 이사님께 깊은 감사의 마음을 전합니다.

와인은 살아 숨쉬는 식품으로 비록 영원하지는 않지만, 탄생과 변화를 거듭하고 소비자의 요구를 받아들이면서 더욱 새롭게 변화합니다. 또한, 전 세계 생산자들은 좋은 와인을 만들고자 끊임없이 노력하여 와인 애호가들을 즐겁게 해주고 있습니다.

이 서적도 와인처럼 변화하는 상황에 따라 지속적으로 수정, 개편될 것입니다. 지금은 처음 나온 햇 와인처럼 덜 성숙되었을지도 모르지만 독자 분들의 조언과 지속적인 관심으로 숙성되어 국내 와인 기본서로서 충실한 역할을 다할 것입니다.

와인은 사랑입니다.

신축년 성하에

대표저자 한 관 규

차례

Contents

Chapter 04 포도 재배와 수확

PART Ⅱ 와인의 제조

Chapter 05 와인 양조

차례

Chapter 06 와인 숙성

PART Ⅲ 세계 와인 생산국가

Chapter 07 와인 규정 및 레이블 이해

Chapter 08 프랑스 와인 산지 I

Contents

Chapter 09 프랑스 와인 산지 II

Chapter 10 구세계 와인

Chapter 11 신세계 와인

차례

PART IV 와인 테이스팅 & 서비스

Chapter 12 와인 테이스팅

Chapter 13 고객의 와인 주문

Chapter 14 와인 서비스

Contents

PART V 와인의 음식 궁합과 유통

Chapter 15 와인과 음식의 조화

Chapter 16 와인 유통과 시장

PART I 와인학 입문

Chapter 1

와인 입문

1. 와인의 가치

포도를 수확해 압착한 뒤에 포도 즙을 발효시킨 것이 와인이다. 그리스 철학자 플라톤이 "와인은 신이 인간에게 준 가장 아름다운 선물이다"라고 하였듯이 와인은 일반적인 음식의 역할뿐만 아니라 여러 분야에서 다양한 가치를 지니고 있다.

농업, 상업, 의학, 종교, 문화 등 여러 방면에서 와인은 그 가치가 인정되고 있다.

(1) 역사적 가치

와인은 역사적 가치를 지니고 있다. 와인은 지금으로부터 7,000~8,000년 전 메소포타미아에서 시작하여 고대 이집트 문명과 그리스를 거쳐 로마 시대로 이어져 지중해 지역과 서유럽의 역사와 함께 발전하였다. 와인은 인간의 생명과 제례를 비롯하여 신화의 상징으로서 인간의 역사와 함께 해 왔다.

(2) 문화적 가치

와인은 문화적인 가치를 지닌다. 예로부터 와인은 생명을 상징하는 음료였기에 모든 문명권의 각종 제례에서는 신 앞에 와인을 바치는 것이 관례였다. 그뿐만 아니라 와인은 축제와 사랑 및 성의 상징으로 여겨지기도 하였다. 옛날부터 서양 문화의 한 축을 담당한 와인은 문화적인 가치뿐만 아니라 문화유산이다.

(3) 경제적 가치

와인은 경제적인 가치를 지닌다. 품질이 매우 뛰어나고 수준 높은 와인은 중요한 상품으로 여겨져 왔으며 상대적으로 높은 가격을 형성해 왔다. 국내외를 막론하고 고가의 명품 와인들을 소유하고 있으면 경제성과 수익성을 기대할 수 있다. 프랑스의 경우에 와인은 자국의 2대 수출 품목이 되고 있다.

(4) 기호적 가치

와인은 기호적 가치를 지닌다. 와인은 저마다 역사성과 전통 및 이야기를 내포하고 있다. 와인은 시각과 후각과 미각의 만족을 줄 수 있기 때문에 와인 애호가들은 자신이 좋아하는 와인을 다시 찾는 경우가 많다.

(5) 식문화적 가치

와인은 식문화적으로 가치를 지니고 있으며 음식과 함께 즐길 수 있는 대표적 주류이다. 무엇보다도 와인은 그 탁월한 맛과 효능으로 여러 문화권에서 인기를 누리고 있다. 와인은 마시는 사람의 기분을 돋우고 인간관계를 원활하게 해주며 적당한 양의 와인 음주는 오히려 건강에 이롭다고 한다.

(6) 사회적 가치

마지막으로 와인은 사회적인 가치를 지니고 있다. 와인은 알코올 도수가 낮은 편이고 마시기를 강요하는 주류가 아니므로 술에 약한 사람들에게도 부담이 덜하다. 보통 와인은 천천히 마시면서 대화를 많이 나누게 됨으로써 더 즐거운 분위기를 누릴 수 있다. 따라서 알코올 도수가 높은 다른 주류를 소비하는 것보다는 비용이 절약되고 건강에도 유리하게 작용하는 이점이 있다.

2. 와인의 역사

최초의 와인

고대 문명의 유적들을 보면 아주 먼 옛날부터 와인을 만들었다는 증거물들을 발견할 수 있다. 그 첫 번째가 기원전 3,000년경에 제작된 것으로 알려지고 있는 '와인을 운반하는 사람의 조각'이다. 이 조각은 중동 메소포타미아 우르 지역에서 발견되었다. 또한, 성경에 나오는 노아는 인류 최초로 와인을 만든 인물이라고 전해지고 있다. 재미있는 사실로 성경학자들에 따르면 노아가 당시 포도밭을 가꾸었던 곳이 바로 우르에서 멀지 않은 코카서스 지역으로 추정된다고 한다.

조지아는 그루지아로 불리던 국가로서 와인 생산 시작이 약 8,000년전BC 6,000으로 추정하고 있으며. 유네스코가 인류 최초 와인 생산국으로 인정하고 있다.

(1) 양조 기록의 시작

기원전 1,500년부터는 포도를 재배하고 양조했던 기록들이 구체적으로 나오기 시작한다. 한 무덤 벽화에는 포도를 재배하고 수확한 다음에 포도송이를 으깨어 즙을 만들고 다시 발효시키는 등 와인을 만드는 전 과정이 상세하게 그려져 있다. 기원전 1,000년경 그리스인 호머가 쓴 '오디세이'에도 와인이 언급되고 있으며 와인을 마시는 장면 등이 묘사되기도 하는데 "와인 빛 같은 바다"라는 표현도 볼 수 있다.

(2) 고대 그리스와 로마

전 세계로 와인문화가 전파되는 데 결정적인 역할을 한 사람들은 고대 그리스인이었다. 그리스인들은 당시 그리스의 식민지였던 시칠리아와 이탈리아 남부지방 및 프랑스 남부지역에 와인 무역을 하면서 와인 양조기술도 전파하였다.

그리스의 와인 무역은 상당한 비중을 차지했던 것으로 보인다. 그리스의 뒤를 잇는 로마인들은 더욱 활발한 무역활동을 펼치게 되는데 이들은 본격적으로 서유럽까지 진출하였다. 이들의 영향으로 프랑스의 론 지역과 보르도, 부르고뉴, 독일의 라인강 유역, 이베리아 반도, 그리고 영국 남부지역까지 포도가 재배된다.

(3) 중세 와인

와인은 기독교 의식에서 핵심적인 역할을 차지하므로 중세 때는 카톨릭 수도원들을 중심으로 와인이 만들어짐으로써 전례에 사용되었다. 로마제국 후기 콘스탄티누스 황제가 기독교를 공인한 이후에 와인이 교회 미사의 성찬의식에 사용되면서 유럽 전역으로 확산되었다. 수도원에는 보통 와인 담당 수도사가 있어서 와인 양조 방법을 연구하고 발전시키는 데 기여했다. 거품이 솟구쳐 오르는 특별한 와인인 샴페인을 발전시킨 인물로 알려지고 있는 동 뻬리뇽Dom Perignon도 당시 수도원 소속의 수도사였다.

(4) 구세계 와인 생산국

12세기부터 서유럽의 특급 포도원들은 명품 와인을 생산하기 시작한다. 이 가운데 보르도의 샤또 오 브리옹Chateau Haut-Brion 와인이 영국에 진출하여 런던에서 "호 브라이언Ho Bryan"이라고 불리고 인기를 끌면서 프랑스 와인은 전성기를 맞는다. 그러나 19세기에 발생한 포도나무 질병인 필록세라Phylloxera로 와인의 종주국임을 자처하던 프랑스도 위기를 맞는다.

'필록세라'라는 이 진딧물은 프랑스와 유럽의 대다수 포도밭을 황폐화시켰고 결국 병든 포도나무를 전부 뽑아 버려야만 했다. 다행히 필록세라에 저항력이 강한 미국의 포도나무와 접목하면서 회복하게 된다. 20세기를 맞이하여 프랑스를 비롯한 유럽에서는 해당 포도밭 지역에 '원산지통제명칭(AOC)' 제도를 시행하여 엄격하게 관리하게 되면서 다시 부흥기를 맞게 된다.

(5) 신세계 와인 생산국

1857년 미국인 아고스톤 하라치Agoston Harazthy가 양조용 포도나무를 최초로 캘리포니아 소노마 지역 포도밭에 심기 시작한다. 포도나무를 심기 시작한 지 4년 후에 미국에서는 처음으로 진판델 와인을 양조하게 된다. 하지만 1919년부터 미국에서 시행된 금주령 때문에 와인 산업은 침체되고 말았다. 1960년대 이후가 되어서야 와인 산업은 다시 회복되기 시작하고, 그 동안의 노력으로 이제 미국은 세계적인 와인 생산국의 하나로 부상하게 된다.

1980년대 이후에는 미국뿐만 아니라 칠레, 호주, 뉴질랜드, 아르헨티나 등에서 와인을 생산하기 시작했다. 이 나라들은 전통적으로 와인을 생산했던 유럽 국가들과 구분하기 위해 신대륙, 신세계New World라고 부른다. 그 반면에 프랑스, 이탈리아, 스페인, 독일 같은 유럽의 전통 와인 생산국가들은 구대륙, 구세계Old World라고 부른다.

현재 세계 와인 시장은 이 두 세계가 주도하고 있으며 품질 좋은 와인의 생산과 수출로 선의의 경쟁을 벌이고 있다. '구세계의 전통으로 갈 것인가' 아니면 '신세계의 합리성으로 갈 것인가'가 와인 애호가들에게는 즐거운 고민이 되고 있다.

3. 와인의 분류

와인은 포도로 만든 술이다. 포도를 압착하여 그 과즙이 효모에 의해 발효되어 만들어진 알코올을 와인Wine이라고 부른다. 와인의 종류가 수천 수만 가지가 있기 때문에 우리가 와인을 사거나 주문할 때 '그냥 와인 한 병 주세요'라고 말할 수 없는 일이다. 하늘의 별만큼 많다는 와인이지만 몇 가지 분류 방법만 알면 와인 선택은 그리 어려운 일은 아니다. 와인의 종류를 분류하는 몇 가지 기준을 알아보자.

(1) 언어에 따른 분류

한국어	적포도주	백포도주	로제와인	발포성 와인
영 어	Red Wine (레드와인)	White Wine (화이트와인)	Rosé Wine (로제와인)	Sparkling Wine (스파클링 와인)
프랑스어	Vin Rouge (벵 루즈)	Vin Blanc (벵 블랑)	Vin Rosé (벵 로제)	Champagne (샹파뉴) Cremant(크레망) Mousseux(무쎄)
이탈리아어	Vino Rosso (비노 로쏘)	Vino Bianco (비노 비앙코)	Vino Rosato (비노 로자토)	Spumante (스푸만떼)
스페인어	Vino Tinto (비노 틴토)	Vino Blanco (비노 블랑코)	Vino Rosado (비노 로자도)	Cava(까바)
독일어	Rotwein (로트바인)	Weisswein (바이스바인)	Rosewein (로제바인)	Sekt(젝트)

(2) 양조방법에 따른 분류

스틸 와인 Still Wine

보통 우리가 알고 있는 거품이 안 나는 와인을 '스틸 와인' Still Wine 이라고 한다. 이것은 기포가 생기지 않는 일반적인 와인으로 레드 와인과 화이트 와인 및 로제 와인 등으로 구분할 수 있으며 이 범주의 와인이 제일 많게 압도적인 비율을 차지하고 있다.

발포성 와인 Sparkling Wine

잔에 따르게 되면 거품이 생기는 와인을 지칭하며 영어로 '스파클링 와인'이라고 한다. 프랑스에서는 크레망 Cremant 과 샴페인 Champagne, 이탈리아에서는 스푸만떼 Spumante, 독일어로는 젝트 Sekt 라고 부른다. 특별한 이 와인은 숙성 중인 와인에 효모와 설탕을 새로 첨가하여 탄산가스가 만들어짐으로써 와인을 따를 경우에 기포가 발생하는 와인이다. 우리가 알고 있는 거품이 솟구치는 샴페인은 프랑스의 샹파뉴 Champagne, 영어식 발음으로는 샴페인 지방에서 생산되는 발포성 와인의 한 종류이다.

주정강화 와인 Fortified Wine

주정강화 와인은 양조하는 과정 중에 높은 알코올을 넣어 만들어지며 알코올 도수가 보통 와인보다 더 높아지는 와인을 지칭한다. 이 와인은 알코올 함유량이 거의 20%에 이르며 단맛이 강한 와인들이 많지만 단맛이 없고 드라이한 맛을 지닌 것도 있다. 주정강화 와인의 대표 주자로는 달콤한 포르투갈 산 포트 Port 와인과 달지 않은 스페인의 셰리 Sherry 주가 있다.

가향 와인 Flavored Wine

마지막으로 가향 와인 Flavored Wine 은 과실즙이나 약초를 첨가해서 독특한 향미가 강한 것이 특징적이다. 대표적인 가향 와인인 베르무쓰Vermouth는 그냥 마시기도 하지만 주로 서양요리나 칵테일용으로 많이 활용된다.

(3) 색상에 따른 분류

일반적으로 레드 와인은 적포도만으로 만들고 화이트 와인은 청포도로만 만든다. 하지만 화이트 샴페인의 경우는 적포도로 만드는 경우도 있다.

레드 와인Red Wine

레드 와인은 붉은 빛이 나는 와인이다. 포도즙을 발효하는 동안 껍질 속에 있는 색소와 탄닌 성분을 우려내기 때문에 레드 와인은 색깔이 붉을 뿐만 아니라 떫은 탄닌 맛도 난다. 와인의 색상으로는 루비색, 바이올렛색, 자주색, 붉은 체리색, 적색, 갈색 등이 있어서 농도와 채도가 다양하다.

화이트 와인White Wine

화이트 와인은 포도즙만 발효한다. 그렇기 때문에 껍질의 색깔이 우러나지 않고 떫은 탄닌 맛이 거의 없다. 대부분 청포도로 화이트 와인을 만들지만 적포도 품종으로도 화이트 와인을 만드는 경우가 있는데 샴페인이 좋은 예다.

흰색부터 시작해서 연노란색, 볏짚색, 황금색, 연두색까지 화이트 와인의 색상뿐만 아니라 농도와 채도 또한 다양하다.

로제 와인Rosé Wine

로제 와인은 레드 와인처럼 포도의 껍질이 씨와 함께 발효한다. 다른 점이 있다면 발효기간 중에 색소성분이 들어 있는 포도 껍질을 우려내는 시간이 레드 와인보다 짧다는 것이다. 아름다운 장미 빛을 띤 로제 와인은 가벼운 식사에 어울리며 조금 차갑게 하여 부담없이 마실 수 있는 와인이다. 로제 와인은 발렌타인데이나 크리스마스 때 선물용으로도 좋다.

(4) 당도에 따른 분류

드라이 와인Dry Wine

드라이 와인은 단맛이 없는 와인이다. 여기서 '드라이'하다는 것은 건조하다는 뜻이 아니라 달지 않다는 뜻이다. 대부분의 레드 와인은 달지 않은 드라이 와인이며 유명한 화이트 와인 가운데에는 드라이한 와인이 많다.

미디엄 드라이 와인Medium Dry Wine

미디엄 드라이 와인은 단맛이 약하게 느껴지는 와인이다. 이탈리아의 모스카토 다스티Moscato d'Asti 와인이나 미국 또는 호주 같은 신세계 국가에서 생산한 와인들 가운데 이런 종류의 와인들이 많은 편이다.

스위트 와인Sweet Wine

스위트 와인은 단맛이 강한 달콤한 와인이다. 드라이 와인이 달지 않은 데 비해 단맛이 나는 와인을 '스위트하다'라고 표현한다. 스위트 와인 가운데 잘 알려진 와인으로는 독일의 아이스 와인Ice Wine, 프랑스의 쏘떼른느Sauterne 와인, 그리고 헝가리의 토카이Tokaji 와인이 있다.

(5) 바디Body에 따른 분류

와인의 중량처럼 무게를 잴 수는 없지만 입 안 가득 느껴지는 무게감이나 볼륨을 '바디'Body라고 표현한다. 와인은 그 속에 있는 알코올과 탄닌 성분 때문에 입 안에서 느껴지는 감촉이 가볍게 또는 무겁게 느껴질 수 있다. 똑같은 용량의 와인이라고 하더라도 입 안에서 느껴지는 무게감은 차이가 나며 얼마든지 다를 수 있다.

그래서 와인은 바디감에 따라서 마치 권투선수의 체급과 유사하게 다음과 같이 분류될 수 있다.

라이트 바디 와인 Light-Bodied Wine

라이트 바디 와인은 입 안에서 느껴지는 무게감이 가볍고 경쾌하게 느껴지는 와인을 말한다. 바디감이 가벼운 화이트 와인은 이탈리아 프로세코, 피노그리지오 와인과 레드 와인으로는 프랑스의 보졸레 와인, 그리고 로제와인을 대표로 들 수 있다.

미디엄 바디 와인 Midium-Bodied Wine

미디엄 바디 와인은 무겁지도 가볍지도 않은 중간적인 무게감의 와인이다. 라이트 바디 와인보다는 중후하고, 풀바디 와인보다는 부드럽다. 화이트는 리슬링, 샤르도네 품종 와인과 레드는 삐노 누아, 메를로 와인이 있다.

풀바디 와인 Full-Bodied Wine

풀바디 와인은 진하고 무거운 감촉이 입 안에서 느껴지는 와인으로 권투에 비유하자면 헤비급 선수를 연상하면 된다. 이 와인은 맛과 향이 강한 편이며 특히 텁텁한 탄닌 맛이 강하게 느껴진다. 까베르네 쏘비뇽, 시라즈, 말벡 포도 품종으로 만든 레드 와인 가운데에 풀바디한 와인들이 많은 편이다.

(6) 용도에 따른 분류

식전용 와인 Peritif Wine

식전용 와인은 식사하기 전에 먼저 마시게 되며 침샘을 자극하여 식욕을 돋우어 줄 수 있는 와인이다. 식전주로는 샴페인과 같은 스파클링 와인이나 단맛이 없는 화이트 와인 또는 셰리주가 해당된다. 손님이 방문했을 때 제일 먼저 권하는 것이 이 페리티프 와인이다.

식사용 와인 Table Wine

식사용 와인은 음식과 함께 곁들여 마시는 드라이한 와인으로 대부분이 여기에 해당한다. 식사용 와인은 색상별로 화이트와 레드 및 로제 등으로 나뉘어진다. 식사용 와인을 결정할 때에는 어떤 음식과 먹을 것인지가 중요한 변수가 된다. 해당 음식과 잘 어울릴 만한 와인을 선택하는 것이 그 무엇보다도 중요하다.

식후용 와인Dessert Wine

식후용 와인인 디저트 와인은 식사 후에 케이크나 과자와 같은 후식을 먹을 때에 함께 하는 와인이다. 달콤하게 느껴지는 스위트 와인은 대개 디저트 와인으로 분류된다. 보통 아이스 와인인 보르도 쏘테른느, 헝가리 토카이 와인이나 늦수확한 포도로 만들어진 달콤한 와인이 여기에 해당된다.

4. 와인의 성분

와인에는 약 600여 가지의 성분이 들어 있다. 와인 한 병에는 80~90%가 물이며 그 다음은 알코올 성분이 차지한다. 이 외에도 산, 당분, 폴리페놀, 아로마의 혼합물 등으로 구성되어 있다.

와인 성분	포함 내용
물	800~900g/1리터, 포도 과육에서 나온 수분으로 구성
에틸 알코올	75~160g/1리터, 7~16% 차지
프로테인	1~2g/1리터
글리세롤	레드 와인 2~3g/1리터, 화이트 와인 20~100g/1리터
폴리페놀	1.2~3g/1리터, 와인색과 맛을 내는 안토시아닌, 탄닌
산	0.08~0.2g/1리터, 주석산Tartaric, 말릭산Malic 등
비타민	1.5~3g/1리터, 비타민 B_1, B_2, B_3, B_5, B_6, P 등
당분(드라이 와인)	2g 미만/1리터
아로마 혼합물	소량, 1차 아로마(포도), 2차 아로마(발효 시), 3차 아로마(부케Bouquet)

Chapter 2

포도밭의 자연조건

양조용 포도는 보통 북위 30~50°와 남위 20~40°에 위치하며 연평균 기온은 10~20°, 연강수량 500~900mm의 배수가 용이한 토양에서 재배된다. 북반구의 유럽 · 미국 · 캐나다 등 생산국가가 있고, 남반구의 아르헨티나 · 칠레 · 호주 · 뉴질랜드 · 남아프리카공화국 등이 포함된다.

양조용 포도 재배조건이 맞는 세계 곳곳에서 포도나무가 재배되고 와인을 생산하고 있지만 그 맛과 품질은 천차만별이다. 좋은 와인이 만들어지기 위한 첫 번째 비밀은 바로 포도밭과 관련된 자연에 있다.

1. 떼루아란 무엇인가?

와인의 다양한 개성은 먼저 와인의 재료가 되는 품종에 따라 결정이 된다. 동일한 품종일지라도 포도밭의 토양, 지형, 위치, 기온, 일조량, 강우량 등의 자연적 환경에 따라 와인의 특징은 달라진다. 또 양조자가 동일한 품종과 동일한 지역에서 만든 같은 이름의 와인일지라도 포도가 수확된 연도의 기후조건에 따라 포도의 맛과 향이 달라지므로 해마다 다른 성격의 와인이 된다.

떼루아Terroir란 프랑스에서 만들어진 개념으로 '포도가 자라는 데 영향을 미치는 포괄적인 자연 환경'을 뜻하는 용어로 포도밭의 지리적인 요소와 기후적인 요소 등을 포함하고 있다. 좋은 포도를 생산하기 위해서는 그 떼루아에 적합한 포도를 재배하여야 하며 이것을 토대로 그 와인의 고유한 개성이 표출된다. 와인 생산에 있어서 떼루아는 결정적인 요소로 작용한다.

2. 토양과 기후

(1) 토양과 포도나무

와인의 개성은 포도 품종이나 기후여건과 함께 포도밭 토양의 특질 때문에 이루어진다. 토양은 물리적 구조, 화학적 구성, 물과 온도, 자양분의 함량 등에 의해 포도나무에 미치는 영향이 달라진다. 전통적으로 양조용 포도나무는 비료를 가장 적게 주는 작물 중의 하나이고 비교적 건조한 기후 지역에서도 잘 자란다.

그러므로 포도밭의 토양은 비옥하지 않고 배수가 잘 되는 표층토양과 수분을 함유할 수 있는 심층토양으로 이루어지는 것이 가장 이상적이다. 이렇듯 토양은 와인들의 개성을 결정하며 동일한 품종의 포도로 만들지라도 그 포도가 어떤 타입의 토양에서 재배되었냐에 따라서 와인의 특질이 달라지는 것이다.

토양의 물리적 구조

토양의 구조에 따라 동일한 품종이 서로 다른 개성을 나타내기도 한다. 프랑스 부르고뉴 지방의 포도밭은 석회석 토양이 지배적이지만 성격이 다른 표층토양이 존재한다. 같은 삐노 누아 포도로 와인을 만들지라도 자갈이 많이 섞여 있는 밭에서 자란 포도로 만든 와인은 가볍고 부드러운 느낌이지만 진흙이 많이 섞인 토양에서 자란 포도로 만든 와인은 탄닌이 더 많아서 더 강건한 맛의 와인이 생산된다. 포도밭 토양속의 진흙 비율이 와인의 탄닌을 형성하는 데 영향을 준다는 뜻이다.

토양의 잠재적 온도와 구조

토양은 종류마다 잠재적 온도와 구조가 다르며 각기 다른 포도 품종의 재배에 이상적인 영향을 미친다. 자갈과 모래 흙은 따뜻하여 포도가 좀 더 빨리 익는 데 영향을 주고 구조적으로 배수에 용이한 지역에 적합하다. 반면 진흙과 같은 차가운 토양은 이 모두를 방해하기도 하지만 덥고 건조한 지역에는 적합한 토양이 된다.

토양의 구성 물질

토양의 구성 물질에 따라 와인의 품질이 달라질 수 있다. 토양에 따라 포도 품종의 적응력이 달라진다. 화강암에는 갸메 품종, 이회암에서 나온 점토질 토양에는 샤르도네, 석회질 토양은 삐노 누아가 잘 자란다. 각 포도 품종마다 재배에 적합한 토양이 있는 것이다. 같은 품종이라도 각기 다른 토양에서 자랄 경우에는 와인의 품질이 달라지게 된다.

(2) 기후와 포도나무

포도밭의 기본적인 기후 요인에는 일조량, 기온, 그리고 물이 있다. 이러한 요인들은 다시 포도밭의 위치나 빈티지Vintage, 토양의 종류 등에 의해 영향을 받는다.

일조량

일조량은 녹색식물이 당분을 합성하도록 도와주는 광합성 작용의 근원이 된다. 거시적 기후 조건으로 포도 성장 시기에는 일조량이 연간 1,300시간 이상은 되어야 한다. 지역적인 지형과 지세에 따라 북반구의 남쪽 방향 경사면이나 남반구의 북쪽 방향 경사면에 포도밭이 위치할 경우 보다 많은 일조량을 확보할 수 있다. 또한, 포도밭 경사면의 각도가 클수록 빛의 강도가 높아서 평지보다 일조량에 도움을 준다.

기온

기온은 포도나무 생장과 포도의 성숙을 이끄는 중요한 요인이다. 연평균 기온이 10° 이하면 포도 재배는 불가능하다. 그리고 각각의 포도 품종별로 특정적으로 필요한 온도는 포도 재배 지역 내 분포를 결정짓는 중요한 역할을 한다.

진한 색의 레드 와인은 보다 따뜻한 지방에서 나오고 화이트 와인은 보다 선선한 지방에서 주로 생산된다. 기온의 영향은 또한 와인의 산도, 탄닌, 알코올, 색상, 향의 잠재력 등에도 큰 영향을 미친다.

물

포도 재배의 기후적인 요인 중 물이야말로 결정적인 역할을 한다. 물은 식물이 활동할 때 여러 신진대사 기능을 담당하며 생화학적 반응에 참여하고 합성물질들을 운반한다. 수분의 증발을 통해 식물의 과열을 막기도 한다. 또한, 포도나무가 땅으로부터 광물질을 흡수하는 데 물이 중요한 역할을 한다.

3. 포도나무의 수령

와인의 레이블을 보면 "올드 바인Old Vine"이라고 표시된 와인들이 있는데 이것은 수령이 오래된 포도나무에서 나온 포도로 만들어진 '와인'이라는 의미이다. 보통의 경우에는 심기 시작해서 삼사 년이 지나면 와인을 만들 수 있는 수령이 되며, 올드

바인은 40년 이상의 나무에서 수확한 포도로 와인을 만들었다는 것을 말한다. 프랑스 고급 레드 와인의 경우는 포도나무 수령이 평균 30~35년 된 포도로 와인을 생산한다.

수령이 오래된 포도나무는 뿌리가 많이 자라서 땅 속 6~9미터까지 내려감으로써 땅 속 깊은 곳의 미네랄 성분을 흡수하여 포도 송이에까지 이어지기 때문에 이러한 포도로 만든 와인은 그만큼 맛도 풍부해지는 것이다. 그리고 뿌리깊은 나무는 더 건강하여 서리나 가뭄에도 스트레스를 받지 않고 잘 견디는 힘을 지니고 있다.

4. 수확 년도 빈티지Vintage 차트프랑스

	Region	Appellation/Type	2018	2017	2016	2015	2014	2013	2012	2011	2010	2009	2008	2007	2006	2005	2004	2003	2002	2001	2000	1999	1998	1997	1996	1995
FRANCE	Bordeaux	Pomerol/Saint-Émilion	94	94	97	96	95	87	90	90	97	96	92	88	89	98	91	88	87	95	97	88	92	85	86	91
		Médoc	95	95	98	99	94	88	90	91	99	97	93	87	90	100	89	89	86	96	96	88	90	83	94	91
		Graves (red)	94	94	96	96	94	87	91	90	96	96	91	86	88	95	89	89	86	93	96	89	89	84	91	90
		Graves (white)	96	96	95	94	95	95	95	94	95	91	90	96	90	93	91	86	90	89	94	90	89	89	90	89
		Sauternes/Barsac	96	96	95	96	95	94	88	95	95	95	88	95	91	89	87	92	91	95	81	94	87	92	85	88
	Burgundy	Côte de Nuits (red)	95	95	94	98	90	89	91	91	95	97	89	88	89	96	91	94	97	88	84	93	92	90	96	90
		Côte de Beaune (red)	95	95	93	96	90	88	90	92	94	95	91	87	90	95	90	93	96	88	84	88	87	90	95	91
		Chablis	96	96	95	94	95	90	95	94	96	95	91	91	91	95	92	87	95	93	89	87	89	89	93	90
		Côte de Beaune (white)	95	95	95	94	95	94	95	94	96	95	92	91	91	96	93	88	96	92	91	88	90	89	92	91
		Mâconnais	96	96	94	93	94	92	94	94	95	95	90	90	90	92	89	84	91	90	89	87	89	90	94	91
	Beaujolais		96	96	90	96	94	89	89	92	93	96	90	87	90	92	91	90	87	87	84	88	88	90	92	90
	Nothern Rhône	Reds	93	93	95	97	87	88	92	91	95	95	86	87	91	94	87	93	83	92	90	93	92	91	87	91
		Whites	93	93	93	93	93	90	92	92	95	92	87	88	91	92	94	86	85	91	87	92	92	90	89	92
	Southern Rhône	Reds	93	93	97	95	89	88	92	91	98	93	85	96	90	92	90	90	NR	93	90	89	96	85	85	93
		Whites	93	93	93	92	89	90	92	92	95	89	87	94	89	88	87	87	85	87	87	90	93	87	86	91
	Loire	Dry Whites	95	95	96	96	95	90	94	92	94	94	91	92	88	94	91	89	92	88	84	89	86	85	92	90
		Sweet Whites	94	94	93	97	96	87	87	95	94	93	87	95	89	95	89	92	87	93	88	89	85	90	92	92
		Reds	97	97	93	96	95	88	93	93	89	93	88	89	88	93	88	90	88	89	93	90	85	87	91	90
	Alsace		93	93	90	92	89	89	92	91	93	95	90	94	88	91	93	89	88	94	86	84	89	96	90	88
	Champagne		95	95	93	95	93	NV	95	89	90	94	98	91	89	93	95	86	98	NV	88	88	90	87	98	95
	Languedoc-Roussillon		93	93	94	93	88	90	89	90	92	92	90	91	91	87	88	90	84	92	90	89	95	85	84	90
	Provence	Reds	94	94	94	94	92	89	89	90	89	91	90	94	90	87	87	90	85	90	91	88	94	86	85	91

빈티지 결정 요인과 특성

현대 양조학의 아버지라고 불리는 보르도 최고 양조학자의 한 사람인 에밀 뻬이노Émile Peynaud 교수는 "나쁜 빈티지는 존재하지 않으며 다만 어려운 빈티지만 있을 뿐이다."라고 정의하고 있다. 그러나 소비자들은 한 빈티지의 품질에 대한 결정을 아주 편리하게 "최고의 해Great vintage", "좋은 해Good Year" 또는 "일반적인 해"로 기억한다. 빈티지는 여전히 와인 소비자들에게 관심사가 되며 그 중요성은 오늘날에도 줄어들지 않고 있다.

와인은 매년 한 번씩 생산하는 농산물이다. 그래서 그 해 기후적인 변동으로 말미암아 각기 특유의 특징과 수명을 지닌 와인을 만들기 때문에 그 해에 생산된 와인은 다른 해빈티지의 와인과 맛이 똑같을 수 없다. 그래도 포도밭 관리와 양조 기술의 발전으로 말미암아 빈티지에 구분없이 와인의 맛은 일정해지고 전반적으로 균일해지고 있다. 하지만 와인의 맛은 떼루아의 기후적인 여건에 따라 여전히 달라지며 포도 재배업자들 고유의 노하우 여부에 따라 차이가 나게 된다. 그래서 섣불리 생산년도만 가지고 품질을 평가하여서는 안 되며 또한 전 포도밭에 일반화하여 적용해서도 안 된다는 것이다.

생산된 와인에 있어서 한 빈티지의 품질에 대한 앞날을 내다보기란 결코 쉬운 일이 아니다. 유망하던 최고의 빈티지 와인이 결국엔 실망스러울 수도 있으며 중간 정도였던 것이 아주 훌륭해질 수도 있다. 경험이 풍부한 와인 전문가들마저 새로운 빈티지 와인의 품질에 대한 판단이 틀리는 경우도 있다. 자연은 매년 모든 포도밭의 포도 재배업자에게 새로운 도전을 던지고 포도가 익고 와인병에서 와인이 변해 가는 것을 완전히 예측할 수는 없는 일이기 때문이다.

잘 숙성되어 그 맛이 최고 수준에 도달한 와인에 대한 정의도 전문가에 따라서 다르며, 와인의 실제적인 수명을 예견하기란 항상 어렵다. 빈티지의 품질은 지역마다 다르기도 하며 한 지방 내에서도 다를 수 있다. 어느 해는 보르도 레드 와인에게 매우 훌륭한 해였으나 부르고뉴에게는 그렇지 못한 경우도 존재한다.

보르도에서 메를로에게 좋은 해라고 하여 꼭 까베르네 쏘비뇽에게 좋은 것도 아니다.

동일한 생산년도인데 쌩떼밀리옹과 뽀므롤이 메독보다 더 좋은 경우도 있다. 그리고 보르도의 스위트 화이트 와인에 필수적인 귀부현상이 잘 일어난 해에 오히려 보르도의 일반적인 레드 와인은 대체로 품질이 안 좋아진다.

빈티지가 중요한 이유는 와인에 사용된 포도 품종과 양조 방법에 따라 최적의 조건으로 보관할 수 있는 기간이 다르기 때문이다. 까베르네 쏘비뇽과 같은 포도 품종으로 만들어진 와인은 상대적으로 오래 보관할 수 있으나 갸메로 만든 와인은 그렇지 못하다. 또한, 양조 방식에 따라 포도 껍질째로 오랜 시간 담가서 무게감이 큰 와인과 스테인레스 통에서 짧은 기간 숙성하여 만들어진 가벼운 느낌의 와인은 그 보관 기간이 다를 수밖에 없다. 와인은 무조건 오래 되었다고 좋은 것이 아니며 각 와인 종류마다 최적의 숙성시기에 맞추어 마셔야 한다. 금방 숙성하여 신선하고 상쾌하게 마시는 와인이 있는가 하면, 오랜 시간의 숙성으로 묵직하고 그윽함이 느껴지는 와인이 따로 있다. 그래서 와인에는 생산년도의 표기가 필요한 것이다.

생산국가에 따라 빈티지 도표는 다르게 표시되기 때문에 시음할 수 있는 시기나 품질에 대하여 참고 사항이라는 것을 염두에 두어야 한다. 포도 재배업자들의 운과 재량 또는 약점들은 표에 반영이 되지 않았을 것이다. 이 표를 만들기 위해서는 일반적으로 평균보다 높은 포도 재배업자들의 결과들을 참조하기도 한다. 따라서 한 생산년도의 명성과 이 모든 와인의 품질은 빈티지 표에 반영되거나 그렇지 않을 수 있으나 보관 가능한 시기적인 여부를 판단할 수 있다. 이를 참고로 적절한 시기에 와인을 마시는 것이 무엇보다 중요하다.

Chapter 3

포도 품종

포도가 자라온 자연환경에 따라 와인의 맛과 향에 어느 정도 영향을 미치게 된다. 또한, 어떤 포도 품종을 사용하는가에 따라 기본적인 와인의 맛, 향, 색뿐만 아니라 숙성과 보관 기간도 영향을 받기에 와인의 개성과 특질은 바로 포도 품종에 들어 있다고 할 수 있다.

1. 양조용 포도와 식용 포도

일반적으로 포도는 와인을 만드는 양조용 포도와 식용 포도로 나누어 볼 수 있다. 비티스 비니페라Vitis Vinifera라고 하는 유럽계 양조용 포도는 온난한 여름의 건조한 지중해성 기후에 적합하고 알칼리성 토양이나 건조한 기후에 비교적 강한 편이다. 그러나 추운 기후에 약하고 강수량이 많은 곳에서 포도가 물러 터지는 경우가 많으며 병충해에 약하다. 더구나 당도는 높지만 포도 알의 크기가 작고, 껍질은 두꺼우며 과육이 잘 분리되지 못하고 과즙조차 적어서 식용하기에는 제약이 따른다.

비티스 라브루스카Vitis Labrusca라는 북미계 식용 포도는 과즙이 많고 껍질도 얇다. 잘 분리가 되어 주스용과 생식용으로 적합하다. 특히 추위에 강하고 비가 많은 지역에서도 잘 자라며 포도 껍질이 터지는 열과 현상도 적게 발생한다. 병충해에도 강하여 세계 많은 지역에서 재배되고 있다. 그러나 포도 자체의 향미가 떨어지는 편이며, 특이한 냄새 때문에 양조용으로 사용하기에는 적합하지 않다.

2. 레드 와인 포도 품종

까베르네 쏘비뇽Cabernet Sauvignon

까베르네 쏘비뇽은 적포도 품종인 까베르네 프랑과 청포도 품종인 쏘비뇽 블랑의 교잡종으로 따뜻하고 배수가 잘 되는 자갈토에서 잘 자란다. 포도껍질의 색이 진하고 두꺼워 껍질의 떫은 맛인 탄닌이 풍부하고 힘차다. 그러나 늦게 개화하고 성숙되는 만생종이라 서늘한 지역에서는 재배하기에 적합하지 않다.

선선한 기후 지역의 까베르네 쏘비뇽은 때때로 완전히 익기 어려워서 풋냄새가 나고 산도와 탄닌이 거친 와인이 될 수 있으며 더운 지역에서는 나무 자체의 과성장을 피하기 위해 가지와 잎그늘 등을 세심하게 관리해야 한다.

까베르네 쏘비뇽

자두, 베리, 블랙커런트와 같은 검붉은 과일과 알싸한 피망과 민트 · 삼나무 · 향신료 · 잎담배 등의 향을 가지며 숙성됨에 따라 가죽 · 계피 · 버섯 · 사냥고기 등의 향을 지닌다. 많은 탄닌과 산도를 가지고 있어 숙성 능력 또한 길다. 특히 오크통 숙성은 강한 맛과 향을 중화시켜 질감과 풍미를 향상시킨다.

뛰어난 환경 적응력을 갖고 있어 전 세계적으로 광범위하게 분포하며 깊고 묵직한 품질의 와인을 생산한다. 까베르네 쏘비뇽은 프랑스 보르도의 좌안에 위치하며 매력적인 자갈토양으로 이루어진 메독과 그라브 와인을 대표한다. 별로 덥지 않은 이 지역에서 나오는 까베르네 쏘비뇽은 다소 거칠고 강한 면모를 가지게 되며 부드러운 메를로와의 블렌딩을 통해 최상의 와인으로 탄생된다.

이탈리아의 토스카나나 스페인의 리베라 델 두에로 등지에서도 토착 품종들과, 또는 메를로와 같은 외래 품종들과 블렌딩 된 까베르네 쏘비뇽 와인들이 생산되고 있다. 신세계의 비교적 더운 지역에서 생산된 경우 잘 익고 농축된 과일향과 풍부한 탄닌과 적절한 산도를 가져 블렌딩을 많이 하지 않고서도 양질의 와인이 만들어진다.

캘리포니아의 나파밸리와 칠레의 마이포밸리, 남호주의 쿠나와라 등이 이에 속하며 그 지역의 떼루아를 반영한 양질의 까베르네 쏘비뇽 와인들이 생산된다. 같은 지역일지라도 지형 지세에 따라 다소 선선한 곳에서 생산될 경우 피망이나 민트 및 유칼립투스와 같이 시원한 계열의 향이 감돌고 더운 곳일수록 익은 과일향이나 잼 또는 감초와 같은 달콤한 향을 지니고 질감이 풍부한 와인이 생산된다.

메를로 Merlot

메를로는 진흙이나 석회질 등 서늘한 성질의 토양을 선호하며 서늘한 기후에 유리하다.

메를로 포도는 까베르네 쏘비뇽보다 먼저 익기 때문에 통상적으로 1~2주 먼저 수확이 이루어진다. 평균적으로 기후가 선선한 해라면 까베르네 쏘비뇽보다 품질이 좋으며 더 따뜻한 해라면 알코올 성분이 많고 익은 과일향이 진해진다.

메를로

색이 진하나 껍질이 얇아 탄닌이 부드러운 반면에 알코올이 높고 산도는 낮아서 풍부한 질감을 준다. 이는, 단일 품종만으로도 좋은 품질을 만들 수 있는 조건이 되며 블렌딩을 통해 까베르네 쏘비뇽과 같은 타 품종의 거친 성질을 완화시켜 주는 역할을 하기도 한다.

보르도 지역뿐만 아니라 전 세계적으로도 까베르네 쏘비뇽보다 더 많이 재배되는 포도 품종으로 통한다.

메를로 와인은 말린 자두나 블랙베리와 같은 검은 베리류의 과일과 향신료 및 시가Cigar 등의 향과 숙성됨에 따라 낙엽, 송로버섯, 동물성 향 등이 나타나며 부드러운 감칠맛의 와인을 만든다. 까베르네 쏘비뇽에 비해 색의 농도가 진하고 숙성도 빠른 편으로 마시기 수월한 장점을 가진다.

프랑스 보르도 지방을 대표하며 특히 보르도 우안의 석회질 토양의 쌩떼밀리옹과 진흙 토질의 뽀므롤 지역에서 많이 재배되고 있다. 이곳의 메를로는 신세계의 메를로보다 좀 더 드라이하고 섬세하며 흙에서 기인하는 향이 느껴진다.

이탈리아 북동부 지역에서는 섬세하고 가벼운 향의 메를로 와인이, 중부 지역에서는 풍부함이 살아있는 메를로 와인이 생산된다.

캘리포니아는 보르도에 비해 더 부드럽고 실크 같은 질감으로 감칠맛을 더하고 특히 비교적 기온이 온화한 나파와 소노마에서 좋은 품질의 메를로가 생산된다. 밤과 낮의 기온차가 큰 칠레는 허브, 피망과 같은 서늘한 기후적 특성을 나타내는 향을 가지며 개성 있는 메를로를 생산한다.

삐노 누아Pinot Noir

조생종으로 껍질이 얇고 포도 알이 밀집해서 포도 송이를 형성하고 있기 때문에 습기와 병충해에 약하다. 또한, 더운 지역에서는 지나치게 빨리 자라 섬세한 양질의 향과 산도를 잃어버린 평범한 포도 품종으로 전락하기 쉽다.

석회질 토양의 서늘한 지역을 선호하나 서리에도 약하고 수확률도 낮아서 재배하기 까다로운 품종 중 하나이다. 와인을 만드는 데 있어서도 이러한 섬세한 스타일을 표현하기 위해 과도한 추출이나 오크의 사용을 자제하는 등 까다롭게 진행되어야 한다.

삐노 누아

색상이 진하지 않고 껍질이 얇으며 탄닌이 많지 않고 산도가 높은 편이다. 딸기나 체리 등의 붉은 과일, 장미 · 부엽토 · 버섯 등의 복합적이고 화려한 향을 자랑한다. 이러한 조건은 미디엄 바디의 매력적인 루비

색 와인을 만들게 한다. 가벼운 탄닌의 감도를 지니고 있고, 마실 때에 느껴지는 촉감이 예술이고 맛의 여운도 매우 길다.

프랑스 부르고뉴 지방을 대표하는 이 품종은 재배와 양조가 까다롭기 때문에 해마다 품질의 편차가 큰 편이나 잘 만들어졌을 때의 와인은 대단히 매혹적이다. 와인의 이러한 섬세함은 와인이 생산되는 곳의 떼루아 특성을 고스란히 보여줄 수 있게 한다.

삐노 누아는 프랑스 샹파뉴 지방에서 스파클링 와인을 만드는 데도 사용되며 프랑스 알자스 지역과 독일이나 스위스 등 유럽의 서늘한 지역을 대표하는 레드 품종이다. 신세계 와인 산지 중 미국 오리건 주와 칠레 및 뉴질랜드 등의 서늘한 지역에서 성공적으로 재배되고 있다. 뉴질랜드산 삐노 누아 와인은 부르고뉴 와인에 비해 탄닌과 산도가 낮고 덜 드라이 하며 과일향이 풍부하여 더 유연한 느낌을 지니고 있다.

시라Syrah

시라 종은 십자군 전쟁 시기인 1224년에 이란의 시라Syrah라는 곳으로부터 유럽으로 전파되었다고 알려져 있지만 아직 논란의 여지는 있다. 이 포도는 기후가 적합한 프랑스의 론Rhone 지방에 도입되어 재배되었으며 이후 전성기를 누리게 되었다.

시라는 비옥하지 않은 토양에서도 잘 자라며 적절히 잘 익기 위해서는 기후가 따뜻해야 한다. 더운 기후 지역에서는 잘 익은 '검은 베리류'의 맛과 향을 보이며 풍부하고 부드러운 탄닌과 산도로 농밀하다.

시라

잉크 빛의 진한 색을 띠며 검붉은 과일과 향신료, 가죽, 후추 등의 강한 향신료의 향미를 지닌다. 숙성이 되면서 사슴고기, 마구간 등의 동물적 향이 더해져서 야생적인 느낌이 든다. 두꺼운 껍질에 기인한 강렬한 탄닌으로 육감적인 맛과 향을 보이며 오크통의 숙성에서도 좋은 결과를 보인다. 이러한 짙은 색과 탄닌은 시라 와인의 장기 숙성을 가능하게 만든다.

프랑스의 북부 론에서는 대부분이 시라 품종으로, 남부 론에서는 그르나슈 품종과 블렌딩하여 향과 바디 및 탄닌 등의 골격을 제공하여 품질을 향상시킨다. 이탈리아 토스카나와 시실리아 등지에서도 성공적으로 재배되어 향신료 향의 깔끔하고 우아한 와인을 만든다.

호주에서는 쉬라즈Shiraz라고 불리며 바로사 밸리와 헌터 밸리 및 맥라렌 베일 등에서 훌륭한 와인들이 생산된다. 이 지역의 와인은 프랑스 시라에 비해 보다 과일향과 향신료 향이 강하며 우아한 와인을 생산한다. 캘리포니아 주와 워싱턴 주의 시라는 이제 시작이며 우아하면서도 강직한 프랑스 북부 론의 스타일을 표방한다.

칠레와 아르헨티나의 시라는 익은 과일향을 비롯하여 풍부하고 부드러운 탄닌과 바디로 감미로우나 향은 다소 정제되지 못하고 거칠다.

시라 와인은 양념이 많이 들어가고 향이 강한 요리와 잘 어울린다. 그래서 매콤한 국내 음식을 먹을 때 함께 곁들이면 무난하게 어울린다.

말벡Malbec

프랑스 보르도와 남서부 지방이 원산지로 와인에 색상이 진하고, 탄닌을 더해주며 과일향이 풍부하게 만들어 주는 보조 품종이다. 만생종인 말벡은 까오르의 석회암 토양과 많은 일조량으로 특유의 검붉은 색상의 포도로 생산되며, 양조된 와인을 '검은 와인'black wine이라 부르고 있다. 이 품종은 프랑스보다 기후가 온화한 아르헨티나가 말벡의 제2의 고향이 됐다. 말벡 품종이 아르헨티나, 칠레 등의 건조한 고도 기후 지역에서 진가를 발휘하게 되었다.

와인은 알코올 도수가 높은 편이며, 진한 적자색으로 말린 자두향, 검은 베리류의 향과 허브향, 담배향 등을 지닌 풍부한 탄닌이 농후한 와인이다. 오크통에서 오래 숙성된 카오르 말벡 와인은 탄탄한 조직감과 농축된 과일향이 특징이며, 병입 후 시간이 지나면서 삼나무향과 흙향이 더해져 한층 매력적인 와인이 된다.

까베르네 프랑 Cabernet franc

프랑스의 보르도 지방과 루아르 지방에 집중되어 있다. 까베르네 프랑은 까베르네 쏘비뇽과 메를로를 보완하여 블렌딩 된다. 이 포도는 익는데 유리한 따뜻한 모래와 자갈 토양이 지배적인 도르돈뉴와 지롱드 우안에서 많이 재배되고 있으며, 이 품종은 와인의 섬세한 구조감을 형성하는 데 기여한다. 예외적으로 쌩테밀리옹 특등급 와인인 샤또 슈발 블랑Chateau Cheval Balnc은 까베르네 프랑을 90%이상 사용하고 있다. 최근 루아르 지방은 까베르네 프랑 와인으로 와인 시장을 유도하고 있다.

산지오베제Sangiovese

산지오베제는 적당한 신맛과 쌉싸름한 탄닌 맛이 어울린 와인을 만들 수 있는 포도 품종이다. 블랙체리와 베리류 및 말린 자두의 향과 제비꽃 향이 나며 숙성되면

담배잎과 건초 및 동물 향도 난다. 색깔은 석류 빛의 밝은 레드다. 색깔과 바디가 약하지만 껍질이 두껍고 씨가 많아 탄닌이 많고 산미가 강해 오래 간다.

산지오베제로 만들어지는 와인은 과일향과 제비꽃 향 및 사냥고기의 향이 복합적으로 느껴진다. 세계적으로 유명한 이탈리아 토스카나Toscana 지방의 끼안띠Chianti 와인은 이 품종을 주로 사용해서 만든다. 또한, 미국 캘리포니아산 산지오베제 와인도 좋은 평을 듣고 있다. 이탈리아 품종답게 스파게티나 파스타와 같은 이탈리아 음식과 잘 어울린다.

진판델Zinfandel

미국을 대표하는 포도 품종인 진판델은 서민적인 느낌이 나는 품종이다. 미국에서는 값도 저렴하고 대중화되어 어디에서나 쉽게 볼 수 있는 와인이기 때문이다. 블랙베리와 자두 향이 가득하고 스파이시한 진판델은 알코올 도수도 높고 탄닌도 강하며 포도 색깔은 진하지만 연한 핑크 와인도 만들고 묵직한 맛의 진한 레드 와인도 만든다.

레드 와인 국제 품종 재배지 및 와인 특징

포도 품종	재배 국가 및 지역	와인 특징
까베르네쏘비뇽 Cabernet Sauvignon	프랑스 보르도 미국 캘리포니아 칠레 이탈리아 토스카나	블랙커런트, 블랙베리, 자두, 유칼립투스, 민트, 스파이스 등 –숙성 향 : 바닐라, 스모크, 사냥 짐승, 가죽, 삼나무 등
메를로Merlot	프랑스 보르도 미국 캘리포니아 칠레	자두, 딸기, 바이올렛, 장미, 민트, 후추 등 –숙성 향 : 바닐라, 스모크, 담배, 구운 빵, 가죽, 사냥 짐승 등
삐노 누아Pinot Noir	프랑스 부르고뉴 뉴질랜드 미국 오리건	칠레제비꽃, 장미, 체리, 딸기, 카시스, 후추, 향신료 등 –숙성 향 : 정향, 사냥고기, 가죽, 스모크, 버섯 등
시라/시라즈 Syrah/Shiraz	프랑스 론 호주 미국 캘리포니아	체리, 자두, 블랙베리, 오디, 감초, 향신료 등 –숙성 향 : 바닐라, 토스트, 가죽, 초콜릿 등
그르나슈Grenache	프랑스 론 프랑스 랑그독 스페인	호주카시스, 체리, 딸기, 아니스, 블랙베리, 계피, 감초, 향신료 등 –숙성 향 : 바닐라, 커피, 초콜릿, 가죽, 사냥고기 등

원래 진판델은 이탈리아에서 건너온 비티스 비니페라 종인데 처음에는 미국 동부 해안 지역에서 식용 포도로 인기가 있었으나 그 후 알이 크고 즙이 많은 콩코드Concord에 자리를 뺏기면서 한 동안 종적을 감추었다.

그 후 1880년대가 되어서야 캘리포니아에서 와인 제조 목적으로 해안 지방에 심기 시작하였다. 현재 캘리포니아 멘도시노Mendocino 지역에서 품질 좋은 진판델 와인이 많이 생산되고 있다.

3. 화이트 와인 포도 품종

샤르도네Chardonnay

프랑스 부르고뉴 지역을 대표하는 화이트 와인용 포도 품종이지만 세계의 여러 지역에서 비교적 쉽게 재배되는 포도이다. 화이트 품종이 갖는 일반적인 특징인 상큼한 과일향을 제외하고는 품종 특유의 개성이 덜 느껴지는 품종이다.

다시 말하자면, 포도 품종은 떼루아와 양조 기술에 순응하여 다양하게 만들어질 수 있음을 의미한다. 크게 기후와 오크에 의해 그 특징이 변화될 수 있다.

샤르도네

프랑스 샤블리Chablis와 같은 석회질의 서늘한 기후 지역의 와인은 사과, 레몬, 라임, 배와 같은 상큼한 과일의 향을 지니며 산도가 높고 꽤 드라이하며 바디의 정도도 가볍다. 그러나 칠레와 같이 더운 기후 지역에서는 파인애플이나 리치와 같은 열대과일의 향과 더불어 산도는 낮아지고 바디는 무거워져서 기름지고 유연한 느낌을 준다. 그 외 토양에 따른 향이 더해질 수 있다.

숙성 방법 중 오크통의 사용 여부에 따라서도 와인의 맛과 향이 변화한다. 오크통을 사용하지 않았을 경우에는 사과나 레몬과 같은 가볍고 신선한 과일향과 더불어 단순하며 경쾌한 와인이 된다. 토양의 미네랄과 암석의 풍미를 느낄 수도 있다. 프랑스 샤블리에서 주로 많이 생산된다.

오크통에 숙성한 샤르도네는 버터, 견과류, 캐러멜, 훈연, 갓 구운 듯한 토스티한 향 등을 지니게 되며 색과 바디감이 좀 더 진해진다. 프랑스 부르고뉴Bourgogne 지방의 꼬뜨 드 본Cote de Beaune 지역에서 생산되는 고급 샤르도네 화이트 와인들이 주로 여기에 속한다. 또한 신세계의 샤르도네 와인들은 대양에 인접한 서늘한 기후 지역에서 주로 생산되며 대부분 오크통 숙성을 이용하여 와인을 만든다.

쏘비뇽 블랑Sauvignon Blanc

선선한 지역에서 가장 잘 자라며 상큼하고 드라이하다. 샤르도네보다 가벼우면서도 생기발랄한 맛이 난다. 화이트 품종이 가지는 기본적인 레몬이나 흰색 과육의 과일향과 함께 잔디를 깎고 난 뒤의 향처럼 풋풋한 풀향이 나는 것이 특징이다.

쏘비뇽 블랑

숙성이 되면 아카시아와 같은 흰꽃향 또는 연기향 등과 함께 아로마가 화려하면서도 개성이 있다.

서늘한 지역에서 생산된 상큼하고 신선한 스타일의 쏘비뇽 블랑은 오크통 숙성을 거의 하지 않지만 몇몇 지역에서 오크통 숙성의 훌륭한 쏘비뇽 블랑 와인을 생산하기도 한다. 산도는 낮아지고 오크향이 부여되어 풍부하면서도 복합적이고 온화한 스타일의 쏘비뇽 블랑이 된다.

석회암이 많은 지역인 프랑스 북서쪽의 르와르 와인 산지 중 특히 상세르Sancerre와 푸이퓌메Pouilly-Fumee 등지에서 신선한 스타일의 쏘비뇽 블랑이 생산된다. 토양에 의한 광물질의 향도 잘 조화를 이룬다. 프랑스 보르도의 대부분의 지역에서도 생산되고 있는데 디저트 와인을 만드는 세미용 품종과 블렌딩하여 부드럽고 바디감 있는 고급 화이트 와인을 생산한다.

신세계 와인 산지 중 뉴질랜드의 말보로Marlborough 지역에서 좋은 품질의 쏘비뇽 블랑이 생산되고 있다. 이 지역은 서늘하지만 일조량이 많아 산도가 살아 있으면서 풍부하고 유연하며 잘 익은 과일향을 가질 수 있는 환경을 제공한다.

세미용Sémillon

세미용

병충해에 강하며 단위면적당 수확량이 상대적으로 높다. 이 포도는 가을에도 맑은 날이 지속되는 지역에서 재배하기에 유리하다. 그러나 포도가 익어가는 시기에 습한 날씨가 이어지면 포도에 곰팡이가 생기기 쉽다.

이 때 포도알에 귀부균이 착상하여 달콤하고 섬세한 맛이 살아 있는 스위트 와인을 만들 수 있다. 또한, 특색 있는 드라이 화이트 와인도 만들어진다.

서늘한 기후지역에서는 상큼한 레몬과 풀향으로 쏘비뇽 블랑에 가까운 스타일의 와인을 만든다.

프랑스 보르도의 쏘떼른느Sauterne 지역에서는 갸론 강과 지류인 씨롱 강의 영향으로 습기가 많고 안개가 자주 생기는 지역이라 이곳의 세미용 포도에 발생하는 귀부균의 성장을 도와 황금색이 나는 달콤한 화이트 와인을 만들어낸다. 귀부현상으로 농도가 응집된 포도 송이로 와인을 만들면 꿀처럼 달콤한 고급 디저트 와인이 탄생하는 것이다.

세미용으로 만든 드라이 와인은 신선한 과일과 말린 과일, 아몬드, 배, 벌꿀의 향기가 느껴지며 쏘비뇽 블랑 와인보다 신맛이 덜하고 풀바디한 느낌이 든다. 드라이하든 스위트하든 이러한 낮은 산도와 아로마를 보충하기 위해 쏘비뇽 블랑과 주로 블렌딩하며, 보르도의 대표적인 드라이 화이트 와인을 생산한다.

대부분의 경우 쏘비뇽 블랑의 블렌딩 비율이 높지만 세미용이 잘 익은 화이트 와인의 구조감을 잡는데 도움을 준다. 호주의 헌터밸리 · 남호주 · 서호주 등지에서도 견고한 산도와 신선한 아로마를 가진 드라이한 세미용 와인들이 생산된다.

리슬링 Riesling

리슬링은 만생종으로 햇빛이 잘 들고 척박한 토양에서 잘 자라며 특히 이회토에서 나온 리슬링으로 만든 와인은 향기가 매우 뛰어나다.

리슬링

이 포도는 겨울의 추위와 서리에도 강해서 프랑스 알자스나 독일 등지의 서늘한 지방에도 적합하다. 척박하고 서늘한 기후 지역에서 천천히 익으면서 산도와 향을 유지하고 좋은 화이트 와인을 만든다.

모든 화이트 품종의 향이 그러하듯 기본적으로 서늘한 기후에서는 라임 · 사과 · 레몬과 같은 가볍고 상큼한 과일향이, 따뜻한 기후 지역일수록 복숭아 · 자몽 · 배와 같은 다소 진한 과일향이 난다. 그래서 리슬링 한 잔을 마시면 꼭 과일 한 조각을 입에 문 것 같다.

리슬링으로 만든 와인은 향기가 강하고 복합적이며, 복숭아꽃과 견과류의 아로마를 지니고 있다. 우아한 느낌을 주면서도 강한 산미를 지니고 있어서 오랫동안 숙성할 수 있고 숙성이 진행되면서 진하고 복합적이 되며 석유향이 특징적으로 나기도 한다.

양조자에 따라 가벼운 알코올과 적당히 부드럽고 스위트한 와인을 만들기도 하고, 일반적인 와인의 알코올을 지닌 신선하고 드라이한 와인을 만들기도 한다. 또한, 귀부균으로 말미암아 농축된 리슬링 포도로는 진한 스위트 와인을 만들기도 한다.

리슬링은 전통적으로 라인 강 유역에서 재배되어 왔지만 캘리포니아와 호주에서도 찾아볼 수 있다. 호주의 리슬링은 유럽과 전혀 다른 스타일로 라임향의 드라이한 와인은 시간이 지나면서 유연해지고 석유향이 배어 나온다. 서늘한 지역으로 알려진 클레어밸리 Clare Valley, 에덴밸리 Eden Valley, 애들레이드힐즈 Adelaide Hills, 서호주의 마운트바커 Mount Barker 등에서 리슬링 와인이 생산되고 있다.

게뷔르츠트라미너 Gewurztraminer

조생종 품종으로 봄에 서리의 피해를 입기도 하지만 포도 알은 굵고 매우 향기롭다. 재배하기는 쉬운 편이나 원초적으로 낮은 산도와 높은 알코올로 아로마가 충분히 형성되기 전에 쉽게 과숙하게 되면 밋밋한 산도의 무게감만 있는 불균형의 화이트 와인이 생산되게 된다.

그래서 성장이 빨라지는 더운 기후 지역보다 프랑스의 알자스나 독일 등과 같은 추운 지역에서 좋은 와인을 생산한다. 이 품종 또한 드라이 와인에서 귀부 와인인 스위트 와인까지 다양한 스타일로 양조되고 있다.

게뷔르츠트라미너

게뷔르츠트라미너 포도는 분홍빛이 감도는 껍질 색을 지니고 있으며 리치와 복숭아 · 장미 · 사향 등의 향을 가지며 향신료 향이 매력적이다. 게뷔르츠Gewürzt는 독일어로 향신료를 의미한다. 진한 노란색의 이 화이트 와인은 산도는 낮은 편이지만 풍부하고 파워풀한 맛을 지니고 있으며 풀바디한 느낌을 준다. 귀부균이 착상된 포도로는 벌꿀과 말린 살구 및 장미꽃 향이 어우러진 스위트 와인을 만들 수 있다.

세계 전역에서 재배되고 있으나 그 양은 많지 않다. 프랑스 알자스를 비롯한 독일, 오스트리아, 스위스, 이탈리아, 스페인, 헝가리, 호주, 뉴질랜드, 미국 오리건주 등 서늘한 지역에서 좋은 와인들이 생산되고 있다. 풍미가 강해서 양념이 많은 아시아 음식과 잘 어울리며 우리나라 음식과도 무난하게 어울린다.

모스카토 Moscato

모스카토는 역사적으로 오래되었을 뿐 아니라 세계적으로 가장 많이 재배되는 청포도 중의 하나이다. 모스카토를 가장 많이 재배하는 이탈리아뿐만 아니라 지중해 다른 지역에까지 가장 넓게 분포되어 있다. 이 품종의 기원지는 고대 그리스로 로마인들에 의해 이탈리아 북부, 독일, 프랑스, 스페인에 퍼지게 되었으며 다양한 이름들로 불려지고 있다. 모스카토는 색상이 다양하지만 맛에 대해서는 공통점을 갖고 있다. 라틴어 무스쿰muscum, 즉 사향이란 단어에서 비롯된 것으로 북부 유럽에서서식하는 사슴과 또는 다른 포유류 동물의 생식선낭 분비물에서 나는 향이 특징이다.

비오니에 Viognier

비오니에

이 품종은 원래 프랑스 꼬뜨 뒤 론 지방이 원산지다. 론 지역의 최고급 화이트 와인 와이너리에서 많이 재배하며 양조가 잘 되면 우아하기 이를 데 없다. 최근 미국 캘리포니아 지역이나 호주에서도 재배하고 있다.

온화하거나 더운 기후에서 잘 자라며 재배가 아주 까다롭고 생산되는 포도의 양도 적다. 와인을 양조할 때 포도 품종 특유의 부드러운 맛과 산도 사이에서 미묘한 균형을 잡는 것이 가장 중요하다. 많이 알려져 있는 품종은 아니지만 알코올 도수가 상당히 높으면서도 향기로운 것이 특징이며, 진한 와인향과 함께 맛이 풍부하다.

특히 꽃향과 살구향, 메론향이 미묘하게 섞인 와인의 향기는 비오니에의 매력인 것이다. 따라서 새로운 도전을 위해 한 번 테이스팅 해볼 만한 와인이다. 이 가운데 꼬뜨 뒤 론Cote du Rhone 지방의 북쪽에 있는 샤또 그리에Chateau-Grillet와 꽁드리유Condrieu 와인이 비오니에의 진수라고 할 수 있다.

화이트 와인 국제 품종 재배지 및 와인 특징

포도 품종	재배 국가 및 지역	와인 특징
리슬링 Riesling	독일 모젤, 라인가우 프랑스 알자스 미국 워싱턴	미네랄, 흰꽃, 라임, 레몬, 시트러스, 구아바, 열대 과일 등 -숙성 향 : 말린 망고, 꿀, 향신료 등
쏘비뇽 블랑 Sauvignon Blanc	프랑스 보르도 프랑스 루아르 뉴질랜드	아스파라거스, 부싯돌, 레몬, 패션프루트 열대과일, 구즈베리 등 -숙성 향 : 코코넛, 바닐라, 토스트 등
샤르도네 Chardonnay	프랑스 부르고뉴 프랑스 샹파뉴 미국 캘리포니아 호주	미네랄, 아카시아, 레몬, 사과, 멜론, 배, 복숭아, 열대과일 등 -숙성 향 : 견과류, 아몬드, 보리수, 꿀, 바닐라 등
세미용 Sémillon	프랑스 보르도 호주	흰꽃, 배, 살구, 복숭아, 레몬, 견과류 등 -숙성 향 : 구운빵, 꿀향, 말린 망고 등

Chapter 4

포도 재배와 수확

와인은 100% 포도로만 만들어진다. 포도나무는 심고 나서 3년이 지나야 와인 양조에 사용될 포도가 생산되기 시작하여 70~100년까지 계속해서 포도를 수확할 수 있다. 좋은 와인을 생산하기 위한 첫 번째 단계는 질 좋은 포도를 얻는 것이며, 그러한 포도를 생산하기 위해서는 포도나무 재배 조건과 기술이 필요하다고 하겠다.

1. 포도의 구성

포도 송이는 포도 알과 꽃자루로 되어 있다. 포도의 구성 성분은 와인 양조에 있어 매우 중요하다. 특히 포도 알을 구성하고 있는 과즙과 껍질은 와인의 특성과 품질을 결정하게 된다.

꽃자루

포도나무 원줄기로부터 잔가지를 친 줄기에 걸려 있는 꽃자루는 포도 송이의 골격을 형성하고, 포도 송이를 고정시키는 역할을 한다. 포도 수확 때까지 나무에 남아 있던 꽃자루는 양조장에 도착하여 줄기를 제거하고 압착기로 가는 동안 자동 기계에 의해 제거된다.

포도 알

① **표피** : 외부로부터 포도 알을 보호하기 위해 얇은 표피가 포도 알 껍질을 덮고 있다. 이 표피는 박테리아와 효모를 자리잡게 하고 포도 품종 특유의 색을 갖고 있다.

② **껍질** : 포도 알을 구성하는 세포조직, 다양한 향을 내는 향기 성분, 색소와 탄닌을 함유한 폴리페놀 성분으로 되어 있다. 청포도 품종의 노란색 포도 알은 와인의 색에 영향을 주지 않는 반면, 적포도 품종의 껍질 색소는 와인의 색에 영향을 준다.

③ **과즙** : 주로 수분으로 되어 있으며 산과 당분 그리고 기타 여러 구성 요소들이 있다. 색소에 의해 과육이 색을 가지고 있는 것을 제외하고는, 이론적으로 과즙은 백 · 적포도 품종과 관계없이 거의 색이 없으며 와인의 기본 원료가 된다.

④ **씨** : 씨에는 기름과 다량의 탄닌이 있다. 따라서 양조의 압착단계에서는 와인의 쓴맛에 영향을 주지 않도록 으깨어지는 것을 피해야 한다.

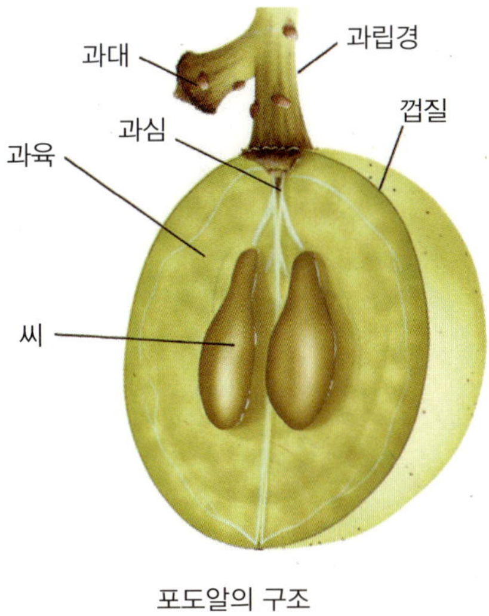

포도알의 구조

2. 포도 성분

6월에 포도나무가 만개하여 수정이 이루어지면 작은 포도 알들이 송이를 이루며 형성된다. 이때는 풍부한 엽록소로 인해 초록색을 띠게 되지만 아직 당도는 낮다.

8월이 되면 포도 알은 물들기 시작하여 청포도는 반투명의 노란색으로, 적포도 품종은 보라색으로 물들며 점점 그 빛깔이 짙어진다. 이 때부터 포도가 완숙할 때까지 포도 알의 당분 농도는 점차 축적되어 높아지고 산도는 점차 낮아지게 된다.

① **수분** : 포도 알의 주요소로 약 70%를 차지한다. 성숙되어 가는 동안 포도 알에 수분이 축적되면서 알은 굵어지며 그 속에 있던 산도 희석되어 감소한다. 수분에 대한 정도는 기후와 토양에 따라 달라지며 지나치게 많은 경우에는 껍질이 터지거나 과즙의 농도를 묽게 한다.

② **당분** : 당분의 함유량은 발효 후 알코올 도수와 관련된다. 포도당과 과당은 8월 포도 송이가 물들기 시작할 때부터 과즙 안에 축적된다. 잎에서 만들어진 당분은 과일이 만들어질 때까지 수액에 의해 옮겨진다. 일반적으로 당분의 농도는 물들기 시작하는 시기에는 리터당 20그램이고 완숙되면 200그램에 이른다.

③ **산도** : 사과산은 포도나무의 엽록소 부분에서 형성된다. 사과산 농도는 물들기 시작할 시기에 최고에 달하고 온도가 30°를 넘으면 화학적 현상으로 묽어지면서 점진적으로 75%까지 낮아진다. 주석산은 사과산보다 좀 더 안정적인 데 그 이유는 온도 35℃ 이하의 조건에서는 화학적인 영향을 덜 받기 때문이다.

④ **안토시아닌**anthocyanin : 안토시아닌은 와인 색에 관여한다. 포도 알의 착색이 시작되면 며칠 사이에 안토시아닌이 껍질에 모아지고 특히 날씨가 덥고 건조하여 포도나무의 활기가 높아지면 더 많이 축적된다.

⑤ **탄닌**Tannin : 떫은 맛의 탄닌은 껍질과 씨앗 및 줄기 부분에 많이 함유되어 있다. 광합성에 의해 생긴 당분의 일부가 페놀 성분으로 변하여 포도송이로 이동하면서 탄닌의 일종인 프로시아닌Procyanin으로 바뀌어 포도씨에 축적된다.

⑥ **아로마**Aroma : 일반적으로 포도의 껍질에 고유한 향이 들어 있다. 테르펜terpene이라고 부르는 향 분자들은 효모들의 도움으로 발효 과정에서 풍부하고 자유롭게 그들의 향을 드러낸다.

3. 포도 재배

자유롭게 성장하던 포도나무는 품질 좋은 와인을 생산하기 위해 오랜 세기 동안의 노하우와 첨단의 과학과 기술을 받아들임으로써 다양한 방법에 의해 관리되고 있다.

(1) 포도나무의 관리

가지치기

포도나무 관리라는 용어는 포도 재배자가 포도나무에 쏟아야 할 많은 일을 의미한다. 즉, 그루터기를 형성하고 가지를 자르고 포도나무의 햇가지를 고정시키는 등 식물의 생장과 수확의 균형을 제어하는 포도밭 작업들이다. 포도밭의 다양한 포도나무 형태는 해마다 지속적으로 진행되어 온 접목과 가지치기의 결과이다. 이는 기후와 토양, 포도 품종에 연결된 여러 요소들을 고려하여 이루어진다.

첫 2, 3년 동안에는 포도나무의 골격 형성을 위한 자르기를 한다. 3년째부터 그루터기가 원모양을 가질 수 있도록 간간이 가지치기가 이루어진다. 그 후 포도 열매를 얻기 위해 햇가지만 가지치기가 이루어진다. 포도나무의 능력 및 수확의 질과 양에 맞추어 필요한 싹의 수만 포도나무 위에 남긴다.

가지치기와 일정한 형태로 가지를 고정하는 작업은 포도나무의 식물 생장 균형을 유지하며 수명을 길게 만든다. 포도나무의 성장이 자유로우면 불필요한 가지가 서로 엉켜어서 좋은 열매를 맺는 데 방해가 되기 때문에 이 작업이 필요하다. 가지의 고정 형태로는 고블레Goblet, 귀요Guyot, 코르동 드 로야Cordon de Royat 등이 주로 행해진다.

① 고블레식 고정시키기

그루터기에서 분리된 굵고 오래된 3~6개의 가지 위에 2개의 눈을 가진 1개의 짧은 가지로 구성되어 고정된다. 전통적으로 많은 지방의 포도밭들이 고블레로 관리되었다. 프랑스 보졸레 · 랑그독과 이탈리아 시슬리와 같은 지중해 연안 산지에서 주로 볼 수 있다. 또한 각 지방의 여건에 맞게 다양하게 변형되어 사용된다.

② 귀요식 고정시키기

19세기 중반 이 방식의 가지치기를 보급한 쥘 귀요Jules Guyot 박사의 이름에서 가져왔다. 가장 많이 볼 수 있는 형태이다. 2개의 눈을 가진 하나의 꾸르송Courson이라고 불리는 짧은 가지와 4~7개의 눈을 가진 바게트Baguette라 불리는 긴가지 하나로 구성되어 있다. 이 방식은 좁은 공간에서 나뭇가지들의 무분별한 성장을 제어할 수 있다. 원산지의 재배 규정에 따라 바게트에 남기는 눈의 개수는 달라지는 데 상급의 원산지일수록 허가된 양보다 적다.

③ 코르동 드 로야Cordon de Royat식 고정시키기

하나의 오래된 굵은 가지 위에 각각 2개의 눈을 가진 3 ~ 4개의 짧은 가지로 구성된 형태이다. 샴페인 지방에서 자주 볼 수 있는 형태로 다른 지역과는 달리 비탈면의 낮은 쪽으로 향하는 것이 특징이다.

겨울에는 원하는 그루터기 모양을 만들고 그 모양을 유지하여 수확도 균질적으로 할 수 있도록 한다. 그리고 봄에는 불필요한 잔가지 등을 정리하는 가지치기가 행해진다. 여름에는 일조량을 확보하기 위해 햇가지의 가장자리를 치거나 포도나무를 지지대에 고정시키기 위한 작업이 실시된다. 기계화가 이루어진 현재는 포도나무 열 사이를 지나가야 하는 트랙터 통행을 쉽게 하기 위해 필수적으로 가지치기가 행해진다.

해충과 질병

19세기에 들어서면서 지리적 교류의 확대로 대륙 간을 이동하게 된 해충과 질병으로 포도나무 재배가 위기에 처하게 된다. 19세기 미국의 오이듐Oidium병이 유럽으로 건너왔으며, 노균병 또한 같은 경로로 유럽의 포도밭을 황폐화시켰다. 오이듐균에는 황을, 노균병 퇴치에는 구리황산염과 석회석으로 만든 보르도액을 최초로 사용하여 해결하기도 했다.

해충에 의한 가장 큰 어려움은 19세기 말 전 세계를 강타한 필록세라Phyllorera이다. 포도나무 뿌리를 갉아먹으며 결국은 나무를 고사시키는 이 해충은 미국에서 건너온 것이다. 결국 필록세라에 면역력을 갖고 있는 미국종 포도나무에 대목하는 방식으로 퇴치에 성공하였다.

이러한 성공으로 다양한 상황에 면역력을 갖춘 대목을 얻기 위해 여러 품종들을 교배하여 이상적인 포도나무를 직접 생산하고 있다. 엄격한 심사기준과 검사를 통과하여 안전하다고 인정된 포도나무 묘목을 사용하는 것으로 이러한 질병들을 예방하고 있다.

그 밖에도 많은 벌레들에 의해 포도가 오염되고 와인 품질을 떨어뜨릴 수 있기 때문에 다양한 약물들이 포도나무에 정기적으로 살포되고 있다. 최근 포도 재배자들이 친환경적 유기농 퇴치방법을 개발하고 이를 사용하기 위해 노력하고 있다.

4. 포도밭의 사계

훌륭한 와인은 이미 포도밭에서 결정된다고 한다. 와인의 재료가 되는 포도송이의 품질이 좋아야만 질 좋은 와인도 나올 수 있기 때문이다. 포도나무의 일년 성장주기와 포도 재배 업자들의 관리를 살펴보면 다음과 같다.

(1) 봄

겨울이 끝나 갈 무렵에 땅의 온도가 올라가면서 포도나무의 뿌리는 영양분을 가지로 올리게 된다. 이 때 가지를 자른 단면에서 투명한 수액이 맺히는 데 이를 "눈물Weeping"이라고 표현한다. 포도나무가 겨울잠에서 깨어났음을 알리는 징조이자 봄 성장을 위해 가지치기를 할 시기임을 말한다.

포도나무가 눈물을 흘리기 시작한 후 20~30일이 지나면 새순이 돋아난다. 토양과 기후 그리고 품종에 따라 그 시기는 달라질 수 있다. 예를 들면 서늘한 점토일 경우는 좀 더 늦게, 따뜻한 모래나 자갈토라면 좀 더 빠르게 진행된다. 이 때 포도나무의 성장과 결실을 조절하고 개선하기 위해 일정한 모양으로 가지치기를 한다.

새순이 나오기 시작하면서 식물은 조직 성장기에 들어간다. 포도 그루터기 밑둥의 흙을 파냄으로써 겨우내 얼었던 땅을 풀어주고 비료를 묻고 잡초와 해충을 제거하며 불필요한 싹들도 제거한다. 본격적인 봄인 4월~5월이 오면 초록의 잎순이 나오며 첫 잎이 피어난다. 그리고 포도송이 모양을 한 한무리의 포도 꽃의 싹이 돋아난다. 곧 작은 꽃들이 피어나고 10여 일이 지나면 수분 및 수정이 일어나게 됨으로 열매를 맺기 시작한다.

이 시기에 날씨가 나쁘면 꽃자루에 맺힌 열매들이 떨어지는 결실현상이 일어나거나 크기가 일정치 못하게 되기도 한다. 약 70% 정도만이 성숙된 포도 알로 자라게 된다. 이 때 새로 올라오는 불필요한 가지들은 정리해 준다.

(2) 여름

여름이 되면 포도송이가 제법 굵어지고 포도가 익어 가기 시작한다. 이 때 포도송이 주변의 잎들을 정리하여 햇빛을 많이 받을 수 있게 해준다. 충분한 햇빛과 열기는 포도 껍질의 착색과 포도알의 성숙을 촉진한다. 적포도 품종은 짙은 보라색으로, 청포도 품종은 노란색으로 착색이 되는 시기이다. 이를 프랑스어로 베레종Veraison이라고 한다. 또 포도송이도 솎아주어야 한다. 포도송이가 너무 많으면 땅 속의 영양분을 나눠 가져야 하기 때문에 그만큼 포도송이의 질이 떨어지기 때문이다.

(3) 가을

포도 알에 당분이 많아지고 산도가 낮아진다. 수확하기 전까지 탄닌과 색소 및 아로마의 함량은 계속 증가한다. 이 때부터 수확기까지 비가 오게 되면 포도의 품질이 나빠지게 됨으로 햇빛이 강하게 내리쬐어 포도가 잘 익어야 하는 중요한 시기이다. 건강한 포도를 수확하기 위해 포도가 익은 상태에 따라 수확 날짜는 달라진다. 개화기부터 수확기 사이의 기간이 평균적으로 100~110일 정도가 걸린다. 포도가 익어가면서 포도나무 줄기도 갈색으로 변한다. 곧 단풍이 들고 추위가 찾아오면 잎사귀를 떨어뜨리고 동면에 들어간다.

(4) 겨울

겨울이 오면 포도나무는 잎을 떨어뜨리고 휴식기에 들어간다. 잎을 통해 포도 알 착색 초기부터 진행되던 광합성 작용으로 저장되었던 영양분이 가지에 쌓이게 된다. 나무의 생물학적 균형이나 수명은 이 저장된 성분의 양에 따라 결정된다.

5. 포도 수확

포도 수확은 포도원에서 일년 농사의 결실을 거두는 때이므로 가장 중요한 시간이다. 포도 재배 농부에게 있어서 그동안 그들이 흘린 땀방울이 수확의 품질로 보상되는 기회이자 포도 송이에는 한 해의 기억이 고스란히 담겨 있기 때문이다.

포도를 자라게 한 것은 자연이지만, 와인으로 만들기 위해 최고 상태의 포도를 거두어야 하는 것은 사람의 노력과 노하우이다. 그러므로 포도 수확 날짜를 결정해야 하는데, 고품질의 와인을 만들기 위해서는 포도가 아주 잘 익고 손상되지 않은 포도이어야 하기 때문에 대단히 민감한 선택이며 수확의 때를 정하는 것은 매우 중요한 작업이다. 포도의 수확 시기가 다가오면 양질의 탄닌 성분과 당분의 비율은 올라가고, 알맹이의 산도는 떨어진다. 이런 요소들이 균형을 이루게 되는 시점이 바로 수확해야 할 때가 되는 것이다.

포도를 너무 일찍 수확할 경우에 포도는 아직 덜 성숙되어 풋내가 날 수 있고 당분이 약하고 산도가 지나쳐서 와인은 거칠고 빈약하며 신맛을 갖게 된다. 그 반대로 너무 늦게 수확하게 되면 성숙이 지나쳐서 아로마가 감소하고 산도가 부족해진다. 이럴 경우 와인은 "익은 맛"이 되어 거의 향이 없고 무거우며 알코올과 구조의 불균형으로 입 안에서 힘이 없는 결과를 얻게 된다.

기상 조건도 가장 큰 변수라고 할 수 있다. 적절하지 못한 시기의 강우는 포도를 부패하게 하며 포도즙의 농도를 떨어뜨리기도 한다. 유럽 산지의 경우에 그 해 최초의 수확일은 지방 정부의 관련기관에서 통제하기도 한다. 수확 방법은 기계 수확도 하지만 손 수확이 가장 훌륭한 품질의 와인을 만들 수 있기 때문에 유명 포도원에서는 한 송이 한 송이 정성스럽게 손으로 수확한다.

6. 자연 친화적 포도 재배

친환경 포도재배에는 일반적으로 유기농법과 바이오다이내믹, 내추럴 와인으로 구별된다. 그리고 국가마다 친환경 와인에 대한 정의가 조금씩 다르다.

화이트 와인　로제 와인　오렌지 와인　레드 와인

① **유기농 재배 농법** : 포도밭에 살충제, 제초제, 인공화학비료를 금지하는 농법이다.

② **바이오다이내믹 재배 농법** : 우주의 주기 변화와 자연의 순리에 순응하는 기본 철학으로 화학물질을 전혀 사용하지 않고 소의 뿔거름, 애기 쐐기풀, 서양 민들레 등 각종 천연 혼합물의 퇴비를 사용하여 포도 수확시기와 와인의 병입시기 등을 천체의 움직임에 따라 결정한다.

③ **내추럴 와인**Natural Wine **양조방식** : 유기농 와인과 바이오다이내믹 와인을 합친 양조방식으로 자연효모 사용, 논필터링, 이산화황(SO_2) 무첨가 등으로 만든 와인이다.

친환경 와인 재배 농법

유기농법 와인	• 재배 시 무농약, 무화학비료, 무제초제 • 친환경 비료, 거름 사용
바이오다이내믹농법 와인	• 재배 시 무농약, 무화학비료, 무제초제 • 우주의 주기 변화에 따라 수확시기, 병입시기 등 결정
내추럴 와인	• 유기농 와인과 바이오다이내믹 와인의 장점 결합 • 양조 시 자연효모 사용, 논필터링, 이산화황 무첨가

④ **유명한 친환경 와이너리**Winery : 유명한 친환경 와이너리로는 프랑스 루아르 지역 니꼴라 졸리Nicolas Joly, 부르고뉴의 도멘 르로아Domaine Leroy, 샴페인의 크리스탈Crystal과 플뢰리Fleury, 알자스 도멘 진트 훔브레이트Domaine Zind Humbrecht 등이 있다.

기후 변화와 와인 산업

지난 수년간 진행되어 온 지구온난화 현상은 와인산업에서 중요한 이슈로 자리 잡고 있다. 기후는 포도밭을 특징 지어주는 자연적인 요소의 포괄적인 개념인 떼루아Terroir의 핵심요소로서 포도나무 재배, 포도 숙성 그리고 더 나아가 와인 품질과 긴밀하게 연관되어 있다. 기후 변화에 따른 포도재배 방법, 포도 품종 변화, 포도 숙성 및 수확, 와인 품질의 변화, 더 나아가 포도 재배 지역 확대 등이 논의되고 있다.

1. 기후 변화의 추세

지난 1965년에서 2015년까지 유럽의 평균 기온이 약 2도 상승하였고 미국 서부의 포도 재배 지역은 약 2.9도 상승하였다. 포도 재배에 있어 기온 상승이 문제가 될 뿐 아니라 기온의 변동폭이 증가하고 있는 것도 큰 문제이다. 기온의 유동성으로 인하여 덥고 추운 날씨가 반복적으로 나타나면 포도 재배에 어려움이 많기 때문이다. 포도나무와 포도알 성숙은 기온과 밀접하게 연관되어 있고, 극단적으로 더운 날씨에는 견디기 힘들며 대체적으로 온화한 날씨를 좋아하는 경향이 있다. 또한 강수량이 매우 중요한 데 기온의 변화는 강수량의 패턴을 바꿀 수도 있고, 가뭄이나 집중호우가 나타날 수 있어 와인 생산에 중요한 변수가 되고 있다.

2. 포도 재배의 관련성

기후 변화에 따라 포도의 성장주기가 짧아지면 함유하고 있는 성분이 달라지게 되어 포도 품질에 차이가 생길 것이다. 또한 포도밭의 수분이 부족하거나 너무 많아지는 시기가 도래하여, 포도나무에 연관된 질병이 늘어날 수도 있다. 따라서 기온 상승으로 인해 포도 수확을 이전보다 앞당기고, 포도알의 당도가 높아진다고 보고 있다.

이러한 조기 성숙을 늦출 수 있는 방안으로 남쪽 또는 남동쪽 포도밭 위치와 방향을 다른 측면으로 이용하는 것도 대안이 될 수 있다. 또한 기후에 맞는 포도 품종의 변경과 포도밭의 관개시설을 통해 강수량 문제를 해결하는 것이다.

3. 와인 산지의 변화

현재 진행 중인 추세로 볼 때, 앞으로 50년 이내에 포도 재배 지역은 크게 변하게 될 것으로 예측되고 있다. 전 세계 포도나무의 재배 환경은 연평균 기온 12도에서 22도 사이의 지역에서 가능하다. 이 영역이 1965년부터 2015년까지 기온 상승으로 인해 80~240킬로미터 더 확대되었다.

그 결과 이전에는 포도 재배가 가능하지 않았던 지역이 포도 재배 지역으로 편입되고 있으며, 과거에 포도를 재배했던 지역이 이제는 포도를 재배하기 불가능한 지역으로 변했다는 것을 의미한다.

4. 와인 산업의 변화 전망과 대응

지난 50년간의 기온 상승은 포도품종 및 재배 방법, 와인 품질 그리고 생산지의 변화를 초래하였다. 유럽에서 온난화 현상으로 이러한 현상이 뚜렷했는데, 최근 남반구의 호주에서 와인 생산에 어려움을 겪고 있다.

이러한 기후 변화는 포도 재배에 악영향만 주는 것은 아니며, 어떤 지역에는 오히려 더 좋은 포도와 와인을 생산하는 데 도움을 줄 수 있다. 물론 이전과는 다른 스타일의 와인이 생산되겠지만 양조기술의 발전에 따라 와인 품질은 기후 변화에도 불구하고 향상될 것이라는 조심스러운 전망이다.

PART Ⅱ 와인의 제조

Chapter 5

와인 양조

포도가 와인으로 태어나기 위해서는 사람의 시음과 기술, 노하우에 의거하여 양조 과정을 거쳐서 만들어진다. 와인을 만드는 기술은 오랫동안 각 나라 생산자의 전통에 따라 전승되어 왔고 큰 발전을 거듭하여 왔다. 양조에 있어 과학적인 방법을 적용한다고 해도 와인 맛이 저마다 다른 것은 양조자의 역할과 방법이 모두 다르기 때문이다. 매년 동일하고 일률적인 양조방법이 제시되는 것이 아니고 해마다 양조자들은 가장 좋은 와인을 만들어 내기 위해 가장 적합한 양조 방법을 찾아내고 목표로 삼는 와인 유형에 따라 그들만의 양조 기법을 선택하게 된다.

포도 수확

와인 양조에서 가장 중요한 결정은 포도 수확을 언제 시작하느냐는 것이다. 포도가 충분히 익었을 때에 수확해야 하는데 그렇지 않으면 너무 시거나 풀향이 강해서 마시기 힘든 와인이 나올 수도 있다. 양조의 첫 단계인 포도 수확은 포도원의 구획별 · 품종별로 수확하여 양조장에 도착한 후에 떼루아와 품종별로 각각 동시에 양조 단계로 진입한다.

1. 레드 와인 양조 과정

레드 와인의 양조

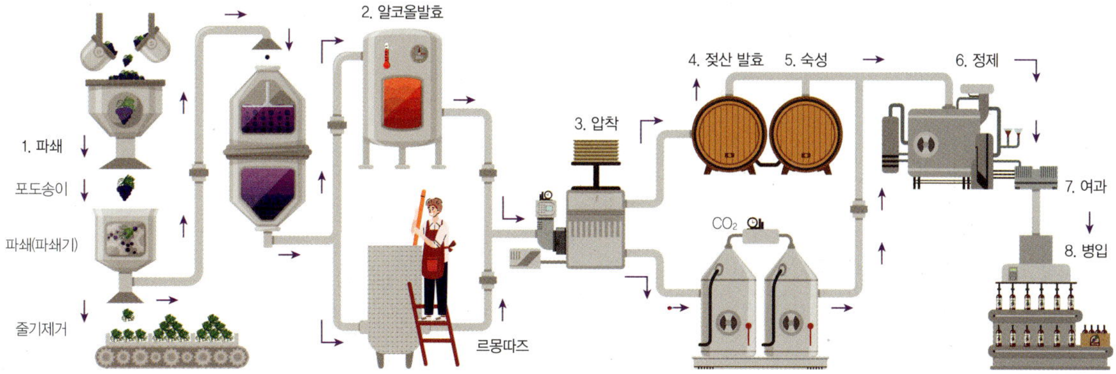

(1) 포도자루 제거와 압착하기

수확한 포도는 자루 분리와 압착과정이 동시에 이루어진다. 이 작업은 포도 송이에 남아 있는 포도 알을 줄기로부터 분리하고 와인으로 만들기 위해 으깨어야 한다. 이 과정으로 얻게 된 주스, 껍질과 씨앗은 산화작용의 위험을 피하기 위해 동시에 발효조로 옮겨서 다음 과정으로 들어가도록 한다.

(2) 알코올 발효 Alcohol Fermentation

압착된 포도 주스는 발효를 위해 발효조로 옮겨진다. 오크통 또는 스테인레스 발효조에서 주스는 자연 효모에 의해 알코올 발효가 시작된다. 이때 배양효모를 넣거나 발효과정에서 미생물들로 발효가 멈추는 것을 방지하기 위하여 이산화황 SO_2을 첨가하기도 한다. 발효는 탄산가스를 배출하면서 포도의 당분을 알코올로 변화시키는 과정인데 이 동안에 발효조의 온도를 주의깊게 관찰해야 한다. 왜냐하면 온도가 조금만 높아지거나 낮아져도 와인 스타일이 영향을 받기 때문이다.

(3) 르몽따즈 Remontage 올려 섞어주기

발효되는 동안에 꽃자루, 포도껍질, 씨와 같은 고형성분이 위로 올라와서 와인 표면 위에 덮개를 형성한다. 탄닌 성분과 포도껍질의 색깔을 충분히 우려내고 또한 박테리아 번식도 막기 위해선 발효조 아래쪽에 있는 와인을, 덮개로 만들어진 고형 성분 위로 올려서 섞어주는 작업을 진행해야 한다.

(4) 마쎄라씨용 Maceration 침용

1차 발효는 포도 당분이 알코올로 변했을 때 끝난 것이며, 이어 포도껍질이 알코올에 머무르며 색상이 물들어 가는 기간이다. 와인 특성에 따라 1주일 가량의 침용기간이 진행된다. 풍부한 질감과 진한 색깔을 띤 탄닌 성분의 장기보관용 와인일 경우에는 더 오랜 시간동안 침용을 진행한다. 그 반대로 유연하고 금방 마시기에 좋은 와인일 경우에는 짧은 침용 기간이 요구된다.

(5) 유산 발효 Malolactic Fermentation

유산 발효라고 불리는 2차 발효는 박테리아의 활동으로 탄산가스를 배출하면서 새콤한 사과산을 좀 더 부드럽고 유연한 유산으로 변화시키는 과정이다. 이 발효는 와인의 조화와 개성의 특질을 제공하는 고급 와인의 숙성 첫 단계이다.

(6) 숙성 과정 Aging

레드 와인 양조에 있어 중요한 과정으로 와인을 오크통에서 보통 6개월~36개월까지 숙성하는 것이다. 최근에는 이 기간이 점점 짧아지고 있는 추세인 데 숙성기간을 짧게 하고 병입 과정을 빨리하는 경향은 양조가들이 '와인이 산화되고 건조화가 진행되며 나무 향이 강하게 나는 것' 등을 최대한 억제하고 과일향의 와인을 신선하게 보관하기 위해서이다.

이 숙성기간 동안 와인 증발로 오크통의 와인이 줄어든다. 이 과정에서 비어 있는 공간이 있는 경우, 공기로 말미암아 와인이 변질될 우려가 있기 때문에 손실된 와인을 언제나 꽉 채워주어야 한다.

또한 와인을 맑게 하기 위하여 필수적으로 밑바닥에 가라앉아 있는 찌꺼기와 투명한 와인을 분리해 주어야 한다. 걸러내는 작업이 충분히 규칙적이고 제대로 이루어지지 않는다면 찌꺼기에서 발생하는 좋지 않은 냄새가 와인에 배게 되는 것이다.

이때 와인의 안정화와 산화로부터 보호하기 위하여 이산화황SO_2으로 처리하여 어떠한 미생물도 자라지 못하도록 방지한다.

(7) 수띠라주Soutirage – 와인 옮겨 놓기

발효가 끝난 후에 발효조 또는 오크통의 와인에 이산화황SO_2을 넣고 다른 통으로 와인 옮겨 놓기를 통해 아직 남아있는 다양한 찌꺼기를 와인에서 분리해야 한다. 이때 저온과 필터 이용도 섬세한 찌꺼기를 제거하기 위해서 사용하기도 한다.

(8) 블렌딩blending – 배합

한 포도 품종으로 레드 와인을 생산하기도 하지만 2종류 이상 포도 품종을 배합하여 새로운 유형의 와인을 탄생시킨다. 각 품종들은 자신의 고유한 특질을 가지고 있으나 블렌딩을 통해 더욱 완벽하고 조화로운 품질을 만들어 낸다. 예로서, 까베르네 쏘비뇽은 메를로의 탄닌 구조를 강화시켜 장기 보존이 가능하게 해주며, 반면에 메를로는 까베르네 쏘비뇽에 특유의 원만함과 부드러운 특징을 제공하게 된다.

이 두 품종이 섞이면 와인 향기가 더욱 풍부해지고 조화를 이루게 된다. 이러한 블렌딩을 통해 복합적이고 균형이 있으며 조화로운 와인으로 본래의 품종 개별적 특징을 넘어 그 이상의 품질로 생산된다.

(9) 와인 병입

숙성기간 동안 특별한 문제, 예를 들면 박테리아 번식을 일으키는 위생 불량 상태 등이 발생하지 않는 한, 와인은 곧 바로 오크통에서 스테인레스 탱크로 옮겨진다. 이 발효조에서 병입 바로 전에 마지막으로 불순물을 가라앉게 하는 정화 작업이 이루어진다. 이렇게 필터 과정을 거친 후 적절한 실내 온도와 현대설비를 갖추고 와인 병입을 시행한다.

(10) 병입 후 안정화

일단 병입된 와인은 와인 저장창고 안으로 옮겨서 2~4개월 동안 보관한다. 병입 과정은 와인을 흥분시키면서 몇 개월 후에 나타나는 일종의 스트레스를 야기시킨다. 따라서 한 동안의 안정화 과정이 필요하며 동시에 지하에 설치되어 있는 와인 저장고 꺄브Cave 에서 와인이 천천히 숙성되어 간다.

2. 화이트 와인 양조 과정

화이트 와인의 양조

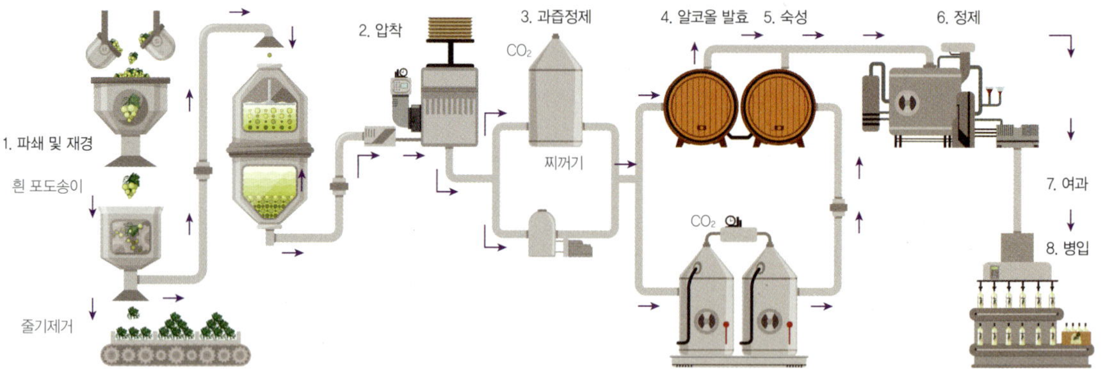

화이트 와인은 일반적으로 청포도로 만든다. 따라서 레드 와인과는 다르게 침용 과정은 없으며 어떤 색깔과 탄닌도 얻지 않는다. 드라이 화이트 와인은 무엇보다도 신선함과 활기가 있어야 하므로 화이트 와인 양조는 이 특질을 고려하여 이루어지게 되며 이런 특성이 없다면 와인은 약하고 좀 묵직한 느낌이 들게 된다.

(1) 포도자루 제거와 압착

포도 수확 후 양조장에 도착했을 때 포도는 상처를 입었기 때문에 즉각적으로 주스와 껍질을 구분하기 위해서 자루 제거와 압착을 한다. 이렇게 해야 혹 일어날 수 있는 침용 과정을 피하게 된다. 압착은 풀향이 나면 안 되므로 부드럽게 진행되어야 하고 포도 주스가 산화되지 않도록 신속하게 이루어져야 한다.

(2) 와인 가라앉히기 침전정제

압착에서 얻게 된 주스는 아황산 처리를 거쳐 발효조에 채워진다. 발효는 맑은 주스일 때 일어나야 와인이 섬세해지기 때문에 알코올 발효가 일어나기 전에 압착된 흰 주스의 정제 과정이 필수적으로 요구된다. 이 과정은 정지되어 있는 주스의 미립자와 침전물을 제거하기 위한 목적으로 보통 낮은 온도에서 자연적 디캔팅 decanting 에 의해 포도 주스를 가라앉혀 맑게 하고 아래의 앙금을 제거하게 된다.

(3) 알코올 발효 Alcohol Fermentation

1차 발효는 씨와 껍질이 없이 정제된 주스만 가지고 일어난다. 아로마의 향을 풍부하게 얻기 위해 레드 와인보다 낮은 온도인 18~20℃에서 평균 12~15일 동안 이 과정을 진행한다.

(4) 유산 발효 Malolactic Fermentation

레드 와인 양조과정에서 필수적인 유산 발효는 화이트 와인인 경우에 임의적이다. 이것은 유산 발효 과정을 거치면 산도가 너무 낮아지게 되는 위험이 있기 때문이다. 이 발효는 사과산을 더 부드럽고 유연한 젖산으로 변화시키기 때문에 이 과정에 따라 와인의 특성이 결정된다. 따라서 단기적으로 소비되는 화이트 와인은 신선하게 마시기 때문에 이 과정을 피하게 된다. 반대로 장기 숙성용 와인의 경우에는 이 발효를 거쳐서 더 기름지고 균형이 있으며 안정성을 갖게 해준다.

(5) 수띠라쥬 Soutirage – 와인 옮겨 놓기

발효가 끝난 후에 발효조 또는 오크통의 와인에 이산화황 SO_2 을 넣고 다른 통으로 와인 옮겨 놓기를 통해 아직 남아있는 다양한 찌꺼기를 와인에서 분리해야 한다. 이때 저온과 필터 이용도 섬세한 찌꺼기를 제거하기 위해서 검토하기도 한다.

(6) 블렌딩 blending 배합

양조자들은 원하는 와인에 따라 단일 품종으로 만들거나 2개 이상의 품종을 섞는다. 이 블렌딩을 통해 새로운 화이트 와인이 탄생하게 되며 고유 특징의 와인에서 다양하며 균형있고 복합적인 와인이 되는 것이다.

(7) 숙성 Aging

숙성을 거치는 것은 와인을 정제하고 안정화하기 위해서이다. 햇 와인에 있는 결점을 완화하고 와인의 복합적인 요소를 얻기 위해서 진행된다. 와인에 따라, 스테인레스 스틸이나 오크통에서 몇 개월에서부터 몇 년까지 맛과 향의 조화를 얻기 위해 이루어지며 이 과정에서 여과와 불순물 침전 작업이 행해진다.

(8) 와인 병입

병입 과정은 제품 품질에 결정적으로 기여하는 중요한 요소이다. 전통적으로 와인은 좋은 상태에서 병입하기 위해 저온 상태에서 이루어진다. 신선도를 간직하기 위해 일반적으로 수확한 지 3~6개월 사이에 병입 단계로 들어간다.

3. 로제 와인 양조 과정

로제 와인은 색깔로 보면 레드 와인에 가깝지만 맛의 특징은 화이트 와인에 더 가깝다. 로제 와인 양조에 있어서 프랑스의 경우에는 레드 와인과 화이트 와인을 섞는 것은 아니다. 레드 와인 품종의 포도 껍질 침용에 의한 옅은 색깔 추출로 얻게 되는 것이다.

로제 와인의 양조는 세심하게 이루어지며 두 가지 방법으로 생산된다. 한 방법으로 수확된 적포도를 압착하고 놓아 두면 주스 안에 껍질의 색깔이 퍼지게 되고, 그 주스로 발효과정을 통해 양조하는 방법으로 연어 및 살색 같은 연한 색상의 로제와인이 생산된다.

다른 하나의 방법은 레드 와인에서 사용하는 일반적인 단기 침용 기법이다. 레드 와인처럼 알코올 발효 후, 원하는 색깔의 정도에 따라 침용 기간을 약 12시간~24시간 동안 일어나게 하는 방식으로 장미 색상의 진한 로제 와인을 만드는 것이다. 2차 발효는 일반적으로 신선함을 유지하기 위해서 이 과정은 거치지 않는다.

로제 와인의 이해와 소비 증가

국내에서 훌륭한 로제 와인을 만난 경험이 없어 로제 와인에는 큰 관심을 갖지 못했다. 하지만 해외 와인 소식을 접해 보면 생산량을 늘리거나 절판이 된 와인은 늘 로제 와인이다. 로제 와인을 생산하는 국가들은 대부분 레드 와인 생산국가들과 거의 일치하며 소비 또한 그들의 국가나 생산지역에서 멀지 않은 곳에서 일어나는 현상이 지속되고 있다. 최근 로제 와인의 소비증가와 시장의 국제화가 가속화 됨에 따라, 점차 로제 와인에 대해 관심을 갖기 시작하였고 교역이 더욱 활발하게 진행되고 있다.

전 세계 로제 와인 생산

전 세계적으로 로제 와인은 약 2,270만 헥토리터hL가 생산되며 그 중 680만 헥토리터hL를 프랑스가 생산한다. 로제 와인은 프랑스 · 이태리 · 스페인 · 미국 순으로 생산되는 데 미국의 경우에는 기포를 갖고 있으면서 달콤한 화이트 진판델White Zinfandel의 형태가 대부분을 차지한다. 프랑스는 전 세계 로제 와인 생산량의 1/3을 담당하고 있으며, 남 프랑스 지중해 연안의 프로방스Provence 지방이 프랑스 전체의 20%를 생산하는 대표적인 산지이다.

프랑스 로제 와인 양조법

로제 와인은 일반적으로 아름다운 분홍 색상인데 장미 빛으로 레드 와인처럼 색상이 진하지 않고, 대개 화이트 와인 향과 맛의 특징을 띤다. 신선함이 있는 과일향이 함유되어 매우 기분 좋은 와인으로 생동감마저 느껴진다. 이러한 로제 와인 양조는 레드 와인과 화이트 와인을 섞은 와인이 아니라 상당히 까다롭고 정교한 양조 작업이 요구된다. 프로방스 지방은 주로 그르나슈나, 시라 등 적포도를 사용하여 로제 와인을 생산하는 데 "압착을 통한 방법"과 "침용을 통한 방법" 두 가지 방법으로 양조하고 있다.

로제 와인에 대한 인식과 이미지

레드와 화이트 와인 속에	레드와 화이트 그리고 로제	레드와 화이트와는 별개
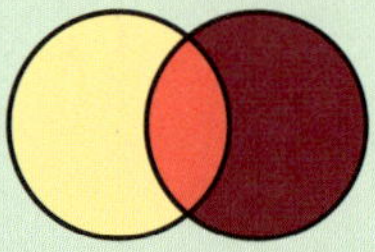		

로제 와인이 레드와 화이트 와인을 연관하여 볼 때는 독특한 양상과 상징적인 포지션을 가지고 있다. 와인 분류에 있어 레드 와인과는 구분되지만 소비 형태에서는 덜 구분되고 있다. 또한 모호한 컬러 코드로서 레드 와인에서 인식되는 내용과는 별도의 상징성을 갖고 있다. 따라서 와인 분류에서 또 다른 분류 방식이 가능한 장점을 가지고 있는 것이다.

로제 와인은 사회적인 소비보다는 쾌활한 식사를 위해 더 소비되고 있고, 와인에 대한 지식을 배경으로 하기보다는 소비 경험을 바탕으로 하고 있다. 명품와인이나 고급 와인의 복합적인 이미지보다 심플한 이미지가 강해 레드 와인과 비교해 제한 없이 젊은이뿐만 아니라 점차 남녀노소를 불문하고 모든 계층이 마실 수 있는 특징을 가지고 있다. 또 레드 와인이 식사에 곁들여 마시는 와인이라면 로제와인은 식전 반주나 야외 파티용 주류로 선호되고 있다.

4. 스파클링 와인 양조

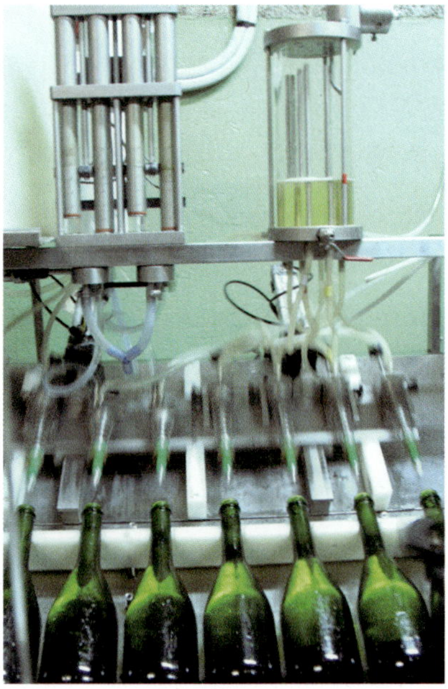

샴페인Champagne 양조 과정

① 수확Harvest : 샴페인 지역이 프랑스의 가장 북쪽에 위치한 와인 생산 지역 중 하나로 날씨가 추워서 수확이 다른 지역에 비해 늦은 10월에 이루어진다. 포도 수확은 손으로 수확해야 한다.

② 압착Pressing : 수확한 포도는 송이채로 압착하는 전통적인 압착기에 4,000 Kg을 넣고 먼저 2,050 리터 미만의 1차 주스를 생산해 낸다. 그리고 2차 압착으로 500 리터까지 짜낸 2종류의 주스로만 샴페인을 만들 수 있다. 이때 적포도이든지 청포도이든지 주스는 무채색이다.

③ 알코올 발효Alcohol Fermentation : 다른 와인을 만들 때와 마찬가지로 효모가 당분을 알코올로 분해하는 발효과정으로 포도 주스가 와인으로 바뀌는 과정이다.

④ 유산 발효Malolactic Fermentation : 시큼한 맛의 사과산을 좀 더 부드러운 맛의 유산으로 변환시키는 과정이다. 자연적으로도 일어나지만 이 발효를 하는 와인도 있고 안 하는 경우도 있는데 샴페인을 만들 때는 대부분 이 과정을 거친다.

⑤ **블렌딩**Blending : 샴페인은 삐노 누아, 삐노뫼니에, 샤르도네 세 가지 품종으로 만든다. 기존 양조 과정을 통해 만든 품종별 또는 저장해 놓은 와인들을 섞는 블렌딩 과정이다. 단일 품종으로 만들 경우, 이 과정을 거치지 않는다.

⑥ **2차 발효**Second Fermentation : 스파클링 와인의 특징인 거품을 얻기 위해 병 속에 당과 이스트를 넣는다. 병 속에서 다시 발효가 이루어지며 이산화탄소가 발생하고, 당이 완전히 소멸되면 발효가 정지된다.

⑦ **숙성**Aging : 2차 발효가 끝난 병 안에서 이스트 찌꺼기와 함께 와인을 숙성시킨다. 논빈티지NV 샴페인은 최소 15개월, 빈티지 샴페인은 36개월 숙성시킨다. 이 과정을 통해 샴페인의 품질 특성이 나타나게 된다.

⑧ **르뮈아주**Remuage : 숙성이 이루어진 샴페인 병의 이스트 찌꺼기를 제거하기 위한 과정이다. A형의 나무틀에 병 입구가 아래 쪽을 향하도록 비스듬히 걸어 놓고 병을 돌려 준다. 이렇게 하면 죽은 효모들이 병 입구 쪽에 모여 쌓이게 된다.

⑨ **데고르주망**Desgorgement : 병 입구에 쌓인 이스트 찌꺼기를 제거하는 과정이다. 병 입구만 냉각해서 얼린 다음 뚜껑을 열어 찌꺼기를 제거하고, 병 안에는 이산화탄소를 남게하면 기포성 와인이 된다.

⑩ **도자주**Dosage : 이스트 찌꺼기 제거 과정으로 인해 빠져 나간 와인을 보충하는 과정이다. 샴페인 특성에 맞게 드라이 또는 단맛이 있는 와인을 채워서 최종적으로 샴페인 스타일을 결정한다. 그리고 코르크 마개로 밀봉하고 철사 줄로 고정한다.

샴페인 스타일

도자주Dosage 과정에서 샴페인 생산자가 원액을 첨가하는데, 그 내용에 따라 스타일이 결정된다. 여기에는 단맛의 유무에 따라 6가지 스타일이 있다.

샴페인의 종류

스타일	용량	단맛 정도
엑스트라 브뤼Extra Brut	0~6g	단맛이 없음
브뤼Brut	6~15g	감미가 덜함, 가장 많이 소비
엑스트라 섹Extra Sec	12~20g	약한 단맛
섹Sec	17~35g	보통의 단맛
드미 섹Demi-Sec	33~50g	상당한 단맛
두Doux	50g	매우 단맛

각 나라별 스파클링 와인 분류

나라	지역	특징
프랑스	1) 샴페인AOC	• 전통방식 • 샴페인지역 • 삐노누아, 삐노므니에, 샤르도네 품종
	2) 크레망 드 부르고뉴 Cremant de Bourgogne	• 전통방식 • 부르고뉴, 알자스지역
	3) 양주무세 Anjou Mousseux	• 루아르밸리 Loire Valley 의 앙주지역 • 그롤로 Grolleau 품종사용
	4) 소뮈르무셰 Saumur Mousseux	• 루아르벨리의 소뮈를 지역 • 슈냉블랑 Chenin Blanc 을 주로 사용
	5) 뚜렌무세 Touraine Mousseux	• 루아르벨리의 뚜렌지역 • 슈냉블랑 Chenin Blanc 을 주로 사용
	6) 부브레 Vouvray	• 루아르밸리 부브레 지역 • 슈냉블랑 Chenin Blacn 주로 사용
	7) 몽루이 Montlouis	• 루아르밸리뚤렌 지역의 몽루이 • 슈냉블랑 Chenin Blacn 을 주로 사용
	8) 블랑깨뜨드리무 Blanquette de Limoux	• 전통방식 • 리무지역 • 모작 Mauzac 와인을 90% 이상 사용
	9) 블랑께뜨메쏘드엉시스트랄 Blanquette methode ancestrale	• 전통방식 • 리무지역 / 모작을 이용 • 데고르쥬망 Degorgenent 의 과정없이 • 알코올 도수 7% 이하
	10) 부르고뉴뮤세 Bourgogne Mousseux	• 크레멍을 제외한 부르고뉴
	11) 끌레레뜨드디 Clairette de Die	• 론벨리 Rhone Valley 에서 생산 • 뮈스까블랑아브띠그랭 포도 최소 75% Muscat Blanc a Petits Grains 와 • 끌레레프 Clairette 포도 최대 25%
	12) 쌩-뻬레뮤세 Saint-Peray Mousseux	• 전통방식 • 북부 론의 쌩-뻬레지역 • 마르산 Marsanne 과 루산 Roussanne 포도를 사용
	13) 가이약 Gaillac	• 남서부 프랑스 South West France 의 가이약 지역 • 메쏘드가이약코와즈 methode gaillacoise 방식
	14) 뱅무셰 Vin Mousseux	• 나머지 스파클링 와인 중에서 3.5~4기압

나라	지역	특징
프랑스	15) 페띠앙Petillant	• 병 속의 탄산가스 압력이 2기압
이탈리아	1) 스푸만테Spumante	
	2) 프리잔떼Fizzante	
	3) 아스티Asti	• 피에몬테Piemonte주의 아스티Asti 지역 • 모스까토Moscato 포도 품종 • 탱크에서 발효하고 숙성하는 샤르마Charmat방식으로 생산 • 알코올 도수 8% 정도
	4) 모스까토다스티 DOCG Moscato d'Asti	• 피에몬테Piemonte주의 아스티Asti 지역 • 모스까토Moscato 포도 품종 • 발효되지 못한 당분이 많이 남아서 맛이 달다
	5) 프란치아꼬르따 Franciacorta DOCG	• 전통방식 • 롬바르디아Lombardia 지역 • 샤르도네Chardonnay와 피노비앙코pinot Bianco
	6) 라부르스코Lambrusco	• 이탈리아 중부 에밀리아로마냐Emillia-Romagna 지방의 네 지역에서 재배하는 포도의 이름 • 주로 프리잔떼로 생산
	7) 프로세코Prosecco	• 베네토의 발도비아데네Valdobbiadene 마을 • 글레라Glera 포도를 사용하여 샤르마Charmat 방식
	8) 토렌토Trento	• 전통방식 • 트렌티노Trentino 지역 • 화이트와 로제 • 샤르도네, 삐노누아, 삐노블랑Pinot Blanc 삐노므니에
독일	1) 젝트Sekt	• 전통방식과 샤르마 방식 • 90%는 이탈리아, 스페인, 프랑스에서 포도즙을 수입하여 부분적으로 사용 • 고급젝트 중 리슬링과 삐노블라, 삐노그리, 삐노누아
	2) 샤움바인Schaumwein	• 탄산가스를 주입한 저렴한 스파클링 와인
	3) 페를바인Perlwein	• 세미 스파클링 와인

POMMERY

Chapter 6

와인 숙성

와인을 만들기 위해 포도를 수확하고 발효하며 숙성을 하는 일련의 과정은 와이너리별 · 지역별 · 국가별로 수십 혹은 수백 가지의 고유한 양조비법과 치밀한 화학적 기법들이 적용된다. 이러한 양조 과정 중 숙성의 단계는 와인의 맛과 향을 강화시켜 보다 개성적으로 만들 수 있는 단계다.

와인을 숙성하는 기간도 어떤 와인이냐에 따라 제각각인 것처럼 와인을 담그는 통이 와인의 스타일을 결정하기도 한다. 탄닌이 강하고 풍부한 질감의 와인은 오크통과 접촉하며 와인 향과 맛의 품질을 높일 수 있는 반면에 약한 와인은 숙성되면서 나무 통과의 접촉으로 오크 향이 강하게 날 수 있기 때문에 양조자가 주의를 갖고 실행하는 주요한 작업이다.

1. 오크 숙성의 효용과 방법

와인 메이커들은 자신의 목적에 따라서 숙성할 오크통을 섬세하게 고른다. 만약 상큼하고 활기찬 와인이 목적이라면 숙성과정이 길지 않을 것이다. 그럴 때는 스테인레스 탱크가 쓰이는 경우가 많다. 그 반대로 몇몇 화이트 와인들과 더불어 많은 레드 와인들은 포도 특유의 자연적 속성에다 복합적인 향취를 더하기 위해 오크통에서 오랜 시간 숙성시킨다.

와인 숙성과정 동안 일정한 양의 산소가 필수적인데 이 때 산소는 아주 적은 양으로 천천히 지속적으로 제공되어야 한다. 와인을 담는 오크통의 재료인 오크 조직은 미세한 산소를 안으로 받아들일 수 있는 통기성을 지니고 있어서 와인을 안정적으로 숙성하게 하는 최적의 조건을 제공한다. 와인을 오크통에서 묵히게 되면 오크통의 나무결 사이로 들어온 산소가 영향을 줌으로써 와인의 탄닌 성분이 부드러워지고 오크의 독특한 향이 와인에 스며들어 와인에서 나무향이나 바닐라 향, 구운 토스트 향이 생기게 된다.

오크 조직에 함유된 폴리페놀 성분은 60여 가지에 이르며, 탄닌과 바닐린Vanillin이 대표적인 성분이다. 탄닌은 와인의 골격을 강하게 해주어 탄탄한 구조를 만드는 데 영향을 주기 때문에 와인을 오래 보관할 수 있게 해준다. 바닐린은 와인의 미묘한 향기인 부케bouguet 형성에 관여하는 데 와인의 알코올 성분 및 산소와 결합하여 시간이 갈수록 은은하고 향기로운 나무 냄새가 배이게 된다. 그래서 장기적으로 숙성되는 고급 와인에는 오크통이 많이 사용되고 있다.

2. 오크통 사용 비율

양조가들 사이에서 대단한 관심을 불러일으키는 것은 와인 숙성단계에서 새 오크통 사용의 문제다. 보르도 1등급 그랑 크뤼, 이탈리아, 미국 등 최고의 와인 생산자들은 매년 100% 새 오크통을 사용하고 있다. 다른 우수한 샤또Chateau들에선 새 오크통 사용 비율이 33~60%에 이른다.

새 오크통을 사용하려면 와인 자체가 질감이 풍부한 것이어야 하며, 그렇지 않으면 새 오크통에서 나는 바닐라 향이 너무 지배적이어서 오크 나무의 향을 강하게 느끼게 될 수 있다. 일반적으로 오크통은 탄닌과 과일향 그리고 나무 향의 최고의 결합을 유리하게 하기 위해서 사용되기 때문에 와인 상황에 맞게 적절하게 이용해야 한다.

3. 코르크 마개

(1) 코르크 마개의 발견

병마개의 기본 역할은 와인이 외부로 흘러나오지 않게 밀봉하는 것이다. 따라서 마개를 막을 때 삽입이 쉬어야 하고 마실 때는 쉽게 빠질 수 있는 탄력성이 강한 재질이어야 한다. 또한, 삽입한 후에는 팽창되어 완벽한 밀봉상태를 유지시켜야 하고 장기적으로 부패하지 않게 유지되어야 한다.

동시에 병입된 와인에 어떠한 영향도 끼치지 않는 중성의 재질이어야 한다. 이 까다로운 조건을 만족하는 것이 바로 코르크 마개이다.

(2) 코르크 마개의 원료

코르크는 지중해 연안과 온대 지역에서 자생하는 케르쿠스 수베르Quercus Suber라는 참나무의 껍질로 만든다. 주로 와인 마개용 코르크는 지중해 연안에서 생산되는 나무를 사용한다. 그 중 포르투칼의 코르크가 최상품이며 전 세계 생산량의 절반을 차지한다. 보통 30년 이상 자란 코르크 나무 껍질이어야 쓸 만하며 재생을 위해서는 오랜 시일이 필요하다.

(3) 코르크 마개 제조

코르크 마개를 만들기 위해서는 먼저 최적의 습도를 보이는 참나무 껍질의 코르크 널판지를 띠 모양으로 자른다. 이때 너비는 향후 마개의 길이와 같게 한다. 보통 100kg의 코르크 소재에서 15~25kg의 코르크 마개를 생산할 수 있다. 코르크의 밀착력이 너무 강하면 코르크 마개를 병에서 뽑을 때에 잘 빠져 나오지 않거나 부서지기도 하여 문제가 생길 수도 있다. 요즘은 파라핀 대신에 실리콘이나 합성수지로 된 제품을 사용하기도 한다.

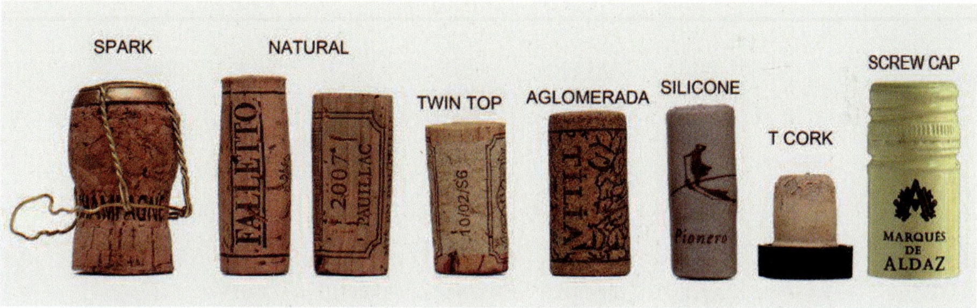

(4) 코르크의 효능과 특징

코르크 껍질을 마개로 만들어 사용하는 데는 그가 가지고 있는 수축성과 통기성의 특성 때문이다. 코르크 나무는 다른 나무 껍질과 다르게 14면체의 공기주머니 형태로 되어 있어서 압착이 가능하며 좁은 병목에 쉽게 삽입할 수 있고, 들어간 후에 바로 팽창되면서 완벽한 밀봉이 이루어진다.

또한 이 코르크는 가볍고 탄력이 뛰어나며 잘 썩지 않으므로 장기간(20~25년) 유지될 수 있다. 와인을 마실 때에도 쉽게 빠지는 이점이 코르크의 신축성 때문이다.

코르크 마개는 와인의 종류와 알코올 도수 및 용기에 따라 재질과 모양 길이가 다르다. 천연 코르크 마개를 전통적으로 선호하지만 가격의 상승과 와인 대비 마개 비용으로 인하여 최근에는 개량 코르크 마개를 많이 만들어서 사용하고 있다. 그러나 장기 숙성을 필요로 하는 고급 와인인 경우 천연 코르크 마개가 필수적이다. 그랑 크뤼Grand Cru급 와인인 경우에는 긴 코르크가 필요하며 매 25년 정도마다 새 마개를 갈아주는 것이 바람직하다.

코르크 특성과 관련하여 와인을 눕혀서 보관하는 것이 매우 중요한 보관 방법이다. 이것은 코르크 마개를 적시어 병의 밀봉성을 유지하기 위해서인데 와인을 세워서 2~3개월 놓아 두면 코르크가 마르고 수축되어 밀봉성이 약해지게 되며 이때 다량의 공기가 들어가서 와인에 나쁜 영향을 끼치게 된다.

와인이 병입되어 완벽하게 포장된 제품일 경우에 코르크 마개는 캡슐로 싸여 보호되어 있다. 마실 때에 뽑은 코르크 마개는 와인 서빙에 있어서 중요한 정보를 제공하는 데 일반적으로 코르크에는 원산지를 비롯하여 양조회사명과 생산년도가 적혀 있어 레이블label과 더불어 진품을 확인할 수 있으며, 코르크 상태에 따라 와인의 보관 상태와 품질을 어느 정도 감지할 수 있다.

PART Ⅲ 세계 와인 생산국가

Chapter 7

와인 규정 및 레이블 이해

와인의 레이블label은 와인 소비자들에게 정확한 정보를 주려는 노력이며, 모든 와인 생산국에서는 레이블 내용과 표기를 법으로 규정하고 있다. 레이블에는 빈티지, 포도 품종, 사용된 포도의 숙성 정도, 포도의 직접 재배, 병입 여부, 와인의 생산자명, 생산지역명, 기타 정보 등이 표시된다. 국가에 따라 레이블에 표시되어야 하는 정보들이 다르기 때문에 제공되는 각각의 정보에 대해 먼저 알아보고 각 국가의 레이블에서 이를 확인해 보도록 하자.

1. 구세계 와인과 신세계 와인 비교

세계 와인 산업은 크게 구세계(구대륙) 와인과 신세계(신대륙) 와인으로 구분된다. 구세계 와인은 프랑스 · 이탈리아 · 스페인 · 독일 등 오랜 역사와 전통을 자랑하는 유럽 국가에서 생산되는 와인이며, 신세계 와인은 미국 · 호주 · 칠레 등 신흥 생산국의 와인을 일컫는다. 이것은 단지 지리적 위치뿐만 아니라 와인 스타일 · 양조 · 마케팅까지 의미한다.

구세계 와인은 전통과 역사를 중요하게 여긴다. 전통적인 양조법을 유지하고 있으며 많은 부분을 자연 그대로 유지하고자 한다. 와인을 하나의 예술로 인정하기 때문에 빈티지를 강조하고 떼루아를 중요하게 생각한다.

그 반면 신세계 와인은 새로운 양조 기술과 표준화된 품질 관리 등 과학적인 재배 기법을 사용해 양질의 포도를 생산하는 데 주력한다. 어느 쪽을 강조하느냐에 따라 레이블 표기 또한 달라지며, 구세계는 생산지와 와이너리Winery를 표기하고 신세계는 포도 품종과 와인 양조자의 이름을 표기한다.

최근에는 유럽 와인 생산자들이 신세계의 자유로운 방식으로 와인을 만들기도 하고, 신세계 와인 생산자임에도 구세계의 전통주의를 추구하기도 한다. 따라서 두 산지의 비교는 일반적인 와인 생산 요건 및 특징으로 이해하면 되고, 와인 스타일은 와인의 종류 · 가격 · 등급 등을 고려하여 양조자에 의해서 결정된다.

세계의 와인

구분	구세계 (구대륙)	신세계 (신대륙)
와이너리 운영	전통적인 가족 중심	혁신적인 기업화 운영
포도밭 규모	소규모 포도밭	포도 재배 지역이 광범위
양조 철학	예술적으로 접근	과학적으로 접근
양조 방법	전통적 양조 방법	새로운 양조 기술
양조 특징	떼루아를 잘 표출	포도의 맛을 잘 표현
품질 특징	품질의 다양성	획일적인 맛
와인 스타일	섬세하고 우아하며, 미묘한 와인	과일향이 풍부하고 진하며, 힘이 강한 와인
빈티지	매년 다른 품질로 빈티지 중요	매년 좋은 기후로 상대적으로 덜 중요
와인 레이블	생산자 및 원산지, 전통 이미지	포도 품종명 및 원산지, 상징적인 이미지

2. 유럽 와인 생산 규정

2009년 8월부터 유럽연합은 '유럽 와인시장조직위원회 OCM Organisation Commune des Marches Vitivinicoles' 기관을 통해 프랑스 와인 등급 AOC 원산지통제명칭 시스템을 응용한 와인등급 시스템을 공표하고 적용하도록 했다. 유럽에서 생산되는 와인은 아래의 3단계 중 하나가 된다.

유럽 와인 등급의 3단계

1단계 : VIN sans IG Indication Geographique =Vin de France 지역 명칭을 쓰지 않는 와인
2단계 : IGP Indication Geographique de Provenance 생산지역 명칭을 쓰는 와인
3단계 : AOP Appellation d'Origine Protegee 원산지 보호 명칭 와인

1단계 : 가장 아래 등급인 VIN sans IG는 지역 명칭을 표기하지 않는 와인으로, 기존 프랑스 등급에 비유하자면 프랑스 내 포도밭에서 생산된 벵 드 뻬이Vin de Pays에 해당한다. 이 등급의 와인은 단순히 '벵 드 프랑스Vin de France'라는 명칭으로 표기되며 기존의 벵 드 따블Vin de Table급도 여기에 속한다.

2단계 : 중간 단계 등급인 IGP는 보다 넓은 범위의 지역적 생산지 이름이 표기되는데, OCM이 정한 와인 생산국가의 각 생산지구 이사회 규정에 맞게 생산되었을 때 획득 가능하다. 기존의 특정 지역 내 우수품질 와인AOVDQS 등급 와인 중 일부와 벵 드 뻬이Vins de Pays 등급 와인 중 일부가 여기 속한다.

3단계 : 최고 등급인 AOP의 의미는 "원산지 보호 명칭" 와인 등급으로서, 해당 원산지의 떼루아 특성을 근본적으로 보여주는 와인의 범주에 해당하는 등급이다. 기존의 아오쎄(AOC) 등급이 여기에 해당한다. 2012년 1월부터 모든 유럽 와인에 AOP를 넣어 사용해야 하지만 프랑스에서 생산된 와인은 AOC도 함께 사용할 수 있도록 인정하고 있다.

3. 구세계 와인 규정과 레이블

(1) 프랑스 와인 규정과 레이블

프랑스 와인은 크게 3가지 범주로 등급을 구분하고 있다. 최근에는 자국의 소비뿐 아니라 유럽, 또는 수출을 목적으로 하고 있기 때문에 유럽연합의 규정과 병행하고 있다.

벵 드 따블Vins de Table – 테이블 와인

이 등급의 와인들은 일반적으로 프랑스 여러 지방의 와인을 섞어 만드는 데 그 경우에 프랑스 와인Vin de France이라고 명시할 수 있다. 따라서 특별한 원산지 명과 생산년도를 갖지 않는 와인들이다. 일반적으로 브랜드명으로 판매되고 있고 맛이 항상 일정하며 가격 또한 저렴해 일상 식사 때 많이 소비되고 있다.

벵 드 뻬이Vins de Pays – 지방 명칭 와인

이 와인들은 포도 품종과 헥타르 당 생산량 제한 규정이 있다. 원산지 지역 명칭을 갖게 되며 성분 분석과 테이스팅 위원회의 심사를 거치게 된다. 프랑스에서 샤르도네, 메를로, 까베르네 쏘비뇽 등 품종 와인을 생산하는 데 이 와인은 벵 드 뻬이 급에 해당하며 생산량이 증가하고 있다.

AOC : 아뻴라시옹 도리진 꽁트롤레 Appellation d'Origine Controlée – 원산지 통제명칭 와인

프랑스 와인 중 가장 높은 단계의 품질 등급이다. 토양 및 경작지 위치, 사용하는 포도 품종, 포도 재배 관리와 양조 및 숙성법에 대한 규정을 정해 놓고 있다. 와인의 성분 검사와 프랑스 국립원산지명칭연구소(INAO)가 관리하는 시음 테이스팅을 통과해야만 AOC를 사용할 수 있다. AOC는 지방 전통에 따른 각 지방 와인의 특성을 지켜주는 역할을 할 뿐만 아니라 와인의 품질도 보증한다.

프랑스 보르도 샤또 마고 Chateau Margaux 라벨 표기

1. 상표	회사 명칭 또는 상표 브랜드를 기재한다. 샤또 마고 Chateau Margaux 는 생산자이며 상표명이다.
2. 빈티지	포도 수확 및 양조 연도를 표시한다.
3. 등급	보르도 메독 등급표시로 1등급을 의미한다.
4. 원산지	마고 Margaux 가 원산지인 마을이다. AOC 원산지통제명칭 와인으로 마을명을 "O"안에 기입한다.
5. 생산자명과 주소	와인을 생산한 회사명과 주소를 기입한다.
6. 병입장소	와인의 최종 병입한 장소를 표기한다. "Mis en bouteille au Château"는 양조한 샤또에서 병입했다는 의미이다.
7. 와인 특징 표기	그랑 벵 Grand Vin 은 포도원에서 생산한 대표적인 상표 와인을 의미하며, 그 포도원의 대표 와인이다.
8. 알코올 도수	12.5% Vol은 알코올 도수 표기이다.
9. 용량	750 cl은 용량 표기로 750 mL와 같은 의미이다.
10. 생산국가	외국에 수출할 경우, Product of France 또는 Produit de France 표기는 필수적이다.

프랑스 부르고뉴 로마네꽁띠Romanee-Conti 라벨 표기

1. 상표	회사 명칭 또는 상표 브랜드를 기재한다. 로마네꽁띠Romanee-Conti가 상표명이며 포도밭 명칭이다.
2. 원산지	Romanee-Conti가 원산지이다. 부르고뉴 지방의 그랑 크뤼Grand Cru는 포도밭 끌리마Climat에 원산지를 부여하고 사용한다. AOC원산지 통제명칭 와인으로 끌리마명이 "O"안에 기입한다.
3. 생산자명과 주소	와인을 생산한 회사명은 Domaine de la Romanee-Conti 약자로 DRC이며, 소재지를 기입한다.
4. 병입장소	"Mis en bouteille au Domaine"은 양조한 도멘에서 병입했다는 의미이다. 와인의 최종 병입한 장소는 위의 DRC 소재지이다.
5. 빈티지	포도 수확 및 양조 연도를 표시한다.
6. 생산수량	생산한 총 병수를 표기하였다.
7. 병입번호	병입한 순서 번호를 기입한다. 라벨 표기 필수사항은 아니다.
8. 생산자명	와인 품질 보증을 위해 생산자명과 사인을 기입하였다.
9. 알코올 도수	알코올 도수 표기는 필수적으로 주 메인 라벨에 없는 경우, 후면 라벨 또는 다른 곳에 반드시 표기되어 있다.
10. 용량	750 mL의 용량 표기는 알코올 도수와 같이 필수적이며, 반드시 표기되어 있다.

프랑스 샴페인 동 페리뇽Dom Perignon 라벨 표기

1. 상표	샴페인 동 페리뇽Dom Perignon이 상표명이다.
2. 샴페인 종류	로제Rose 색상의 샴페인을 표기한다.
3. 원산지	샹파뉴Chapagne 지역은 단일 원산지로서 AOC 원산지통제명칭 용어 모두를 사용하지 않고 Champagne 기입으로 인정하고 있다.
4. 빈티지	포도 수확 연도를 표시한다. 샴페인의 경우, 병입은 일반적으로 수확연도와 동일하지 않다.
5. 샴페인 특성	샴페인 당도를 표시하며 브뤼Brut는 드라이한 것으로 가장 많이 유통된다.
6. 생산자명과 주소	생산회사명은 Moet et Chandon이며, 소재지를 기입한다.
7. 병입장소	"Elabore par Champagne Moet et Chandon"은 "모에 에 샹동" 샴페인 회사에서 숙성 후 병입했다는 의미이다.
8. 알코올 도수	알코올 도수 표기는 필수적으로 주 메인 라벨에 없는 경우, 후면 라벨 또는 다른 곳에 반드시 표기되어 있다.
9. 용량	750 mL의 용량 표기는 알코올 도수와 같이 필수적이며, 반드시 표기되어 있다.
10. 생산국가	외국에 수출할 경우, Product of France 또는 Produit de France 표기는 필수적이다.

(2) 이탈리아 와인 규정

이탈리아 또한 유럽연합의 회원국이기 때문에 와인의 공식적인 분류 시스템이나 와인에 이름을 붙일 때도 유럽연합의 와인 관련법에 따라야 한다. 이탈리아의 와인 혁명은 특정 와인을 양조할 수 있는 지역을 지정하는 정부규정이 발표된 것을 계기로 촉발되었다. 즉, 1963년 DOC법이 발효되면서 이탈리아 역사에서 처음으로 공식 규정에 따라 특정 타입 와인에 대한 기준을 명문화했다. 이 체계는 매년 꾸준히 성장했으며 1980년대에는 정선된 와인을 위한 DOCG급 자격을 제시했다. DOC의 모든 규정이 조건으로 포함되어 있고 전문가의 테스트에 의해 승인을 받아야 하며 또한 엄격한 분석을 통과해야 한다.

비노 다 타볼라Vino da Tavola－테이블 와인

품종, 빈티지, 지역이 표시되지 않는 테이블 와인으로 판매도 하지만 자급자족을 위해 일반 가정이나 농가 등에서 생산하는 양이 상당하다. 와인 양조방식은 특별한 규정에 구애됨이 없이 자유롭다.

인디카초네 제오그라피카 티피카I.G.T Indicazione Geografica Tipica－생산지 표시 와인

중요한 와인 산지의 테이블 와인을 말한다. 와인의 색깔이나 포도 품종을 추가할 수 있으며 광역의 와인 생산 지역 이름으로 표시된다. 하지만 IGT 와인은 DOC나 DOCG에 사용되는 지방이나 지역 이름은 사용할 수 없다.

데노미나초네 디 오리지네 콘트롤라타D.O.C Denominazione di Origine Controllata－원산지 통제 명칭 와인

동일한 품질의 와인 생산을 위해 수확되는 포도 산지의 구역이 생산 통제 규정으로 정해져 있다. DOC급 와인은 규정에 정해진 전통적인 포도로만 재배하고 와인을 생산한다.

데노미나초네 디 오리지네 콘트롤라타 에 가란티타D.O.C.G. Denominazione di Origine Controllata e Garantita－생산 통제법에 의해 관리되고 보장되는 원산지 표시 와인

최상급 고급 와인이며, 와인 생산을 위해 DOC와 같이 수확되는 포도 산지의 지역이 생산 통제법에 정해져 있어야 한다. 그리고 수확이 이루어지기 전에 검증기관의 보증을 또한 받아야 한다.

이탈리아 가야Gaja 바롤로 다그로미스 Barolo Dagromis 라벨 표기	

1. 상표	바롤로 다그로미스Barolo Dagromis가 상표명이다.
2. 빈티지	포도 수확 및 양조 연도를 표시한다.(후면 또는 병목 라벨에 기입되어 있다.)
3. 등급	이태리 최고의 품질인 DOCG Denominazione di Origine Controllata e Garantita 등급을 의미한다.
4. 원산지	피에몬테Piemonte 지방의 바롤로Barolo가 원산지 마을이다.
5. 생산자명과 주소	와인을 생산한 회사명과 주소를 기입한다.
6. 병입장소	와인의 최종 병입한 장소를 표기한다. "Bottled by GAJA"는 가야에서 양조하고 병입했다는 의미이다.
7. 알코올 도수	14.5% Vol은 알코올 도수 표기이다.
8. 용량	750 cl은 용량 표기로 750 mL와 같은 의미이다.
9. 생산국가	외국에 수출할 경우 Product of ITALY 표기는 필수적이다.

(3) 독일 와인 규정과 레이블

독일은 1971년 제정된 독일법에 따라 크게 2개의 등급으로 나뉜다. '타펠바인Tafel-wein'과 '크발리태츠바인Qualitätswein'이다.

독일의 타펠바인은 테이블 와인으로는 최하위급으로 레이블에 포도원 이름이 명기되지 않는다. 이보다 우수한 고급 테이블 와인인 란트바인Landwein은 지역 소비자들에게 즐거운 상쾌함을 제공하며 편안하게 마실 수 있는 일상의 와인이다. 쿠베아는 독일의 13개 특정 포도주 생산지역에서 생산되는 품질 와인으로 숙성도가 뛰어난 포도로 생산되어 더 높은 품질 기준을 전제로 한다.

독일 최고의 품질 와인인 '크발리태츠바인 미트 프레디카트Qualitätswein mit Pràdikat -QmP'는 완숙된 포도나 귀부Botrytis 포도로 만든다. 숙성력이 뛰어나고 우아하며 품격 있는 와인이다. 이 QmP 급 와인은 포도의 완숙도와 품질에 따라 다시 여섯 단계로 나뉜다.

카비넷Kabinett

잘 익은 포도로 만든 부드러운 와인으로 알코올 도수가 낮으며 깔끔하다.

슈페트레제Spatlese

말 그대로 '늦 수확한' 포도로 만든 와인이다. 완숙에 이른 포도의 깊은 풍미와 조화된 미감이 뛰어난 와인이다.

아우스레제Auslese

고귀한 와인이다. 아주 잘 익은 포도송이 중에서 다시 선별하여 만들어져 그 향과 맛의 깊이가 뛰어나다.

베렌아우스레제Beerenauslese-BA

보트리티스Botrytis-noble rot 특유의 꿀향기를 가진 희귀하고 독특한 맛의 와인이다. 손수확으로 과숙된 포도알만을 골라 양조한다.

아이스바인Ice wine

베렌아우스레제급의 포도를 언 상태에서 수확하여 양조한다. 과일의 산미와 당미의 농축도가 매우 뛰어나면서 독특한 와인이다.

트로켄베렌아우스레제Trockenbeerenauslese-TBA

귀부현상에 걸린 낱개의 포도알을 건포도 수준에서 수확하여 만든 와인으로 독일 포도 재배 기술의 왕관이라고 할 정도이다. 그 농축미와 복합미가 타의 추종을 불허한다.

독일 우수와인 생산자연합VDP 표기

VDP Verband Deutscher Qualitats- und Pradikatsweinguter-The Association of German Quality and Pradikat Wine Estates 생산자는 약 200여 개로 구성되어 있다. 1910년에 설립된 이후 떼루아와 연관된 고품질 와인을 생산하고 있으며 독일 와인에 높은 표준을 제시해 왔다. VDP 와인에는 포도송이를 물고 있는 독수리 VDP 로고를 부착하도록 의무화하고 있다. 2012년 빈티지 와인부터 VDP 내의 포도밭 등급 체계에 부르고뉴의 포도밭 등급 체계를 모델로 적용하기 시작했으며, 새로운 VDP 원산지 등급은 아래의 부르고뉴 AOC 체계와 유사하다.

VDP.GROSSE LAGE 부르고뉴 Grand Cru AOC

VDP.ERSTE LAGE 부르고뉴 Premier Cru AOC

VDP.ORTSWEIN 부르고뉴 Village AOC

VDP.GUTSWEIN 부르고뉴 Regional AOC

2012년 빈티지부터 적용되는 새로운 VDP 와인 등급을 나타내는 도표이다.

4개 등급에 따른 드라이Dry 와인 레이블 중 VDP.GROSSE LAGE 와인은 VDP. GROSSES GEWACHS라는 별도의 명칭을 사용하며 "GG" 약어로 표기된다.

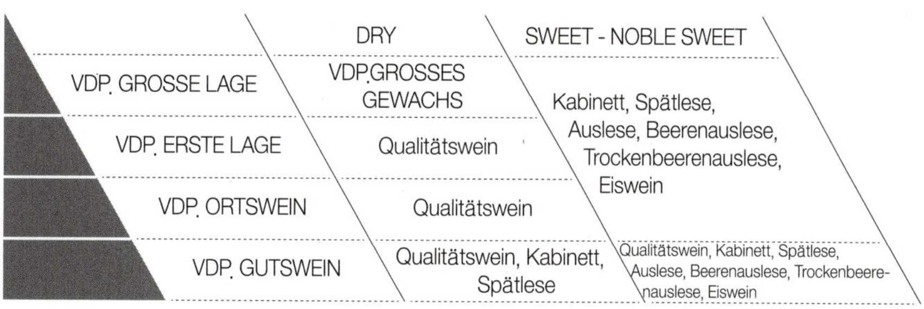

독일 바인굿 막스 페르드 리히터Max Ferd. Richter 라벨 표기

1. 상표	회사 명칭 또는 상표 브랜드를 기재한다. 막스 페르드 리히터Max Ferd. Richter 생산자이며 상표명이다.
2. 생산자명과 주소	와인을 생산한 회사명과 주소를 기입한다.
3. 회사설립	1680년 회사가 설립된 것을 표기하였다.
4. 빈티지	2015 포도 수확 및 양조 연도를 표시한다.
5. 품질 등급	독일 최고 품질 등급 크발리태츠 미트 프레디카트Qualitätswein mit Pràdikat -QmP 이다.
6. 품종과 완숙 등급	리슬링 포도 품종이며 카비넷Kabinett 등급으로 드라이한 와인이다.
7. 품질관리 번호	와인 품질의 분류를 받았다는 증명서의 역할로서 코드 번호는 생산자의 주소, 신청 연도 및 신청 장소를 의미한다.
8. 원산지	모젤Mosel이 원산지이다.
9. 알코올 도수	7.5% Vol은 알코올 도수 표기이다.
10. 용량	와인 용량은 750 mL이다.
11. 생산국가	외국에 수출할 경우 Product of Germany 표기는 필수적이다.

4. 신세계 와인 규정과 레이블

신세계에서는 와인 생산자가 원하는 종류의 와인을 어렵지 않게 만들 수 있다는 점에서 유럽과는 다른 장점을 지닌다. 유럽과는 달리, 와인 생산지를 한정하고 특정한 와인을 구성하는 포도 품종을 통제하는 등의 규정이 엄격하지 않다.

그럼에도 불구하고, 미국 · 호주 · 칠레 · 뉴질랜드 등 각 생산국들은 정도에 차이는 있지만 기본적인 법규는 존재하며, 포도 품종 명을 레이블에 영어로 일반적으로 표기하고 있다.

대표적으로 미국 와인 규정과 레이블을 살펴본다.

(1) 미국 포도 재배지역 AVA 규정

1978년 연방주류담배총포관리국BATF이 최초로 미국 포도재배구역 AVAAmerican Viticultural Area를 입안하기 시작하면서 와인 생산지를 한정짓는 규정이 시작되었다. 그에 따라 AVA는 “지리적 특징에 따라 구별되고 경계선이 명확히 정해진 한정적인 포도재배지역”으로 사용되고 있다.

미국의 와인 레이블에 나오는 나파 밸리Napa Valley, 소노마 밸리Sonoma Valley, 컬럼비아 밸리Columbia valley 같은 지역 명칭이 모두 AVA로 140개 이상의 AVA가 있다.

동일한 AVA 내에서 어느 생산자가 어떤 포도밭에서 포도를 재배했는가에 따라 같은 품종의 포도라도 전혀 다른 와인이 생산되고 있다. 이처럼 미국에서 생산되는 대다수 와인들의 경우는 와인의 품질과 스타일을 나타내는 가장 핵심적인 지표는 바로 생산자의 이름이다.

(2) 미국의 와인 법규

미국의 와인 생산자들은 유럽에 비해 훨씬 창의적이고 자유롭게 자기가 원하는 종류의 와인을 만들 수 있다. 그러나 와인 생산자들이 반드시 지켜야 할 몇 가지 중요한 연방 규정과 법규가 있다.

와인 레이블에 AVA를 표기하는 경우, 포도의 85%는 해당 AVA에서 재배된 것이어야 한다. AVA 대신에 소노마 카운티, 멘도시노 카운티 등 카운티 레이블을 붙일 수도 있다. 와인에 카운티 레이블을 붙일 경우, 포도의 75%는 해당 카운티에서 재배된 것이어야 한다.

AVA 대신에 해당 주의 레이블을 붙이는 경우, 주를 표시하기 위해서는 해당 주에서 만든 와인을 최소한 75% 이상 함유해야 한다. 그러나 캘리포니아에서는 100% 캘리포니아 산이어야 한다. 레이블에 빈티지가 표시될 경우는 양조된 와인의 95% 이상이 해당 수확년도의 포도이어야 한다.

(3) 미국의 와인 등급

- **버라이어털 와인**Varietal wine : 포도 품종을 상표로 내건 고급 와인으로 단일 품종만을 75% 이상 사용해야만 한다.
- **메리티지 와인**Meritage wine : 보르도 지방 재배 품종을 블렌딩한 와인으로 미국 내의 또다른 하나의 고급 와인이다. 버라이어털 와인과는 구별된다.
- **제네릭 와인**Generic wine : 대중적인 일상 와인으로 대표적인 와인 산지명을 사용하기도 한다.

미국 샤또 몬텔레나Chateau Montelena 라벨 표기

1. 상표	회사 명칭 또는 상표 브랜드를 기재한다. 샤또 몬텔레나Chateau Montelena가 생산자이며 상표명이다.
2. 회사설립	설립된 연도이다.
3. 원산지	생산지는 나파 밸리Napa Valleys AVA 지역이다.
4. 포도 품종	샤르도네 품종으로 만든 화이트와인이다.
5. 빈티지	포도 수확 및 양조 연도를 표시한다.
6. 생산자명과 주소	와인을 생산한 회사명과 주소를 기입한다.
7. 병입장소	와인의 최종 병입한 장소를 표기한다. "Mis en bouteille au Château"는 양조한 샤또에서 병입했다는 의미이다.
8. 알코올 도수	13.2% Vol은 알코올 도수 표기이다.
9. 용량	와인 용량은 750 mL이다.(후면 라벨에 표기되어 있다.)
10. 생산국가	수출할 경우 Product of USA 표기는 후면 라벨에 필수적이다.

5. 스토리 있는 와인

(1) 프랑스

모엣 샹동Moet & Chandon

세계에서 가장 큰 샴페인 하우스로써, 나폴레옹이 모엣의 샴페인을 마시기 위해서 1814년 황제 자리에서 물러나기 직전까지 여러 차례 방문했을 정도로 역사성이 깊은 곳이다. 또한, 샴페인의 아버지라고 불리는 수도원의 와인 담당 수도사였던 '동 뻬리뇽Dom Perignon'의 상표권을 인수하여 프레스티지prestige급 샴페인을 시장에 선보였다.

옅은 노란색에 흰색 꽃향기와 신선한 과일 향기가 조화를 이루며 부드럽게 미각을 자극하는 샴페인으로 전 세계에서 가장 사랑을 받고 있으며, 많이 판매되어 샴페인의 대명사로 자리잡고 있다.

샤또 깔롱 쎄귀르Chateau Calon-Segur

보르도 그랑 크뤼 3등급 레드 와인이다. 18세기 포도의 왕자라는 애칭을 가진 쎄귀르Segur 후작이 결혼으로 인해 샤또 깔롱을 떠나, 유명한 샤또 "라피뜨Lafite와 라뚜르Latour에서 양조하지만 내 마음은 깔롱에 남아 있다"라는 애정어린 말을 남겨 유명하다. 의미가 와인 레이블에 하트 모양으로 기려지고 있고, 이 덕에 연인끼리 선물용 와인으로 발렌타인데이 때 더욱 애용된다.

또한, 아름다운 황혼을 함께하는 중년 부부에게는 오랜 사랑에 의미를 부여하는 하트 문양이기도 하다. 시간이 지날수록 맛과 향이 더욱 깊어지는 이 와인은 오랫동안 함께 한 사랑의 깊이를 잘 표현해 주고 있다.

(2) 이탈리아

티냐넬로Tignanello

티냐넬로 와인을 생산하는 안티노리Antinori, 현 소유주 피에로 안티노리 후작은 와인에 대한 지식과 열정으로 이태리 와인 산업을 전 세계에 널리 알리는 데 기여하고 있다. 티냐넬로는 이태리 최고급 와인의 대명사인 '슈퍼 토스카나Super Toscana'의 시초이면서 이태리 와인 역사에 새로운 흐름을 만들어 낸 와인이다. 붉은 루비 빛에 오크 풍미가 더해지고 농익은 과일의 풍부한 향기를 지니고 있다.

장기 숙성용 최고급 레드 와인으로 벨벳 같은 탄닌이 입 안을 꽉 채워주며 탄탄한 구조감을 주고 긴 여운이 뛰어난 와인이다. 특히 이 와인은 최태원 SK그룹 전 회장도 좋아하는 것으로 알려져 있고 삼성 이건희 전 회장이 명절 때 계열사 직원들에게 선물한 와인으로도 유명하다.

(3) 칠레

알마비바Almaviva

칠레의 전통 있는 와이너리 '콘차 이 토로'Concha y Toro와 보르도의 일등급 생산자인 샤또 무똥 로칠드Chateau Mouton Rothschild가 합작 투자하여 만들어진 와인이다. 보르도 전통방식에 따라 최상의 포도만을 선별해서 만들어진다. 모차르트의 오페라 〈피가로의 결혼〉의 알마비바 백작의 이름에서 유래된 이 와인은 칠레 최고의 떼루아와 보르도의 양조기술이 결합된 걸작품이다. 진한 레드 색을 띠고 블랙커런트, 블랙베리가 지배적이며 살짝 풍기는 삼나무 향이 특징이다.

세련된 스모키함이 우아한 아로마를 형성하고 있는 와인이다. 부드러운 탄닌이 제공하는 재질감, 산도의 완벽한 밸런스, 탄탄한 와인의 구조감이 조화를 이루는 복합미를 제공한다. 더불어 칠레 특유의 섬세함 또한 느낄 수 있는 명품 와인이다.

1865 산 페드로San Pedro

1865
Established in

칠레를 대표하는 산 페드로 회사는 최대 규모로서 고품격의 와이너리를 표방하며 가장 영향력 있는 와이너리로서 명성을 얻고 있다.

특히 생산하고 있는 1865 와인의 스토리텔링 마케팅은 성공사례가 되고 있다. 1865는 산페드로 사의 설립연도이지만, 골프 18홀을 65타에 칠 수 있게 해주는 와인으로 인식됨으로써 비즈니스 파트너들로서 골프를 즐기는 애호가에게 1865가 선물하기 좋은 와인이라고 할 수 있으며, 특히 홀인원 기념 와인으로 사랑을 받고 있다.

북부 마이포 밸리Maipo Valley에서 생산되는 고급 레드 와인인 1865 리제르바 까베르네 쇼비뇽은 강렬하고 짙은 루비 빛이 나며 우아한 맛과 풍부한 과일향을 즐길 수 있다.

(4) 호주

투 핸즈 에인절 셰어Two Hands Angel's Share

투박한 포도원 농부의 두 손을 상징으로 하는 투 핸즈는 호주에서 쉬라즈Shiraz를 기본으로 최고의 와인을 만들고 있다. 와인에 대한 해박한 지식, 마케팅 기술과 비즈니스에 대한 통찰력으로 고급 와인을 만들어, 와인 평론가 로버트 파커(Robert M. Parker)는 "남반구에서 최고로 훌륭한 와이너리"라는 평을 하였다. 맥라랜밸리의 에인절 셰어 와인은 깊고, 응집된 루비 퍼플색과 블랙베리와 자두의 검붉은 과일 향이 특징이다.

동물향과 다크 초콜릿, 그을린 오크, 커피향의 훈향이 어우러진 부케 향이 일품이다. 맛으로는 탄닌이 강하면서 부드러우며, 풍부한 질감과 균형잡힌 풍부한 과일맛, 그리고 오랜 지속성을 느낄 수 있다. 남반부 쉬라즈 와인의 최정상임을 품질에서 입증하고 있다.

Chapter 8

프랑스 와인 산지 I

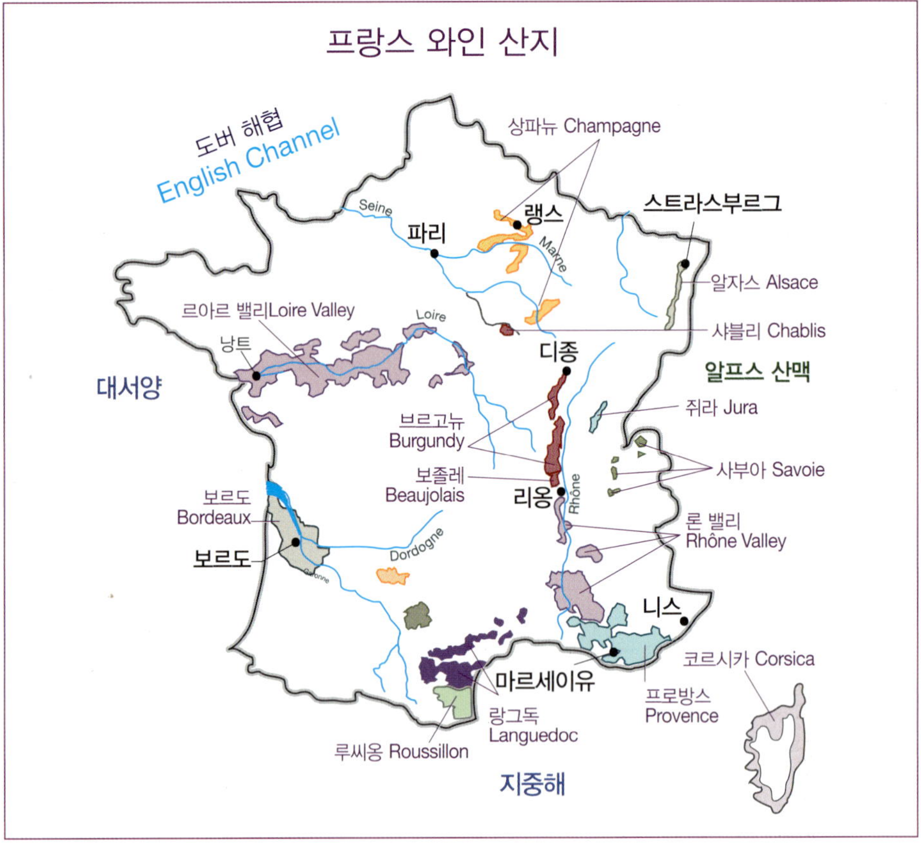

와인하면 프랑스를 떠올릴 만큼 세계 최고의 종주국이다. 프랑스는 연간 100억 병 정도의 와인을 생산하고 있으며 이것은 전 세계 와인 생산량의 약 4분의 1 정도에 해당한다. 또한, 와인 생산지역이 전 국토에 골고루 분포되어 있고 다양한 기후대와 토양을 기반으로 지역마다 개성 있는 와인을 생산하고 있다.

프랑스에서 포도 재배가 시작된 것은 로마제국의 영토 확장 때부터이다. 포도 재배와 더불어 와인 양조 또한 이 시기부터 시작되었으며, B.C 6세기부터는 그리스도교가 와인 발전의 큰 중심이 되었는데, 이것은 종교적 필요성에 의해 각 수도원마다 좋은 와인을 만들기 위해 노력했기 때문이다.

전 세계 50여 개에 이르는 와인 생산국가 가운데 프랑스가 와인의 대명사로 통하는 이유가 있다. 천혜의 자연조건과 관련 기술 개발 및 인간적인 노력이 어울린 결과라고 할 수 있다. 또한, 프랑스는 포도 재배에 알맞은 토양과 적정량의 햇빛 그리고 적당한 강우량이 유지되는 나라이며 완만한 능선과 적당한 일교차도 포도 재배에 좋은 조건이 된다.

그리고 포도나무의 질병 퇴치와 포도 품종의 개발 및 와인 전문 조합의 결성 등도 우수한 품질의 와인을 생산할 수 있는 토대가 되고 있다. 그리고 국가적인 차원의 와인 산업 지원, 국민 1인당 연간 70병에 이르는 와인 소비량, 생활의 일부로 여겨지는 와인 문화 등이 프랑스가 세계 최고의 와인 국가가 된 이유로 볼 수 있다.

프랑스에서는 지방에 따라 재배하는 포도 품종이 달라지고 개성적인 와인이 생산된다. 이제 각 지방의 와인 특징에 대하여 살펴보기로 한다.

프랑스 와인 산지별 포도 품종

지방	주요 포도 품종	와인 특징
샴페인Champagne	샤르도네Chardonnay	화이트
	삐노 누아Pinot Noir	레드
	삐노 므니에Pinot Meunier	레드
알자스Alsace	리슬링Riesling	화이트
	게뷔르츠트라미너Gewurztraminer	화이트
	실바너Sylvaner	화이트
	삐노 그리Pinot Gris	화이트
	삐노 누아Pinot Noir	레드
부르고뉴Bourgogne	샤르도네Chardonnay	화이트
	알리고떼Aligote	화이트
	삐노 누아Pinot Noir	레드
	갸메Gamay	레드
론Rhone	마르산Marssanne	화이트
	루산Roussanne	화이트
	비오니에Viognier	화이트
	시라Syrah	레드
	그르나슈Grenache	레드

지방	주요 포도 품종	와인 특징
프로방스 Provence	그르나슈 Grenache	레드
	무르베드르 Mourevedre	레드
	쌩쏘 Cinsault	레드
	끌레레뜨 Clairette	레드
랑그독 루시용 Languedoc-Roussillon	시라 Syrah	레드
	그르나슈 Grenache	레드
	까리냥 Carignan	레드
	뮈스까 Muscat	화이트
남서부 Sud-Ouest	말벡 Malbec	레드
	타나 Tannat	레드
	모작 Mauzac	레드
	까베르네 프랑 Cabernet France	레드
보르도 Bordeaux	까베르네 쏘비뇽 Cabernet Sauvignon	레드
	메를로 Merlot	레드
	까베르네 프랑 Cabernet France	레드
	말벡 Malbec	레드
	쁘띠 베르도 Petit Verdot	레드
	쏘비뇽 블랑 Sauvignon	화이트
	세미용 Semillon	화이트
	뮈스까델 Muscadelle	화이트
루아르 Loire	쏘비뇽 블랑 Sauvignon	화이트
	뮈스까데 Muscadet	화이트
	까베르네 프랑 Cabernet France	레드
	가메 Gamay	레드

1. 샹파뉴Champagne

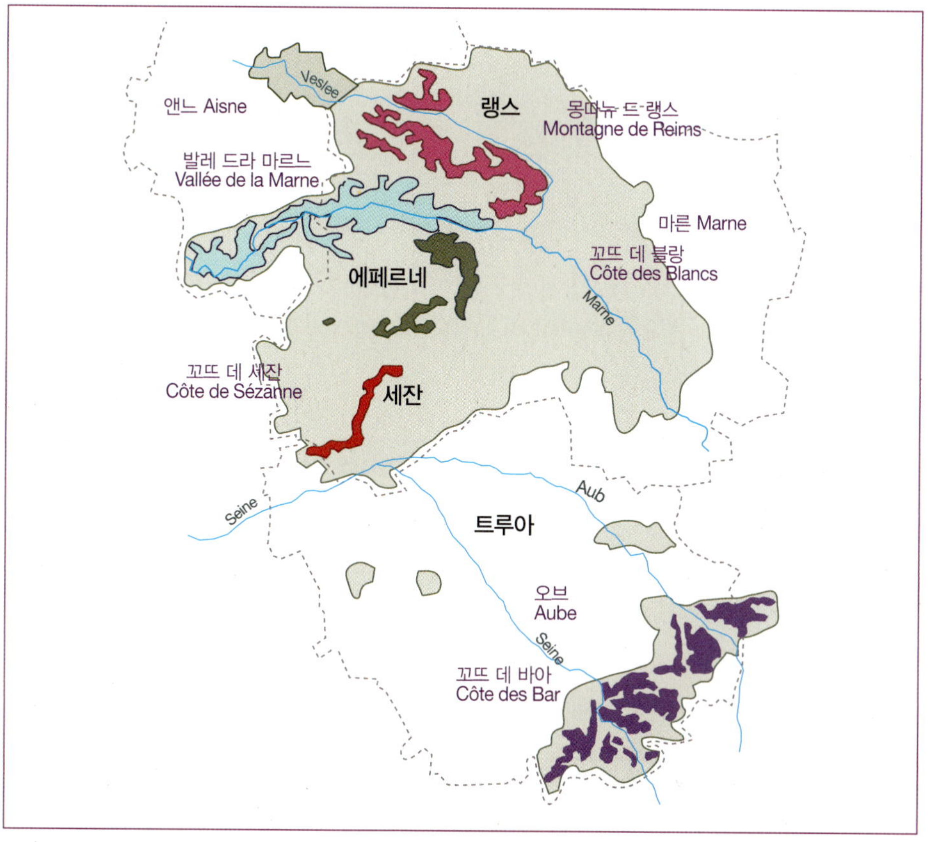

샹파뉴 지방에서 생산되는 스파클링 와인을 영어로 샴페인이라고 부르며 크고 작은 파티나 축제에 잘 어울리는 와인이다. 샴페인은 일반 와인과는 달리 탄산가스를 함유하고 있기 때문에 스파클링 와인에 속한다. 흔히 스파클링 와인을 총칭해서 샴페인이라고 부르는 경우도 있지만 이는 잘못된 것이며, 이 샴페인 명칭은 프랑스에서도 샹파뉴Champagne 지방에서 생산되는 와인에만 붙일 뿐, 그 외의 지역에서 생산되는 와인은 크레망Crémant 또는 벵 무쎄Vin Mousseux라는 용어를 사용한다.

상파뉴 지방은 파리에서 북동쪽으로 145킬로미터 지점에 프랑스 AOC 와인 생산지역 중에 가장 북쪽에 위치하고 있다. 북위 48~49도에 위치하고 있는 프랑스 포도재배 북방한계선 지대로 기온, 일조량, 강수량과 바람이 특별한 지역이다. 예전에는 늦가을에 양조한 와인의 발효가 미처 끝나기도 전에 겨울이 시작되고 추위로 인해 와인 속의 이스트가 발효 작용을 멈추는 경우가 많았다고 한다.

그러나 다시 따뜻한 봄이 오면 이스트가 되살아나 발효를 계속하게 되는데 이러한 2중 발효과정에서 자연스럽게 이산화탄소가 발생하면서 기포가 생긴 것이 오늘날 샴페인이라는 와인이 탄생하게 된 배경이다.

떼루아

상파뉴 심층 토양은 지하 300미터까지 석회질 토양이며 표면에 모래, 진흙, 이회토로 얇게 덮여 있는 곳이 많다. 석회질 토양은 배수가 잘 되지만 포도가 자랄 만큼의 수분은 함유하고 있으며, 포도가 익었을 때 산도를 유지해 준다. 이러한 토양의 특징으로 건조할 때 물은 석회석을 통해 올라오고 습할 때는 빠르게 더 깊은 층으로 내려간다. 하얀 돌이 태양을 반사하고 열기를 모아놓는 역할 외에도 추운 기후와 거친 환경을 극복할 수 있도록 해준다.

포도 재배 북쪽 경계선에 위치한 상파뉴 지방의 기후는 대륙성 기후의 영향을 받는 대서양 기후로 묘사할 수 있다. 춥고 습한 북쪽의 기후를 갖고 있으며, 이와 동시에 대서양의 영향을 많이 받아서 여름에도 선선하고 날씨의 변화가 심하다. 기후적으로 언제나 긴장상태에 놓여있는 데 최악의 경우 습하고 비가 많이 내릴 수 있기 때문에 늦여름에는 부패가 진행되고 포도가 수분을 많이 포함할 수 있다. 또한 겨울에는 날씨가 매섭게 춥고 봄에는 서리가 자주 내린다. 즉 1년 내내 포도가 제대로 살아남아 고르고 풍성하게 익어가기에는 어려움이 있는 기후 조건이다.

샴페인을 만드는 데 사용되는 포도 품종은 샤르도네라는 청포도와 적포도 품종인 삐노 누아, 삐노 므니에 세 가지가 사용되고 있다. 일반적으로 두 가지 이상의 품종을 섞어서 만들지만 샤르도네 포도만으로 만드는 경우도 있다. 샤르도네만으로 만든 샴페인은 특별히 '블랑 드 블랑Blanc de Blancs'이라고 부른다. 반대로 적포도만 이용하여 만든 샴페인은 '블랑 드 누아Blanc de Noirs'라고 한다.

그리고 샴페인 레이블에 붙는 '퀴베Cuvée'라는 단어의 퀴베는 첫 번째 압착에서 얻은 포도즙으로만 만들었다는 것으로 고급 수준의 샴페인이라는 뜻이다. 샴페인은 일반 와인에 비해 양조 방법이 복잡하고 까다로우며 숙성기간도 다른 와인에 비해서 긴 편이다. 그래서 이 샴페인은 일반적인 와인보다 더 비싼 편이다.

샴페인의 대표적인 생산자로는 모엣 샹동Moët et Chandon, 크뤼그Krug, 떼탱저Taittinger 뵈브 클리코Veuve Clicquot, 로랑 페리에Laurent-Perrier, 볼랭저Bollinger, 랑송Lanson, 포메리Pommery, 폴로저Pol Roger 등이 있다. 이러한 회사들은 기업형으로 NMNégociant Manipulant이라고 부르며 와인을 숙성시켜 판매 유통하는 대기업에 해당한다.

소규모 샴페인 회사들은 RM Récoltant Manipulant으로 자기 소유의 포도원에서 재배한 포도로 양조하고 판매하는 회사들을 말한다. 샴페인 꼴랭Champagne colin을 예로 들 수 있다.

샴페인은 약 2억 5천만 개의 기포가 샘솟는 즐거운 와인이다. 끊임없이 올라오는 거품을 눈으로 즐기고 망고와 레몬 · 살구 · 복숭아 등의 과일 향과 견과류향, 훈제향, 벌꿀 향 등을 코로 즐기고 입 안에서 맴도는 즐거움 등을 복합적으로 느낄 수 있다. 음식과의 궁합에 있어서는 맵거나 향이 강한 음식을 빼고는 샴페인과 무난하게 어울리는 편이다. 샴페인은 식전주로도 훌륭하지만 식사 중 음식과 같이 마셔도 좋으며 식후의 디저트로도 잘 어울린다.

샴페인의 종류

샴페인의 종류는 크게 색상, 단맛의 유무, 빈티지 사용 여부, 포도 품종에 따른 양조 그리고 포도밭의 크뤼 등급에 따라 몇 가지로 나누어 볼 수 있다.

(1) 샴페인 회사의 빈티지 사용 여부

보통 샴페인 병의 레이블에 포도 수확 연도가 기재되어 있지 않은 논 빈티지Non-Vintage가 대부분이며 이러한 종류가 전체 샴페인 생산량의 80~85%를 차지한다. 일반적으로 샴페인 제조 회사들은 자체적으로 계약된 포도 재배자로부터 샤르도네, 삐노 누아와 삐노 므니에 등 세 가지의 포도를 공급받아 블렌딩하여 샴페인을 만들게 된다.

샴페인의 경우는 프랑스 법으로 지정된 "메또드 샹쁘누아즈Méthode Champenoise"라는 양조관련 법률에 의거하여 제품을 생산하고 있다. 논 빈티지 샴페인은 생산일로부터 1년 이내에는 판매할 수 없으며, 알코올 도수가 10% 이상 되어야 한다. 이 제품은 가장 일반적인 샴페인에 해당되며 일정한 품질이 유지되어 매출이 가장 높은 품목이다.

그 반면에 빈티지가 표시되는 샴페인은 포도 품질이 뛰어난 해에만 특별히 생산된다. 이 빈티지 샴페인은 엄격하게 포도를 선별하고, 보다 세심한 양조와 장기 숙성 과정을 거쳐 완성되기 때문에 품질이 더 우수한 편이다. 빈티지 샴페인은 논 빈티지 샴페인보다 가격이 더 높은 편이다. 그리고 수확 연도가 아무리 뛰어난 해라고 할지라도, 생산자들은 수확한 포도의 80% 이상은 사용할 수 없다.

그 이유는 빈티지 샴페인의 품질을 더 높이고 논 빈티지 품질을 위해 예비로 남겨두기 위한 것이다.

(2) 포도 품종 사용에 따른 분류

샴페인 지방에서는 극한의 기후 조건과 떼루아에 완벽히 적응한 세 포도 품종이 근간을 이루고 있다. 삐노 누아 Pinot Noir 38%, 삐노 므니에Pinot Meunier 33%, 그리고 샤르도네Chardonnay 28%를 재배하고 있으며, 특히 샹파뉴 원산지통제명칭AOC은 포도 품종과 관련하여 엄격한 규정으로 관리되고 있다.

① 블랑 드 블랑Blanc de Blancs

이 샴페인은 청포도만 사용하여 만든 화이트 샴페인을 말하며 고급스런 샤르도네 품종으로만 만든 샴페인을 의미한다. 샴페인 지역의 여러 곳에서 생산되지만 특히 꼬뜨 데 블랑Côte des Blancs이라고 불리는 곳에서 재배된 샤르도네 포도로 양조한 것이 유명하다. 또한 아비즈Avize, 크라망Cramant과 르 메닐Le Mesnil 마을에서도 향기롭고 우아한 블랑 드 블랑 샴페인을 만들고 있다.

블랑 드 블랑 샴페인은 만든지 얼마 안 된 상태에서는 색상이 투명하며 연둣빛을 지니고 있다. 맛이 새콤하고 깔끔하며 부케는 약한 편이지만 은은한 꽃 향기가 전해온다. 시간이 흐를수록 맛이 복합적으로 변하여 입 안에서 상큼하게 느껴지며 순수한 미네랄의 느낌이 우아하게 다가온다. 숙성이 잘된 경우는 망고와 살구 및 복숭아 등의 과일 향과 잘 익은 레몬 향이 느껴진다. 또한 호두나 커피 및 토스트 향이 조화롭게 나타나는데, 이때의 호두 향은 고급스런 샴페인 제품에서 나는 전형적인 특징이라고 할 수 있다.

② 블랑 드 누아Blanc de Noirs

이 샴페인은 적포도인 삐노 누아로 만드는 것이 일반적이지만, 삐노 므니에로도 생산하고 있다. 실제로 샹파뉴 지방은 적포도 품종이 더 많이 재배되지만 블랑 드 누아 명칭보다 블랑 드 블랑 샴페인이 더 많은 편이다.

삐노 누아가 많이 들어간 샴페인은 시간이 흐를수록 훈제향과 벌꿀, 카라멜, 버섯 향이 나며 보다 우수한 샴페인에서는 치즈나 가죽 향이 느껴지기도 한다. 이러한 부케 향을 느끼는 블랑 드 누아 샴페인은 식전주로 마시는 경우도 있지만 식사 중에 음식과 함께 마시는 경우가 일반적이다. 생산 지역으로는 아이Aÿ 지역과 특히 베르지Verzy, 베르즈네Verzenay, 부지Bouzy, 앙보네Ambonnay, 마이유Maille 그랑 크뤼Grand Cru 마을이 블랑 드 누아 샴페인의 최고 산지로 여겨진다.

(3) 양조 과정

상파뉴의 경우 프랑스 법으로 지정된 '메도드 샹쁘누아즈Méthode Champenoise'라는 양조관련 법률에 의거하여 제품을 생산하고 있다. 일반적으로 샤르도네, 삐노 누아와 삐노 므니에 세 가지 포도로 블렌딩하여 샴페인을 만들게 된다. 레이블에 포도 수확 연도가 기재되어 있지 않은 논 빈티지Non-Vintage가 대부분이며 샴페인 생산량의 80~85%를 차지한다. 논 빈티지 샴페인은 생산일로부터 1년 이내에는 판매할 수 없으며, 알코올 도수가 10% 이상 되어야 한다.

반면 빈티지가 표시되는 샴페인은 포도 품질이 뛰어난 해에만 특별히 생산된다. 이 샴페인은 엄격하게 포도를 선별하고, 보다 세심한 양조와 장기 숙성 과정을 거쳐 완성되기 때문에 품질이 더 우수하며 논 빈티지 샴페인보다 가격이 더 높은 편이다. 그리고 수확 연도가 아무리 뛰어난 해라고 할지라도, 생산자들은 수확한 포도의 80% 이상은 사용할 수 없다. 그 이유는 빈티지 샴페인의 품질을 더 높이고 논 빈티지 품질을 위해 예비로 남겨두기 위한 것이다.

샴페인 양조 과정

1) 포도 수확	9월 말~10월 초
2) 압착	가지 제거 후 송이채 압착 1차 압착 4,000kg에서 2,050리터 주스 퀴베 프레스티지 고급 샴페인용으로 주로 사용 2차 압착에서 500리터 추가
3) 1차 발효	껍질, 씨앗 없이 즙만 발효, 화이트 와인 양조
4) 블렌딩	포도 품종, 포도밭, 다른 빈티지 와인 혼합
5) 병속에 당분과 효모 첨가	탄산가스와 기포를 얻기 위함
6) 2차 발효	병속에서 탄산가스와 효모 찌꺼기 분출
7) 병입 숙성	논 빈티지 (15개월), 빈티지(3년) 숙성 와인과 효모찌꺼기 결합으로 샴페인 고유 부케향 형성
8) 르뮈아쥬Remuage	병돌리기, A모양 나무 판 구멍에 병을 거꾸로 넣고 회전, 효모찌거기를 병입구로 모음
9) 데고르쥬망Degorgement	찌꺼기 제거, 병입구의 찌꺼기를 영하 20도 이하에서 냉각 후, 병을 거꾸로 세워 열면 탄산가스 압력으로 찌꺼기 제거
10) 도자쥬Dosage	원액보충, 제거된 양만큼 샴페인과 설탕물 보충, 샴페인 스타일 결정
11) 포장	코르크 마개 밀봉 및 철사줄로 고정 후 포장 완료

(4) 상파뉴 생산 지역

상파뉴 원산지 명칭AOC의 포도 재배 면적은 34,000 헥타르에 이른다. 프랑스 전체 포도밭의 2% 정도이며, 포도밭은 4/5가 마른느 강 유역에 있다. 이 지방은 마른느Marne, 엔느Aisne와 오브Aube 행정구역에 걸쳐 펼쳐져 있으며 또한 오뜨 마른느Haute-Marne와 센느 에 마른느Seine-et-Marne의 마을에서도 발견할 수 있다. 특히 샴페인을 생산하는 지역은 1919년부터 포도의 가격에 따라 Cru크뤼라고 하는 상파뉴 등급 체계로 나뉘어져 있다. 그랑 크뤼Grand Cru 샴페인은 포도가 100% 크뤼로 정해진 마을에서 재배된 것만으로 양조해야 한다. 프리미에 크뤼Premier Cru는 승인된 포도 90~99%를 사용한 경우 이 용어를 사용할 수 있다.

① 그랑 크뤼Grand Cru

그랑 크뤼는 최고 수준의 포도 생산지이며 샴페인을 만들 수 있도록 지정된 곳은 17개 마을로 한정되어 있다. 이 마을들에서 재배된 포도로만 만들어야 하기 때문에 우수한 샴페인을 만드는 회사들은 그랑 크뤼의 중요성을 강조하고 있다. 이들 마을의 포도 품질은 조금씩 차이가 있다. 아비즈Avize와 르 메닐 쉬르 오제르 Le Mesnil-sur-Oger는 청포도인 샤르도네 샴페인이 훌륭하고, 베르즈네Verzenay와 아이Aÿ는 적포도인 삐노 므니에와 삐노 누아로 만든 샴페인이 우수한 편이다.

② 프르미에 크뤼Premier Cru

전체 크뤼 중 90~99%에 해당하는 프리미어 크뤼는 그랑 크뤼보다 한 단계 아래에 위치한다. 프르미에 크뤼로 지정된 곳은 41개 마을에 이르고 있다. 대표적인 프르미에 크뤼 마을로서는 뀌Cuis, 그로브Grauves, 디지Dizy, 베르뛰스Vertus, 릴리 라 몽따뉴Rilly-la-Montagne, 쉬니 레 로즈Chigny-les-Roses, 샹삐용 에 뀌미에르Champillon et Cumiers, 아브네Avenay, 트레빠이으Trépail 등이 있으며 가격 대비 품질이 뛰어난 프르미에 크뤼 샴페인용 포도를 재배하고 있다.

(5) 샴페인 주요 생산자

모엣 샹동Moët et Chandon, 크뤼그Krug, 떼탱저Taittinger 뵈브 클리코Veuve Clicquot, 로랑 페리에Laurent-Perrier, 볼랭저Bollinger, 랑송Lanson, 포메리Pommery, 폴로저Pol Roger 등이 있다. 이러한 회사들은 농부로부터 포도를 사들여 만드는 기업형으로 NM Négociant Manipulant-네고시앙 마니필랑이라 부르며 와인을 숙성시켜 판매 유통하는 대기업에 해당한다. 소규모 샴페인 회사들은 RM Récoltant Manipulant-레꼴탕 마니필랑으로 자기 소유의 포도원에서 재배한 포도로 양조하고 판매하는 회사들로서 샴페인 꼴랭Champagne Colin을 예로 들 수 있다. 조합 화사들이 참여한 까브 꼬페라티프 샴페인을 CM이라 하며, 니꼴라 프이야트Nicolas Feillatte, 샤를르 콜랭Charles Collin이 대표적이다.

① 프레스티지 뀌베 샴페인Prestige Cuvée

샴페인 생산자들은 기존의 전통적인 샴페인보다 더 고급스럽고 부가가치가 큰 럭셔리 샴페인 제품인 '프레스티지 퀴베Prestige Cuvée'를 생산하여 유통하고 있다. 이 샴페인은 가장 품질이 뛰어난 제품으로 멋있게 디자인된 와인 병과 고급스런 포장 용기를 사용하여 높은 가격으로 출시되고 있다.

햇빛이 잘 드는 양지 녘의 크뤼 포도밭에서 자란 좋은 포도를 한정된 양만 수확한 후 선별하여 만들기 때문에 일반 포도로 만든 샴페인보다 가격이 더 비싸다. 양조에 있어서도 수확 후 수작업으로 압착이 이루어지며 이 압착단계에서 첫 번째로 얻는 고품질의 포도즙 원액만을 사용한다. 또한 일반적인 샴페인 숙성 기간인 3년보다 더 길게 보통 5년 이상 숙성하여 만들기 때문에 해당 생산비용이 늘어나게 된다.

샴페인 회사 및 프레스티지 퀴베 브랜드

샴페인 회사 & 와인 브랜드	프레스티지 퀴베 브랜드
볼랭저 Bollinger	라 그랑 아네 La Grande Année
까나르 두센 Canard-Duchêne	샤를르 7세 Charles VII
까띠에 Cattier	퀴베 르네상스 Cuvée Renaissance
샤를 하이직 Charles Heidsieck	샤를리 Charlie
델라모트 Delamotte	빈티지 블랑 드 블랑 Vintage Blanc de Blancs
되츠 Deutz	아무르 Amour
듀발 르로아 Duval-Leroy	팜므 드 샹파뉴 Femme de Champagne
G.H. 멈 G.H. Mumm	그랑 크뤼 Grand Cru
고세 Gosset	셀레브리 Célébris
앙리오 Henriot	퀴베 앙샹돌뢰르 Cuvée des Enchanteleurs
크뤼그 Krug	클로 뒤 메닐 Clos du Mesnil
조셉 페리에 Joseph Perrier	조세핀 Joséphine
랑송 Lanson	노블 뀌베 Noble Cuvée
로랑 페리에 Laurent Perrier	그랑 씨에클 Grand Siècle
르노블 Lenoble	레 자방튀르 Les Aventures
루이 뢰드레 Louis Roederer	크리스탈 Cristal
메종 드 뽀므리 Maison de Pommery	퀴베 루이즈 Cuvée Louise
모엣 샹동 Moët & Chandon	동 뻬리뇽 Dom Pérignon
니콜라 페이야트 Nicolas Feuillatte	빨메 도르 Palmes d'Or
페리에 주에 Perrier-Jouët	벨 에포크 Belle Epoque
필리포나 Philipponnat	클로 드 고아쎄 Clos des Goisses
파이퍼 하이직 Piper Heidsieck	퀴베 라르 Cuvée Rare
폴 로저 Pol Roger	윈스턴 처칠 Winston Churchill
포므리 Pommery	루이즈 Louise
뤼나르 Ruinart	동 뤼나르 Dom Ruinart
살롱 Salon	블랑 드 블랑 Blanc de Blancs
떼땡저 Taittinger	꽁뜨 드 샹파뉴 Comtes de Champagne
뵈브 클리코 Veuve Clicquot	라 그랑 담 La Grande Dame

*샴페인 회사에 따라 프레스티지는 다소 차이가 있다.

샴페인이 다른 와인과 다른 4가지 특징

첫째, 프랑스에서 와인 원산지는 떼루아Terroir를 중요하게 여김으로써 좁은 면적도 여러 개의 원산지로 나누는 데 비해, 샴페인 지역은 넓은 면적임에도 불구하고 원산지가 1개인 점.

둘째, 와인의 품질과 스타일 표현은 빈티지로 이루어지는 데 반해, 샴페인은 일반적으로 빈티지가 없거나 빈티지 샴페인은 최소화 한다는 점.

셋째, 훌륭한 와인은 포도밭에서 아주 적은 양의 포도만을 수확하여 만든다고 믿고 있지만, 샴페인은 남김없이 최고의 수확을 올린다는 점.

넷째, 많은 생산량과 품종을 블렌딩하여 만드는 샴페인은 보르도와 비슷하지만, 보르도 생산자는 와인을 만들고 유통이나 마케팅은 네고시앙Negociant이 하는 반면에 일반적으로 샴페인은 생산과 마케팅을 병행하고 있다는 점.

(6) 샴페인 와인 특징

약 2억 5천만 개의 기포가 샘솟는 즐거운 와인이다. 끊임없이 올라오는 거품을 눈으로 즐기고 망고와 레몬, 살구, 복숭아 등의 과일 향과 견과류향, 훈제향, 벌꿀향을 코로 즐기고 입 안에서 맴도는 즐거움 등을 복합적으로 느낄 수 있다.

음식과의 궁합에 있어서는 맵거나 향이 강한 음식을 빼고는 샴페인과 무난하게 어울리는 편이다. 샴페인은 식전주로도 훌륭하지만 식사 중 음식과 같이 마셔도 좋으며 식후의 디저트로도 잘 어울린다.

샴페인의 아버지 동 뻬리뇽(Dom Perignon)

샴페인의 아버지라고 부르는 동 뻬에르 뻬리뇽Dom Pierre Perignon 수도사는 1639년에 태어나서 1715년 세상을 떠남으로써 루이 14세와 비슷한 시기를 살았다. 베네딕트 교단의 수도사였던 그는 샴페인에 있는 오빌레르Haut-villers 수도원에서 와인을 관리하는 일을 하면서 평생을 지냈다.

후각이 뛰어난 그는 포도밭의 포도 맛을 보면서 서로 다른 품종을 섞어 샴페인을 만드는 방법을 개발하였다. 오늘날 축제나 연회에서 빼놓을 수 없는 샴페인을 만들면서 와인 역사에 한 획을 그었다.
모엣 샹동Moet et Chandon 사에서 동 뻬리뇽 최고급 샴페인을 출시하여 그의 업적을 기리고 있다.

정확히 말하면 동 뻬리뇽이 샴페인을 발명한 것이라고는 말할 수 없다. 프랑스에서 오래 전부터 스파클링 와인이 생산되어 왔고, 여러 수도사들과 생산자들이 조금씩 만든 와인이었다. 하지만 오늘날의 샴페인 스타일 와인은 그의 열정과 노력으로 탄생된 것이다.

먼저, 포도재배와 양조에서 당시 진행하던 방법과는 다른 새로운 시도를 한다. 포도재배부터 세밀하게 접근하고, 단위면적당 적은 생산량이 좋은 품질의 와인이 된다는 것을 간파한다. 그리고 수령이 오래된 포도나무에서 나온 포도를 사용하였다. 또한 당시 포도수확은 가을 중 가장 무더운 오후 동안 이루어졌는데, 동 뻬리뇽은 아침 서늘할 때 수확을 해야 한다고 생각하였다. 이로 말미암아 와인은 더 신선하고 우아해졌다.

오늘날의 샴페인 회사처럼 가능한 한 포도밭 가까이에 포도 압착기를 배치하였고, 포도 알이 빨리 압착되면 될수록 와인은 더 맑아지고 품질은 좋다고 생각했다.

그는 전통적인 압착기에서 첫 번째 압착한 주스가 우아한 와인이 된다는 사실도 알게 된다. 또한, 레드 와인 품종의 포도로 화이트 샴페인 와인을 만든 선구자이기도 하다.

특히 중요한 발견은 몇 개의 다른 포도 품종을 블렌딩하는 것이었다. 단일 포도밭뿐만 아니라 여러 지역 내에서 재배된 포도들을 섞어서 만들었다. 매우 서늘한 기후조건에서 수확한 포도는 신맛이 강했고, 오빌레르Aautvillers의 경사진 곳에서 재배된 포도는 풍부한 아로마와 파워를 가지고 있다는 것을 알고 있었다. 이들을 블렌딩하여 완벽한 조화를 이룬 힘찬 와인과 산도가 있는 샴페인으로 탄생시켰다.

이러한 방법은 와인에 더 많은 기포를 가져다 주었고, 와인 병에서 기포가 빠져나가는 것을 막기 위해 새로운 병이 필요하였다. 동 뻬리뇽은 압력에 견딜 수 있는 단단한 샴페인 병과 코르크 마개를 사용함으로써 그때까지 많은 한계를 가지고 있었던 샴페인 양조 기술에 큰 변화를 가져왔다.

약 1690년경 첫 샴페인 와인을 생산하기 시작하였지만, 초기에 반응은 별로 신통치 않았다. 당시 와인 생산자들은 와인의 기포를 피했지만, 동 뻬리뇽은 이 기포를 선호한 대표자였다.

그의 새롭고 다양한 시도는 와인에 더 많은 기포가 발생하도록 하였다. 이러한 새로운 샴페인이 프랑스 전역에 퍼지기까지는 무려 100년이 넘게 걸렸고, 그의 땀나는 노력으로 현재의 샴페인 스타일을 만날 수 있게 되었다.

2. 보르도Bordeaux

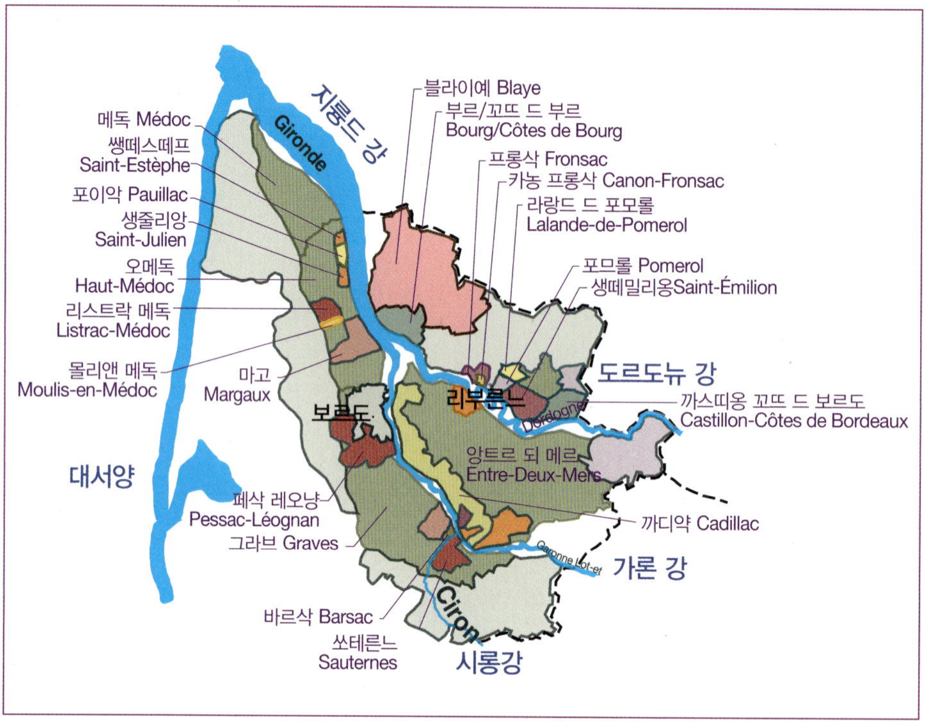

프랑스 보르도 지역은 세계에서 가장 훌륭한 품질의 와인이 생산되는 곳이다. 역사적으로 8세기 때부터 영국과의 교역을 통해 이 지방의 와인이 세상에 알려지기 시작했다. 보르도 와인 생산자인 샤또Château의 사전적 의미는 중세 때 지어진 성을 뜻한다. 보르도 지방에는 수천 개에 이르는 샤또에서 다양한 종류의 와인이 생산되고 있다.

보르도의 포도 재배지역은 프랑스 파리에서 남서쪽으로 약 450km 떨어져 있으며 적도와 북극의 중간에 위치한다. 포도 재배면적은 약 115,000ha로 칠레와 독일의 전체 포도 재배지역 면적과 비슷하며, 부르고뉴 보졸레Beaujolais 지역의 약 4배가 된다. 우수한 품질의 와인을 가장 많이 생산하는 세계 최대의 와인 생산지다.

이 지방은 지롱드Gironde강을 중심으로 두 갈래의 가론Garonne강과 도르도뉴Dordogne강, 그리고 수많은 강의 지류들이 이 지역을 흐르고 있으므로 풍부한 물의 혜택을 받고 있으며 지역이 넓어서 다양한 와인이 생산되고 있다.

(1) 토양 : 떼루아의 다양성

먼저, 가론강의 좌안 지역에 펼쳐진 지역의 토양들은 자갈과 조약돌 및 모래들이 섞여 있어서 배수가 뛰어나고 태양열을 저장할 수 있어 포도 알이 익는 데 좋은 환경을 제공해 주며, 메독이나 그라브 지역 등이 해당한다. 도르도뉴강 우안 지역인 쌩떼밀리옹이나 포므롤 지역 등은 약간의 자갈과 모래 · 석회질 · 진흙 등 다양한 토양으로 이루어져 있다. 그리고 가론강과 도르도뉴강 사이에 있는 앙트르 되 메르 지역은 주로 진흙과 석회질이 섞인 토양으로 구성되어 있다.

(2) 기후

온화한 대서양 기후가 지배적인 이곳은 따뜻한 바닷 바람이 부는 지역이며 지롱드강 안쪽으로 들어온 만과 서풍을 막아주는 랑드 숲으로 인해 따스한 편이다. 이 지역의 온난한 겨울과 무더운 여름은 포도 재배에 이상적이다.

(3) 포도 품종

레드 와인 품종

① **까베르네 쏘비뇽** : 비교적 늦게 익는 만기 숙성용 포도 품종이다. 그라브 지역과 메독 지역의 자갈이 많고 고온 건조한 토양에서 많이 재배된다. 이 포도로 만든 와인은 붉은 열매 향과 후추 향이 나고 탄닌이 풍부하며 강한 성질을 띠다가 시간이 흐를수록 부드러워진다.

② **메를로** : 보르도에서 가장 널리 퍼져 있는 조생종 품종이다. 쌩떼밀리옹이나 포므롤에서 잘 자라며 진흙이 주성분인 서늘한 토양에서 재배된다. 이 포도 품종은 와인에 짙은 색상과 풍부한 알코올 도수, 유연함, 부드러움 등의 특질을 부여한다.

③ **까베르네 프랑** : 쌩떼밀리옹에서 메를로와 함께 블렌딩되며, 부쉐Bouchet라고도 불린다. 이 포도 품종은 와인에 풍부한 알코올 성분과 구조감을 부여하며 나무딸기 향의 섬세한 아로마를 실현해 준다.

④ **말벡** : 와인에 색상이 진하고, 탄닌을 더해 주며 과일향이 풍부하게 만들어 주는 보조 품종이다. 특유의 검붉은 색상의 포도가 생산되며, 양조된 와인을 '검은 와인'black wine이라 부르고 있다.

⑤ **쁘띠 베르도** : 유용한 적포도 품종이긴 하지만 아주 늦게 익는 문제점이 있다.

포도가 완전히 잘 익었을 경우 진한 색깔과 적당한 탄닌 성분, 알코올과 함께 향신료 향을 제공해 준다. 그러나 잘 익지 않은 포도로 만들어진 와인은 맛이 다소 시큼하고 떫고 거친 맛을 지니게 된다.

화이트 와인 품종

① **세미용** : 이 품종은 보트리티스 씨네레아Botrytis Cinerea균에 의해 귀부현상이 발생하기 쉬운 성질을 가졌기 때문에 주로 스위트 와인이 생산되는 바르삭, 쏘테른 지역에서 재배된다. 이 품종으로 양조한 스위트 와인은 알코올 도수가 높고 황금색을 띠며 벌꿀과 감귤의 아로마 향이 뛰어나다.

② **쏘비뇽 블랑** : 이 품종은 신선한 풀의 향이 느껴지며 때로는 짜릿한 향과 톡쏘는 맛을 와인에 제공한다. 지역에 따라 이 품종으로 만든 와인은 연한 금빛을 띠며 까시스Cassis 향과 레몬향이 감돌며 과일향과 하얀 꽃향이 가미된다.

③ **뮈스까델** : 이 포도 품종은 진흙 토양에 잘 맞아서 잘 썩지 않으며 풍부한 꽃향기를 가진 산도가 낮은 부드러운 화이트 와인을 만든다.

2018년 보르도 포도 품종 비율

(4) 보르도 양조의 특징 : 와인 블렌딩

보르도의 경우에 2종류 이상 포도 품종을 블렌딩하여 완성하는 특징이 있다. 모든 보르도 품종들은 자신들의 고유한 특징을 가지고 있으나 블렌딩을 통해 완벽하고 조화로운 품질을 만들어 낸다. 이 블렌딩은 각 떼루아의 특징을 표현하면서 그 안에서 신맛 · 쓴맛 · 단맛이 조화를 이루게 하는 조화와 균형의 예술이다.

레드 와인인 경우 까베르네 쏘비뇽과 메를로의 배합으로 까베르네는 메를로의 장기 보관 잠재력을 높여 주는 동시에 탄닌의 구조를 강화한다. 메를로는 까베르네에 유연함을 부여한다. 여기에 까베르네 프랑을 배합하면 섬세하면서도 아로마가 풍부한 와인이 된다. 화이트 와인인 경우는 세미용과 쏘비뇽 블랑의 배합으로 쏘비뇽 블랑의 높은 산도는 상쾌함과 아로마를 더욱 다양하게 해주고, 세미용은 입 안에 꽉 차는 느낌과 유질감을 제공한다. 일반적으로 세 가지 품종을 섞지만 원하는 균형감을 위해 세 가지 이상을 블렌딩하기도 한다.

보르도 지방의 주요 와인 산지

구분	지역 & 주요 마을		와인 특징
좌안	메독Medoc	생테스테프St-Estephe	레드
		뽀이악Pauillac	레드
		생쥴리앙St-Julien	레드
		마고Margaux	레드
	그라브Graves	페삭 레오낭Pessac-Leognan	화이트, 레드
	쏘테른Sauternes		스위트 화이트
우안	쌩떼밀리옹Saint-Emilion		레드
	포므롤Pomerol		레드
	프롱삭Pronsac		레드
기타	앙트르 되 메르Entre-Deux-Mers		화이트, 레드

(5) 원산지 통제 명칭 와인AOC 생산 지역

보르도에서는 지역적인 특성과 생산되는 와인의 특징을 고려하여 6개 그룹으로 나누어지고 60개 AOC를 가지고 있다.

보르도Bordeaux와 보르도 쉬뻬리외르Bordeaux Supérieur

보르도 AOC 명칭의 포도 재배 면적은 가장 넓다. 보르도 전 지역에서 생산되는 레드 와인으로 토양과 품종 및 미세기후 등이 다양하고 부드러우며 장기 숙성용과 햇 와인 두 종류 모두 생산된다. 보르도 쉬뻬리외르Bordeaux Supérieur는 지역이나 마을명 원산지를 통과하지 않은 지역의 와인 중 보르도보다 엄격한 규제와 심사를 거쳐서 승인된 와인이다. 보르도 클레레Bordeaux Clairet와 보르도 로제 Bordeaux Rosé 와인도 이 범주에 속한다.

메독Medoc 지역 : 보르도 좌안

메독 지역은 지롱드 하구 좌안으로 보르도시 북쪽에 위치한 마을 전체에 걸쳐 있다. 메독이라는 이름은 물 한가운데라는 의미의 라틴어 '중간의 대지' 에서 연유된다. 이 지역은 뾰족한 모양의 반도로, 서쪽으로는 대서양, 동쪽으로는 지롱드강과 접해 있다. 이러한 지리적인 특징으로 날씨가 매우 온화하다.

토양은 자갈 섞인 충적토가 대규모의 낮은 언덕으로 되어 있고 그 언덕 사이로 작은 개울들이 있어 배수가 용이하다. 토질은 상대적으로 가벼운 편이어서 메독이 원산지로 알려진 까베르네 쏘비뇽이 자라기에 완벽하다. 메를로의 경우, 깊고 점토가 많은 토양을 선호하는 데 자갈성 언덕 사이로 점토 토양이 위치해 있다.

메독 와인은 블랜딩하며 포도품종은 까베르네 쏘비뇽과 메를로, 그리고 쁘띠 베르도와 말벡을 소량으로 블랜딩하여 탄닌 구조감, 색채, 과일향을 개선시켜 준다. 와인은 골격이 탄탄하고 풍만하며, 알코올이 높아 충만한 느낌을 준다. 감초, 붉고 검은 과일의 향미가 뛰어나다. 기분 좋게 조화시키는 아름다운 향미의 맛을 자랑한다. 뛰어난 장기숙성 잠재력을 가지고 있으며 햇수를 더해 갈수록 동물향인 가죽, 모피, 훈연 향인 볶은 커피, 모카, 말린 자두, 삼나무 또는 송로가 함께 어우러지는 황홀한 부케를 만들어낸다.

오메독Haut-Medoc 지역

메독 지역에 속해있는 오메독은 보르도시에서 가장 가까운 곳에 위치해 있고 25개의 마을로 구성되어 있다. 토양은 자갈성 충적토로 배수가 잘 되는 언덕으로 까베르네 쏘비뇽이 선호하는 토양형태이며, 메를로의 경우 좀 더 점토질이고 깊은 땅에서 진가를 발휘한다.

오메독 지역 AOC의 생산법령은 철저한 생산 기준을 명시하고 있는데 높은 나무 재배 밀도, 낮은 생산량을 준수하여 고품질의 와인을 생산한다. 따라서 이 지역에는 크뤼 부르주아와 크뤼 클라쎄를 생산하는 6개의 마을인 리스트락 메독Listrac-Médoc, 물리스 엉 메독Moulis-en-Médoc, 마르고Margaux, 뽀이약Pauillac, 쌩테스테프Saint-Estèphe와 쌩줄리앙Saint-Julien 이 존재한다.

오메독 와인은 메독 지역과 같은 비슷한 품종으로 블랜딩한다. 복합적인 아로마가 매력적이며 붉고 검은 과일, 감초 향을 멋지게 발산한다. 박하나 향신료가 특징이며, 오크통에서 숙성을 시킨 와인은 우아하고 기분 좋은 나무향을 자랑한다. 햇수를 더해 갈수록 동물향, 볶은 커피, 말린 자두, 삼나무, 송로 향이 어우러져 아름다운 부케를 만들어낸다. 생기있고 화려하며, 알코올이 높고 힘찬, 그러나 결코 지나침이 없는 와인이다.

• 마르고Margaux 와인

마르고 와인의 세계적인 명성은 갈로 로만 시대부터 인정받아온 것이다. 마르고 마을 주변의 5개 마을이 한 개의 원산지 명칭을 형성하고 있다. 마르고 AOC 와인이 최고일 수 있는 이유는 바로 훌륭한 떼루아 덕분이다. 석회질 또는 점토-이회암층 위에 자갈성 충적토의 멋진 언덕에 포도밭이 있고 넓은 지롱드 하구와 근접해 있어 기후가 온난하고 자연배수가 뛰어나다. 이와 같은 조건은 포도나무가 자라고 포도알이 익어가는데 최적의 환경을 제공한다.

1855년 그랑 크뤼 클라쎄 등급 생산량의 62%, 크뤼 부르주아 등급의 23%, 크뤼 아르띠장의 1%를 마르고 AOC가 생산하고 있다. 1855년 등급 분류된 크뤼 클라쎄가 21개이다. 이들은 1등급1개, 2등급5개, 3등급10개, 4등급3개과 5등급2개으로 분류된다. 샤또 마르고Margaux, 라스꽁브Lascombes, 빨메르Palmer 등이 유명하다.

마르고 와인은 까베르네 쏘비뇽을 주품종으로 메를로의 비율이 조금 높게 그리고 까베르네 프랑을 부품종으로 블랜딩한다. 풍부한 알코올, 섬세한 부케가 탁월하며 감미롭다. 섬세하고 우아한 과일향인 산딸기, 체리, 구스베리, 장미 꽃향, 향신료, 커피 볶은 향이 완벽한 조화를 이룬다. 까베르네 쏘비뇽은 은근한 힘과 풍성함을 표현하는데 떫지도, 요란하지도 않은 긴 아로마를 만들어낸다. 장기 보관할 수 있는 최고의 와인이다.

• 뽀이약Pauillac 와인

뽀이약 마을은 지롱드 하구에 있는 항구이지만, 포도밭은 아주 작은 자갈 등성이 위에 위치하고 있다. 토양은 석회질의 이회암으로, 하층토 배수가 잘되는 하얀 빛을 띄고 있다. 이 곳의 땅은 포도나무 외에는 자라는 것이 없을 정도로 척박하여 포도나무는 살아남기 위해 깊이 내려가서 영양분을 섭취하는 데 이 때문에 고품질의 와인이 나오는 것이다.

훌륭한 토양과 기후, 수 백년 전통의 노하우 등 뽀이약은 뛰어난 와인을 만들 수 있는 천혜의 조건을 갖추고 있다. 또한 그랑크뤼 1등급 와인 5개 중 3개가 이 아뻴라씨옹에서 만들어진다. 뽀이약의 18개 샤또가 1855년 그랑크뤼 클라쎄에 속해 있고 뽀이약 AOC 와인 생산의 85%를 담당하고 있다. 1등급 크뤼3개, 2등급2개, 4등급1개과 5등급12개이 있다. 1등급은 샤또 라피트 로칠드Lafite Rothschild, 라뚜르Latour 무똥 로칠드Mouton Rothschild가 속해 있다.

뽀이약 와인의 블랜딩은 대다수의 경우 까베르네 쏘비뇽을 주품종으로 쓴다. 메를로와 함께 블랜딩하며 소량이지만 쁘띠 베르도와 말벡을 사용하기도 한다. 와인은 풍부하고, 밀도감이 있으며 깊고 활기차다. 섬세하고, 기품이 있으며 매우 세련된 부케를 가지고 있다. 아로마의 폭이 매우 넓은데 검은체리, 감초, 블랙커런트 크림, 장미, 붓꽃, 삼나무, 훈제향 아로마를 연상시킨다. 탄닌이 촘촘하지만 딱딱하지 않다. 대부분 풀바디 와인으로 제대로 음미하기 위해서는 시간이 요구된다.

• 쌩떼스테프Saint-Estèphe 와인

로마인들이 쌩떼스테프에 포도나무를 가져다 주었다. 19세기에 대토지 소유주들이 포도밭을 발전시켰는데 보르도 네고시앙들은 이 마을의 명성을 높히는 데 한몫을 했다. 그 시대의 아름답고 거대한 샤또 건축물들은 오늘날 쌩떼스테프 와인의 힘과 활력을 상징하고 있다. 마을 단위 원산지로서는 메독에서 두 번째로 큰 쌩떼스테프는 활기차고 파워풀한 와인을 생산한다.

쌩떼스테프의 고귀한 떼루아는 무엇보다도 토양의 특별함 덕분이다. 지롱드강 위로 자갈 고원이 솟아있고 배수가 뛰어나다. 토양 표면은 메독 지역 특유의 얇은 토양 느낌을 주지만 속을 들여다 보면 석회질 이회암층이 있어 쌩떼스테프 와인 고유성을 만들어주는 땅의 영양분을 포도나무에 제공하고 있다. 포도원들 중에 1855년에 크뤼 등급 분류에 2등급 두 개, 3등급 한 개, 4등급 한 개, 5등급 한 개가 포함된다. 샤또 꼬스 데스뚜르넬Cos d' Estournel, 샤또 몽로즈Montrose, 샤또 깔롱 쎄귀르Calon-Ségur 등이 잘 알려져 있다.

와인 블랜딩은 까베르네 쏘비뇽을 주품종으로 메를로와 까베르네 프랑을 부품종으로 사용한다. 와인은 풍성하고, 과일향이 두드러지며 단단한 골격을 갖추었다. 장기숙성 잠재력이 뛰어나지만 영할 때 마셔도 매력적이다. 쌩떼스테프 와인은 붉은 과일, 블랙커런트, 제비꽃, 감초, 향신료, 모카, 바닐라향이 조화를 이루는 아름다운 아로마를 가지고 있다. 입 안에서는 단단하고, 힘차며 구조감이 느껴진다. 아울러 섬세함과 완벽함을 떠올리게 한다. 깊고 상쾌한 끝맛이 인상적이다.

• 쌩줄리앙Saint-Julien 와인

이 마을 포도밭에서도 잘 보이는 베이슈벨 항구 근처에 위치하고 떼루아의 특징은 훌륭한 토양과 원활한 배수가 특징이다. 눈에 보이는 땅의 건조함 이면에는, 가론강의 자갈 언덕위에 포도밭이 있어 포도나무가 깊게 뿌리내리는 장점을 가지고 있다. 이회암, 자갈, 갈색 사암 하층토 위에 자리잡고 있으며, 이러한 토양들이 까베르네 쏘비뇽의 성장에 중요한 영향을 미치는 토양이다. 메를로는 까베르네 쏘비뇽보다 적게 재배하고 있다.

1855년 그랑크뤼 클라쎄에는 5개의 샤또가 2등급으로 분류되어 있는 쌩줄리앙은 높은 평가를 받은 마을 단위 원산지이다. 지리적으로 메독의 중앙에 위치하며 그랑크뤼 와인의 양성소라고 해도 과언이 아니다. 베이슈벨 마을에는 샤또 베이슈벨 Beychevelle, 브라네르 뒤크뤼Branaire-Ducru, 뒤크뤼 보까이유Ducru-Beaucaillou, 레오빌 마을에는 샤또 레오빌 라까스Léoville-Las-Cases, 레오빌 뿌아 페레Léoville-Poy-férré, 레오빌 바르똥 Léoville-Barton이 있다. 내륙에는 샤또 그뤼오 라로즈Gruaud-Larose, 라그렁즈Lagrange, 딸보Talbot 등이 있다.

블랜딩은 까베르네 쏘비뇽을 주품종으로 메를로가 부품종으로 쓰며, 소량의 까베르네 프랑이 사용되기도 한다. 아름답고 강렬한 석류, 루비빛이 뛰어난 쌩줄리앙 와인은 강렬하고 복합적인 아로마를 선사한다. 블루베리, 블랙커런트, 오디, 말린 자두, 담배, 감초 향이 지배적이다. 시간이 흐르면서 가죽, 모피, 사냥짐승, 송로와 같이 기분 좋은 3차 향이 나타난다. 입 안에서는 밀도감이 느껴지며 넉넉하다. 탄닌은 힘이 넘치지만 실크처럼 부드럽다. 쌩줄리앙 와인은 힘과 밀도가 여성적인 섬세함과 우아함을 동시에 잘 표현하고 있으며 장기숙성 잠재력이 뛰어나다.

• 그라브 Graves 지역

보르도 도심 남쪽에 위치한 그라브 지역은 자갈이라는 뜻의 그라브Graves에서 연유된 특별한 명칭의 마을이다.

가론강 좌안을 따라 보르도시 남쪽으로 띠모양으로 50km 지역이 그라브 AOC이다. 토양은 강을 따라 쓸려내려온 신생대 4기의 충적토로 되어 있다. 모래가 섞여있는 토양과 순수모래나 갈색사암의 하부토 위에 자갈과 조약돌 토양이 깔려있다. 포도나무가 고급 와인을 만들어 내는데 필요한 영양분을 섭취하기 위해 뿌리를 깊게 내리는데 좋은 토양 조건이라 할 수 있다. 그라브는 포도나무가 자라기에 이상적인 미세기후를 갖추고 있는데 많은 소나무 숲이 악천후로부터 포도밭을 보호하고 가론강은 여름의 무더위를 완화시키는 역할을 한다.

그라브의 레드 와인은 메를로가 주품종으로, 까베르네 쏘비뇽, 까베르네 프랑이 부품종으로 블랜딩하여 생산한다. 당차고, 풍성하다. 와인의 강렬한 아로마는 붉은 과일인 딸기, 산딸기, 검은 과일, 블랙커런트에서부터 제비꽃 향, 가끔 송진과 향신료까지 폭이 넓다. 오크통 숙성을 하게되면 초코렛, 바닐라, 볶은 커피의 뉘앙스가 만들어진다. 우아하고 관능적인 와인으로 시간이 흐르면서 기분 좋은 부케를 만들어낸다. 아로마가 풍부하고 조화로울 뿐 아니라 골격이 있어 장기 보관하기에도 적합하다.

• 뻬싹 레오냥Pessac-Leognan 와인

그라브 지역 내에 있는 뻬싹 레오냥 마을은 보르도시의 바로 남쪽에 위치하고 있으며 2000년 전에 보르도 포도재배의 시발점이다. 로마시대부터 이미 뻬싹 레오냥의 떼루아가 포도를 재배하기에 적합하다고 여겨졌는 데 그라브 지역의 고급 와인인 크뤼 클라쎄가 모두 뻬싹 레오냥 와인이라는 것만 봐도 잘 알 수 있다.

뻬싹 레오냥 토양은 강물로 인해 동글해진 자갈과 일반 자갈로 특별히 두터워진 층, 즉 자갈로 구성되어 있다. 포도밭은 소나무 숲이 둘러싸고 있어 습도 높은 서풍으로부터 보호를 받고있다.

1959년 그랑 크뤼 클라쎄로 화이트와 레드 와인이 모두 등급 분류되었다. 크뤼의 전체 생산량은 뻬삭 레오냥 AOC의 약 20%을 차지한다. 주요 포도원은 샤또 오브리옹Haut-Brion, 올리비에Olivier, 빠쁘 끌레망Pape Clément, 스미스 오 라피뜨Smith Haut Lafitte, 도멘 드 슈발리에Domaine de Chevalier 등이 있다.

뻬싹 레오냥 와인은 까베르네 쏘비뇽과 메를로를 블랜딩하여 만든다. 진한 체리색과 잘 익은 붉은 과일, 제비꽃의 아로마와 아몬드와 송진 태운 부케가 특징이다. 입 안에서는 풍부함과 밸런스를 느낄 수 있다. 탄닌이 확실히 느껴지나 절대로 과하지 않으며, 기분 좋은 여운이 길게 남는다. 풍부하고 우아한 와인으로, 고상하고 골격이 탄탄하다. 영할 때부터 제 맛을 내지만 장기보관에도 적합하다.

• 쏘떼른느Sauternes : 스위트 와인

쏘떼른느 와인을 생산하는 지역은 보르도시 남동쪽으로부터 약 40여 Km 떨어져 있으며 가론강 왼쪽에 위치한다. 굴곡이 심하며 신선하고 밝은 초원이 계곡을 덮고 있다. 서쪽으로는 쏘떼른느 마을과의 경계를 그리는 씨롱의 푸르고 멋진 개울이 그라브 지역과의 경계를 긋고 있다. 이 곳은 지역적인 미세 기후를 차지하고 표면적인 지질형성은 산지의 독창성의 근간을 이루며 다른 크뤼들과 차별된다. 와인 생산량이 제한적이며 엄격한 선별작업을 거친다. 그래서 "일반적으로 포도나무 한 그루에서 와인 한 병 분량을 수확하지만, 쏘떼른느 스위트 와인의 경우 한 잔 정도 생산한다."는 표현을 하기도 한다.

포도 수확 철이 되면 가론강과 이 지역 시롱Ciron 샛강의 안개 영향으로 아침 습기와 오후의 더위가 매일 교차되면서 포도껍질에 상처 구멍을 내지 않고 보트리스균의 생성을 유리하게 한다. 이 균에 의해 생기는 귀부귀족스러운 부패 현상 효과로 자연적으로 포도의 과육은 건조되고 당도가 농축되며 산과 글리세린 등의 변화가 이루어진다. 포도 품종은 쎄미용, 쏘비뇽 그리고 소량의 뮈스까델이다. 대다수가 쎄미용으로 포도나무의 70~80%를 차지한다. 귀부 현상이 이루어진 포도로 와인을 만들면 최고급 스위트 디저트 와인이 탄생된다.

쏘떼른느 와인은 짙은 황금색의 아름다운 색을 띄고 있으며, 오래될수록 호박색으로 변한다. 향은 복합적이고 균형이 잘 잡혀있다. 아몬드와 헤이즐넛, 모과, 망고, 파인애플, 절인 복숭아, 말린 살구, 감귤류 등이 조화롭게 어우러져 있다. 여기에 보리수, 아카시아 등의 꽃 향기도 스며들어 있다. 맛은 감미롭고 달콤하며, 실크처럼 부드럽고 둥글면서 잔잔한 힘이 있다. 구운 아몬드, 토스트 빵의 예외적인 향은 스위트 화이트 와인의 이상형으로 표현된다. 특히 강직한 힘이 유지되며, 잔류 당분과 산도의 균형이 좋아 항상 신선한 느낌이 살아있다. 여운이 굉장히 길어 사람을 놀라게 하며, 아로마가 풍부해서 실로 감각의 향연이라 불릴 만하다.

1855년 쏘떼른느와 바르싹 지역에 스위트 와인으로 26개 크뤼에 등급을 부여했는 데 특 1등급인 샤또 디켐Chateau d'Yquem이 프리미에 크뤼 슈페리어Premier Cru Supérieur 1개와 1등급 크뤼Premier Cru 11개 그리고 2등급 크뤼Deuxième Cru 14개로 분류하였다.

• 쌩떼밀리옹, 뽀므롤, 프롱삭 : 보르도 우안

쌩떼밀리옹, 뽀므롤, 프롱삭 AOC 와인이 생산되는 이 지역 포도원은 지롱드 지방의 북동쪽 1/4을 차지하고 있으며 리부른시 부근에 위치해 있다. 지형은 다채로워 고원과 대지, 언덕, 계곡 등으로 이루어져 있다. 토질 역시 다양하여 점토성 석회질, 모래와 진흙, 또는 광채를 내는 석회질 토양이 존재한다. 일조량이 풍부하며 해양성 기후의 영향을 받아 겨울이 온난하고 습도가 기온을 조절하는 역할을 한다.

• 쌩떼밀리옹Saint-Emilion

쌩떼밀리옹 포도원은 유네스코가 지정한 문화적 풍경 부문의 세계 인류 문화 유산으로 등재되어 있다. 이 특별한 포도 재배지는 포도원이 원형극장 식으로 이루어져 있으며, AOC 와인이 생산되는 떼루아는 4가지로 구분된다. 포도원 중앙에 석회질 고원 지층과 주변을 둘러싼 점토성, 진흙 성분의 석회질 토양, 그리고 북서쪽에 모래층으로 덮힌 점토성 토양, 마지막으로 남쪽 도르도뉴 강 계곡에 위치한 자갈과 모래로 구성된 가벼운 충적토 토양으로 이루어져 있다. 쌩떼밀리옹 그랑 크뤼 AOC는 일반 쌩떼밀리옹 와인과 동일한 지역에서 생산되지만 매우 엄격한 품질기준을 따라야 하는데, 특히 최대 생산량이 헥타르당 40 헥토리터를 넘어서는 안 된다. 쌩떼밀리옹의 날씨는 도르도뉴 강 덕분에 온화한 해양성 기후를 나타내고 있다. 여름 날씨가 너무 덥지도 않고, 봄 서리를 피할 수 있으며, 수확때는 일조량이 풍부하다. 따라서 포도, 특히 메를로 품종이 완숙하는 데 많은 도움을 준다.

1955년 도입된 쌩떼밀리옹 등급 분류는 2012년에 새로운 등급을 발표하였다.《프르미에 그랑 크뤼 클라쎄 A》 4개의 샤또와 14개 샤또를《프르미에 그랑 크뤼 클라쎄 B》로 승급 또는 유지시켰다. 또한 아래 등급으로 64개 그랑 크뤼 클라쎄Grand Cru Classé가 결경되는 큰 변화가 있었다. 프르미에 그랑 크뤼 클라쎄 A급 샤또는 앙젤뤼스 Angelus, 오존 Ausone, 슈발 블랑 Cheval Blanc, 파비 Pavie가 있다. 샤또 바랑드로Valandraud와 라 몽도뜨La Mondotte가 프르미에 그랑 크뤼 클라쎄 B 등급으로 승급되었다.

쌩떼밀리옹의 주품종은 메를로이며 까베르네 프랑이나 약간의 까베르네 쏘비뇽을 블랜딩하기도 한다. 짙은 자줏빛의 쌩떼밀리옹 와인은 야생딸기와 레드커런트향을 띄고 있으며, 숙성되면서 옅은 향신료 향과 바닐라, 가죽, 훈연 향이 나타난다. 알코올이 풍부하고, 정열적이며 풀바디의 와인이다. 입 안에서는 견고하면서도 섬세하고 부드러운 탄닌 덕분에 매우 우아한 구조와 감미롭고 부드러운 과일맛을 느낄 수 있다. 섬세한 탄닌으로 장기 보관이 용이하다.

• 뽀므롤Pomerol

뽀므롤은 보르도에서 동쪽으로 50km, 도르도뉴 강 우안, 리부른시 근처에 위치해 있다. 이 지역 포도 재배의 역사는 로마 시대로 거슬러 올라가는 데 중세 시대에는 수도사들이 쌩 자끄 드 꽁뽀스뗄까지 가는 성지 순례길의 중간 기착지인 이곳에 병

원을 세우고, 포도를 재배하기 시작하였다.

이곳 토양은 지질학적으로 매우 특별하다. 산화철이 섞인 점토질 지층 위에 모래와 자갈이 섞인 토양이 얹혀 있다. 《쇠 찌꺼기》라고도 불리우는 산화철 성분은 뽀므롤 와인의 개성과 특징을 만들어 낸다. 특히 보르도 지방 최고 명품으로 알려진 샤또 페트뤼스Petrus가 이러한 떼루아의 특징을 포함한 와인 특성을 가지고 있다. 또한 이 지역은 비가 많이 오면, 점토가 물을 흡수하여 빠르게 부풀어 오르는 데 이는 포도나무의 뿌리가 물에 잠기지 않도록 도와주고 필요 이상의 물은 빠져나가게 한다. 반대로 여름에는, 점토가 축적해 놓고 있던 물을 조금씩 배출하여 포도나무가 마르지 않게 해준다.

뽀므롤 와인 블랜딩에 쓰이는 주된 품종은 메를로로, 이 품종을 100% 사용하기도 한다. 물론, 까베르네 프랑을 보조로 사용하기도 한다. 와인은 짙고 깊은 색상을 지녔다. 향은 붉은 과일, 제비꽃, 송로버섯, 야생 동물향이 어우러져 있다. 맛은 섬세하면서도 강렬하고 풍만한 살집을 느낄 수 있다. 벨벳처럼 부드러운 질감은 강렬한 탄닌을 완화해주는 역할을 한다. 풍만하고 관능적인 뽀므롤 와인은 제조 후 곧 마셔도 좋지만 오래 보관할수록 복합적이고 섬세한 부케가 점차적으로 살아나게 된다.

(6) 그랑 크뤼 등급 분류

포도밭마다 기후와 지형, 위치, 경사도 등은 매우 다양하며 지역적인 미세기후도 다르게 유지된다. 이처럼 포도밭에 제한된 범위인 기후와 지리학적인 주위 환경을 떼루아라고 부른다. 이 떼루아에서 여러 포도 품종들에 잠재적 특질들이 표현된 와인을 생산하는 특정 생산지역을 프랑스에서는 보통 크뤼Cru라고 표현하고 있다.

보르도 지방에서는 크뤼의 종류를 크게 그랑 크뤼Grand Cru인 크뤼 클라쎄Cru Classé와 크뤼 부르주와Crus Bourgeois, 크뤼 아르띠장Cru Artisan으로 구분하고 있다. 1855년에 메독 지역에서 크뤼 클라쎄 등급을 분류한 것을 시작으로, 현재 보르도에서는 4개 지역인 메독 · 그라브 · 쌩떼밀리옹 · 쏘테른느에 약 170개의 "그랑 크뤼 클라쎄"가 지정되어 있다.

그랑 크뤼Grand Cru의 개념

프랑스 와인의 역사와 함께 생긴 '그랑 크뤼'의 개념은 여러 지방에서 공식적으로 사용하는 용어이다. 이 중에서 가장 뛰어난 '그랑 크뤼'는 매우 예외적인 떼루아에서 생산된 와인만이 이에 해당된다. '그랑 크뤼'는 최고의 포도 산지로서의 떼루아를 형성하고 있는 포도원 구역을 뜻하며 이곳에는 양조자의 기술과 지속적인 노력이 투입되어 수준 높은 와인 품질을 유지하고 있다.

메독Medoc 등급 분류

1855년 나폴레옹 3세Napoleon III의 명령에 의해 이루어진 메독 지역의 크뤼 클라쎄는 60개의 샤또로 등급이 매겨졌다. 처음에 2등급으로 결정되었던 샤또 무똥 로칠드Chateau Mouton-Rothschild가 1등급 크뤼 클라쎄Premier Cru Classé로 1973년에 조정된 것을 제외하고는 지금까지 원래대로 유지되고 있다. 1등급 5개와 2등급 14개, 3등급 14개, 4등급 10개, 5등급 18개의 크뤼로 구분되어 있다. 샤또 오브리옹은 그라브 지역이지만 1855년에 1등급 레드 와인으로 지정되어 메독 크뤼 클라쎄와 함께 다루어지기도 한다.

AOC	오 메독 (Haut-edoc)	쌩떼스테프 (Saint-stèphe)	뽀이악 (Pauillac)	쌩줄리앙 (Saint-Julien)	마고 (Margaux)	합계
크뤼수 (개)	5	5	18	11	21	60

*1855년 메독 그랑 크뤼 클라쎄 리스트는 페이지 참조.

그라브Graves 등급 분류

1855년 메독 지역 그랑 크뤼 지정 시 예외적으로 샤또 오브리옹은 그라브 지역에 있음에도 불구하고 그랑 크뤼 등급으로 지정되었다. 그라브의 등급 승인은 그 후 1세기가 지난 후에 이루어졌다. 프랑스 국립원산지명칭연구소INAO에 의해 그라브 와인생산자조합이 희망하여 이루어진 이 분류는 1953년과 1959년 두 차례의 시행령에 의해 승인되었다.

분류는 16개의 크뤼를 알파벳 순으로 배열하여 서열의 우열이 없게 하였으며 레드 와인과 화이트 와인을 구분하고 있다.

그라브의 크뤼 클라쎄는 빼삭 레오냥Pessac-Léognan 원산지 명칭으로 분류되어 있다. 이 지역 와인들은 특별한 섬세함이 느껴지는 데 이것은 자갈 토양의 떼루아와 이로운 미세기후 덕분이다.

빼삭 레오냥 지역이 거의 대다수를 차지하고 있는 그라브 크뤼 클라쎄는 샤또 오브리옹을 포함하여, 그라브 크뤼들 중 레드 와인 7개와 화이트 와인 3개, 레드 와인과 화이트 와인이 동시에 포함된 샤또 6개로 분류되었다. 위의 16개의 크뤼들은 등급 분류 없이 레이블에 "크뤼 클라쎄 드 그라브Cru Classé de Graves"라는 표시로 언급되게 된다.

*빼삭 레오냥 크뤼 클라쎄 리스트 페이지 참조.

쏘테른느Sauternes와 바르싹Barsac 지역의 등급 분류

1855년 쏘테른느와 바르싹 지역에서 스위트한 화이트 와인을 생산하는 26개의 샤또에 크뤼 등급을 부여했는데, 특 1등급인 프르미어 크뤼 쉬페르외르Premier Cru Supérieur 1개와 1등급 크뤼Premier Cru 11개, 2등급 크뤼Deuxième Cru 14개가 지정되었다.

*쏘테른느 그랑 크뤼 클라쎄 리스트 페이지 참조.

쌩떼밀리옹Saint-Emilion 등급 분류

1955년 처음 도입된 등급 분류는 쌩떼밀리옹 와인 품질을 최상으로 올리기 위해 실시되고 있다. 소비자들에게는 명성을 확인하고 와인 품질을 보증하는 중요한 도구로 활용되기도 한다. 등급 조정은 약 10년에 한 번씩 이루어지기 때문에 크뤼 클라쎄급 와인 생산자들은 끊임없이 품질 향상에 노력을 기울이고 있다.

2012년 9월 6일, 새로 개편된 국립원산지품질연구소Institut national de l'origine et de la qualité는 보르도 쌩떼밀리옹 그랑 크뤼의 새로운 등급을 발표하였다. 〈프리미어 그랑 크뤼 클라쎄 A〉 4개의 샤또와 14개 샤또를 〈프리미어 그랑 크뤼 클라쎄 B〉로 승급 또는 유지시켰다. 또한 아래 등급인 그랑 크뤼 클라쎄Grand Cru Classé도 많은 변화가 있었다.

*쌩떼밀리옹 그랑 크뤼 클라쎄 리스트 페이지 참조.

뽀므롤Pomerol 등급 분류

뽀므롤은 공식적인 그랑 크뤼 등급은 존재하지 않지만 와인 시장에서 그랑 크뤼 급으로 인정받고 있는 샤또들이 있다. 특히 뻬트뤼스Petrus 와인인 경우, 보르도에서 최고의 가격을 형성하고 있다.

뽀므롤 그랑 크뤼급 와인-레드 와인

뻬트뤼스Petrus
라플뢰르Lafleur
가쟁Gazin
트로따누아Trotanoy
라 꽁세이앙뜨La Conseillante
라뚜르 아 뽀므롤Latour à Pomerol
라 플뢰르 뻬트뤼스La Fleur Petrus
레벙질L'Evangile
르팽Le Pin
세르땅 드 메이 드 세르땅Certan de May de Certan

3. 부르고뉴 Bourgogne

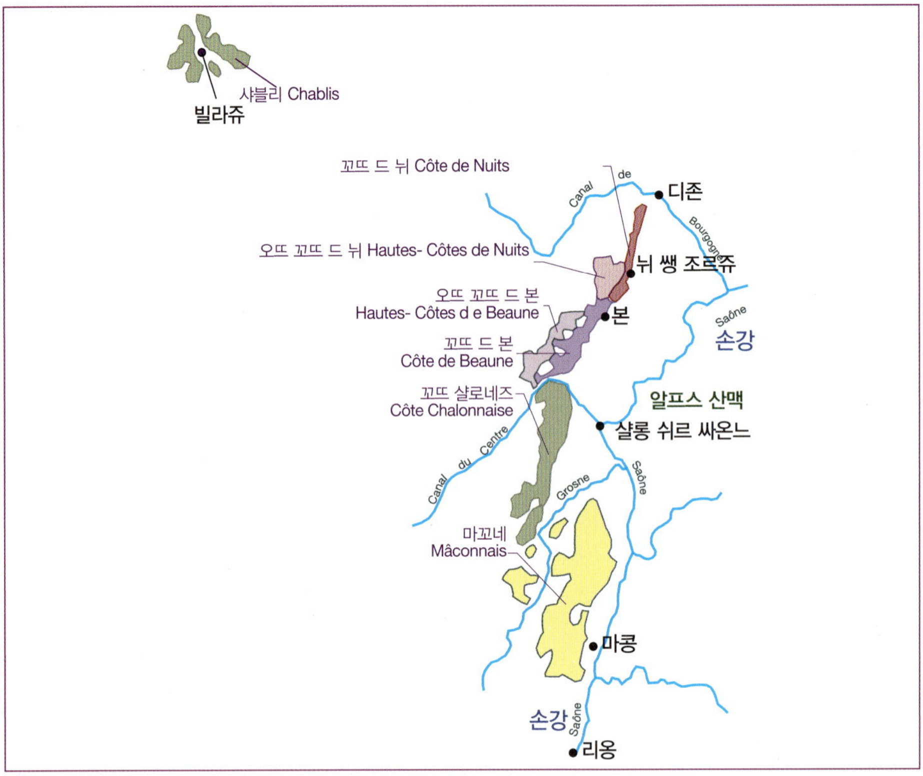

부르고뉴는 보르도와 함께 프랑스 와인의 쌍벽을 이루는 지방으로 영어로는 버건디Burgundy라고 표기된다. 이 지방은 1100년경 이래로 기독교의 베네딕트 수도승들에 의해 품질 좋은 와인이 생산되어 왔으며 1789년 프랑스 대혁명 이후 수도원에 속한 넓은 포도밭을 일반인들에게 쪼개서 나누어 주게 되었으므로 현재 소유주의 포도밭은 규모가 적은 편이다. 부르고뉴 지방 아래에 위치하여 지명도를 얻고 있는 와인이 보졸레 누보Beaujolais Nouveau이다. 이 유명한 햇 와인을 생산하는 보졸레Beaujolais 지역도 부르고뉴 지방에 포함된다.

부르고뉴에서 포도 재배의 역사는 고대 로마시대부터다. 기원전 312년 에우메네스Eumenes의 연설에도 포도밭이 언급되어 있다. 10세기 무렵 부르고뉴 지역의 포도원들은 봉건 귀족과 뛰어난 와인 양조기술을 가지고 있던 카톨릭 수도회에 의해 번성하게 되었다.

18세기의 프랑스 혁명 이후 포도밭은 지금의 상태로 잘게 쪼개져서 조정되기에 이른다. 이 지역에서는 포도밭이 있는 지역을 '끌리마Climat' 라고 부르고 있다. 이 구획된 포도밭의 대부분은 둘레에 돌담을 쌓아서 경계를 구분하고 있는 데 이것은 '끌로Clos' 라고도 불린다. '끌리마'나 '끌로'는 부르고뉴의 와인 역사가 물려준 중요한 문화유산이라고 할 수 있다.

부르고뉴 지방은 길이가 230킬로미터로 남북으로 길게 이어져 있으며 전체 포도밭 면적은 27,600헥타르에 이르고 이곳에서 프랑스 원산지 호칭AOC 와인 전체 생산량의 3% 정도를 담당하고 있다. 이곳에서는 연간 약 2억 병의 와인이 생산되고 있는 데 그 중에서 화이트 와인이 60%이고 레드 와인이 31%이며, 로제 및 스파클링 와인인 크레망 드 부르고뉴Cremant de Bourgogne 9%로 이루어져 있다.

부르고뉴 지방의 떼루아

부르고뉴에서 떼루아는 원산지AOC의 근간을 이루고 있다. 부르고뉴는 토양의 구성이나 지질적 기원이 매우 다양하다. 각 지역의 포도밭뿐만 아니라 같은 마을의 포도원 안에서까지도 토양이 서로 다른 경우를 볼 수 있다. 그 때문에 부르고뉴 지방의 포도원들은 수천 개의 작은 토지구획으로 구성된 거대한 모자이크와 같은 형태로 나타나며 작은 면적으로 이루어진 포도밭도 쉽게 목격할 수 있다.

부르고뉴 지방에서는 이곳의 토양과 기후에 잘 적응하는 포도인 샤르도네와 삐노누아 품종 위주로 재배되고 있으며 단일한 포도 품종으로 와인을 생산하여 떼루아 특징을 제대로 표현해 내는 와인 산지로 알려져 있다.

부르고뉴 지방에서 떼루아라는 용어는 자연적 요소와 인간적 요소를 함께 아우르는 폭넓은 개념이다. 토양의 특성이 떼루아의 가장 중요한 요소이긴 하지만 다른 자연적 요소들 역시 와인의 품질과 특징에 영향을 미친다.

재배 구역의 토양의 깊이와 배수, 일조량과 고도, 미세기후 및 생산된 해의 기후 조건 등이 여기에 해당된다.

(1) 토양

포도가 자라는 토양은 거기서 난 포도로 만들어지는 와인에 나름의 개성을 부여하게 된다. 부르고뉴 지방의 토양은 획일적이지 않고 모자이크처럼 다양하게 나타난다. 이들 토양은 석회암과 이회암 및 점토 등으로 이루어져 있으며 각각의 밭에 따라서 이 성분들의 비율이 달라진다.

이곳에 많은 토양의 석회질 성분을 포도나무 뿌리가 흡수하게 되면서 부르고뉴 와인의 특징인 섬세함과 풍부함, 그리고 광물성 느낌을 실현해 낸다. 또한, 밭이 위치한 고도와 방향 및 표층 토양의 깊이 등이 어울려 각 포도밭에서 생산된 와인에 각기 다른 뉘앙스를 가져다 주고 있다.

포도밭은 햇빛의 노출 정도와 방향성이 중요하며 해발 200~500미터 높이의 포도밭이 최적의 떼루아를 형성한다고 기록되어 있다.

(2) 기후

부르고뉴는 남부 지중해와 북부대륙 및 서쪽의 대양성 기후가 함께 영향을 주는 곳이다. 이 지방은 반대륙성 기후로 겨울은 춥고 건조한 편이지만 여름에는 덥고 일조량이 많은 기후이다. 이러한 기상 조건은 삐노 누아와 샤르도네 포도 품종이 자라는 데 유리한 환경을 제공한다. 동시에 이러한 기후적 특징이 부르고뉴 와인에 독특한 개성과 다양성을 부여하고 있다.

(3) 포도 품종

부르고뉴에서는 와인과 토양에 맞는 포도 품종이 여러 종류가 있음에도 불구하고 주로 두 개의 품종만 재배하고 있다. 이 두 종류란 우수한 와인을 생산하기에 적합한 레드 와인 포도 품종인 삐노 누아와 화이트 와인 포도 품종인 샤르도네이다. 그 외 적포도인 갸메와 청포도인 알리고떼 품종이 소량으로 재배되고 있다.

① **삐노 누아** : 부르고뉴 레드 와인의 명성을 구축한 가장 전통적인 품종. 이 포도로 만든 와인에서는 벨벳과 같이 부드러운 탄닌이 느껴지며 풀바디와 풍부한 부케의 풍미를 가진 레드 와인을 만들 수 있다.

② **갸메** : 적포도 품종으로 마꽁Macon과 보졸레 지역에서 널리 재배되며 가볍고 부드러운 레드 와인을 만들 때 사용된다.

③ **샤르도네** : 위대한 화이트 와인을 만드는 품종. 마꽁에서 샤블리에 이르기까지 다양한 떼루아의 상태에 잘 적응하여 부르고뉴 와인에 개성을 주고 있다. 독특한 아로마와 산미, 감칠맛이 풍부하면서도 날카로우며 우아한 여운이 특징이다.

④ **알리고떼** : 자생적인 청포도 품종으로 샤르도네보다 수확량이 많고 생장력이 강한 품종이다. 가벼운 느낌의 와인으로 부즈롱이나 부르고뉴 알리고떼 와인이 만들어진다.

부르고뉴 지방의 주요 와인 산지

구분	지역 & 주요 마을		와인 특징
샤블리 Chablis		샤블리 Chablis	화이트
꼬뜨 도르 Cotes d'Or	꼬뜨 드 뉘 Cotes de Nuit	쥬브레 샹베르땡 Gevrey-Chambertin	레드
		모레 생 드니 Morey-St-Denis	레드
		샹볼 뮈지니 Chambolle-Musigny	레드
		부조 Vougeot	레드
		본 로마네 Vosne-Romanee	레드
	꼬뜨 드 본 Cotes de Beaune	알록스 꼬르동 Aloxe Corton	화이트, 레드
		뿔리니 몽라쉐 Puligny Montrachet	화이트
		샤샤뉴 몽라쉐 ChassagneMontrachet	화이트, 레드
		뫼르쏘 Meursault	화이트
		뽀마르 Pommard	레드
꼬뜨 샬로네 Cotes de Chalonnase		지브리 Givry	레드
마꼬네 Maconnais		뿌이 퓌쎄 Pouilly-Fuisse	화이트

(4) 부르고뉴 와인의 등급 분류

부르고뉴의 AOC는 4개의 그룹으로 분류되어 있다. 원칙과 품질 정도에 따라 원산지가 엄밀하게 한정되어 있다.

그랑 크뤼Grand Cru AOC 명칭

그랑 크뤼는 꼬뜨 도르에 있는 32개 샤블리 지역이다. 아주 드물게 볼 수 있으며 품질에 따라 특별한 명성을 지닌 끌리마Climat에 붙여진다. 레이블의 표시는 단독 끌리마 명으로 한다.

그랑 크뤼는 가장 높은 평판과 와인 품질을 보증하는 끌리마에 붙인다. 생산되는 와인의 특징과 품질이 유지되는 한 그랑 크뤼로 인정받는다. 부르고뉴 지방에서 최우수 품질 와인 그랑 크뤼를 생산할 수 있는 곳은 2개 지역 8개 마을에 국한되어 있다. 라벨의 표시는 마을 명칭이 아닌 끌리마 명으로 한다.

특히 그랑 크뤼 이름과 코뮌 마을 이름과 혼동되기 쉽다. 일반적으로 그랑 크뤼 레이블에는 '그랑 크뤼 GRAND CRU' 용어가 필수적으로 사용된다. 예로서 샤름 샹베르땡 그랑 크뤼는 끌리마명인 'Charmes-Chambertin'과 'GRAND CRU'가 표기되어 있다. 마을 단위 와인은 원래 마을 명칭인 쥬브레와 끌리마를 합친 쥬브레 샹베르땡Gevrey-Chambertin으로 사용하여 구분하고 있다.

샤름 샹베르땡 그랑 크뤼	쥬브레 샹베르땡(Gevrey–Chambertin) 마을 AOC
CHARMES–CHAMBERTIN GRAND CRU Appellation Controlee	Gevrey–Chambertin Appellation Gevrey–Chambertin Controlee

꼬뜨 드 뉘(Côte de Nuits)

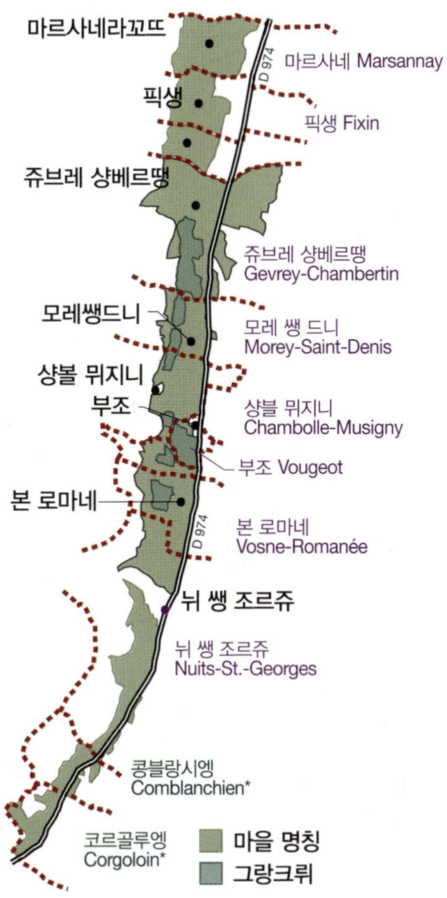

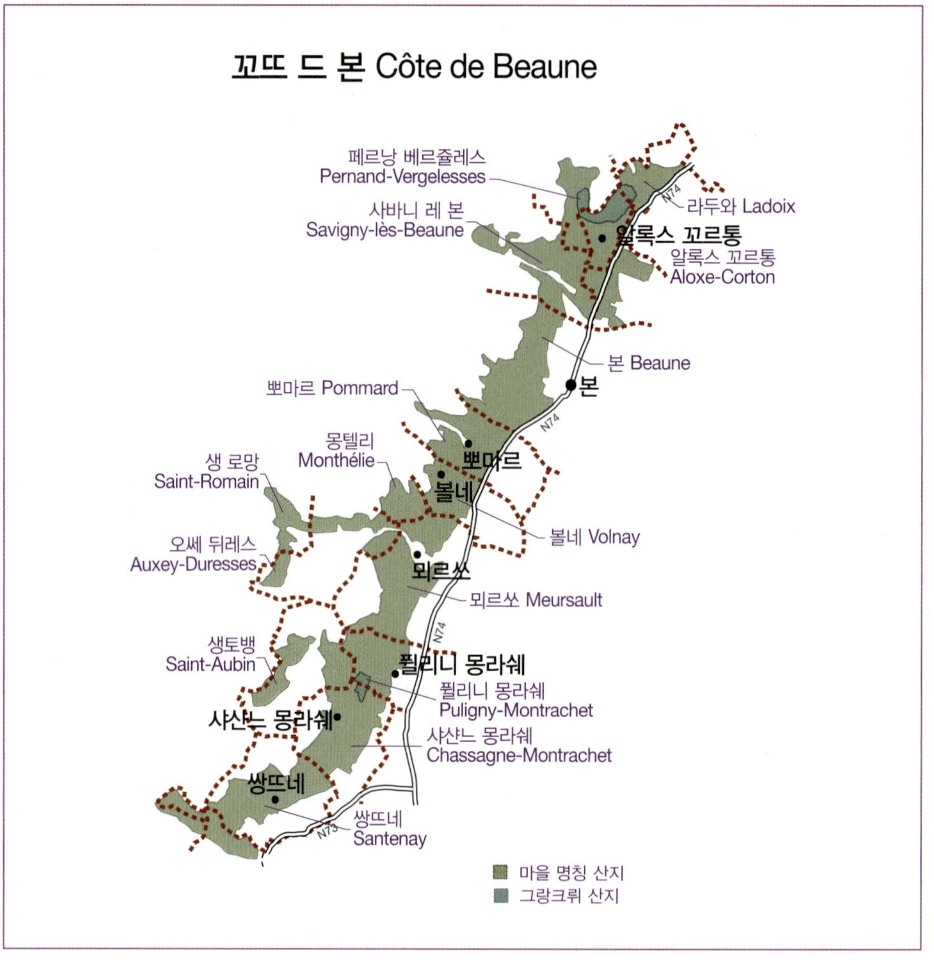

프리미어 크뤼 Premieres Cru

프리미어 크뤼는 약 680개로 우아한 개성과 독특한 품질을 인정받는 끌리마에 제공된다. 마을 이름 뒤에 끌리마 명을 붙여 표시한다. (단, 복수의 끌리마 와인에는 프르미에 크뤼로 표시)

마을명 Communal AOC

입지 조건이 좋아서 일관되게 좋은 품질의 와인를 생산해 내는 마을 이름이 레이블에 표시되는 경우이다. 끌리마 이름을 추가로 기재하는 곳도 있다.

지역명 Regional AOC

부르고뉴 지역 내에서 생산된 와인은 전부 이 범주에 들어간다. 하지만 실제는 낮은 지역의 포도밭에 한정되어 있다. 마꽁을 제외하고 레이블에 부르고뉴(Bourgogne)와 적 · 백 와인 및 생산지 등을 기재한다.

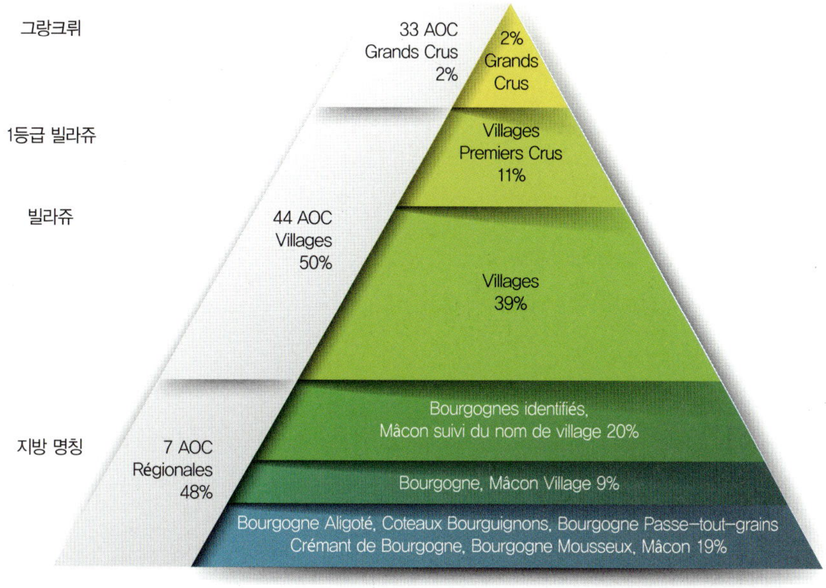

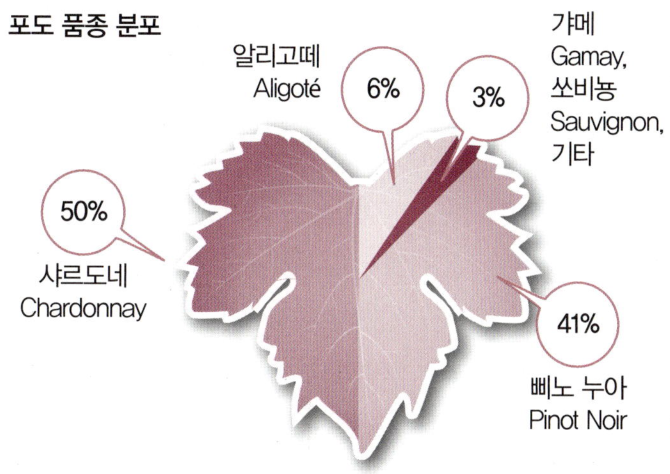

부르고뉴 지방의 주요 와인 생산지

국가 / 지역	유명 와인 생산자	비고
프랑스/부르고뉴	도멘 데 랑브레 Domaine des Lambrays	
	도멘 듀작 Domaine Dujac	
	도멘 드 라 로마네 꽁띠 Domaine de la Romanee-Conti	
	도멘 르로이 Domaine Leroy	
	도멘 르플레브 Domaine Leflaive	
	도멘 베르나르 뒤가피 Domaine Bernard Dugat-Py	
	도멘 윌리엄 페브르 Domaine William Fevre	네고시앙
	루이 자도 Louis Jadot	네고시앙
	부샤르 페르 에 피스 Bouchard Pere et fils	네고시앙
	샤또 드 라 뚜르 Chateau de la Tour	
	조셉 드루엥 Joseph Drouhin	네고시앙
	끌로 드 따르 Clos de Tart	

*부르고뉴 생산자는 규모가 큰 네고시앙(메종)과 도멘으로 구분

(5) 샤블리 포도원의 4개 AOC와 와인 특징

1938년 지질학적 자료와 오랜 시간 축적된 경험을 바탕으로 샤블리 지역에 AOC를 공식적으로 부여하기로 했으며, 이에 따라 샤블리 그랑 크뤼 Chablis Grand Cru, 샤블리 프리미어 크뤼 Chablis Premier Cru, 샤블리 Chablis, 쁘띠 샤블리 Petit Chablis 등 4가지의 등급으로 나뉘게 되었다.

샤블리 그랑 크뤼 Chablis Grands Crus

4개 원산지 명칭 중 최상급의 품질을 자랑하며 총 7개의 끌리마인 포도밭이 있다. 각 그랑 크뤼는 샤블리 마을 바로 위에 위치하며 각각 독특한 특징을 지니고 있다. 장기 숙성이 가능하며 단단한 구조와 함께 견과류 및 미네랄 향이 특징이며 입 안에서 풀바디 Full Body 함이 느껴지며 긴 여운을 남긴다.

샤블리 그랑 크뤼 와인 특징

끌리마 명	와인 특징
블랑쇼 Blanchot	꽃향, 부드러움, 기분 좋음
레끌로 Les Clos	미네랄, 강함, 숙성가능성 농후
발뮈르 Valmur	미네랄, 과일맛, 매우 균형잡힘
그르누이 Grenouilles	꽃향, 과일맛, 기름짐
보데지르 Vaudésir	생동감, 꽃향, 원만함
프뢰즈 Les Preuses	길고, 개성 강함, 예외적인 장기숙성 가능성
부그로 Bougros	원만함, 미네랄, 부드러움

샤블리 프리미어 크뤼 Chablis Premier Cru

40개나 되는 특정지역 명칭으로 나타나는 끌리마가 있기 때문에 명칭을 다룰 때 복수형으로 표현하고 있다. 이곳의 떼루아는 각각 개성이 뚜렷하다. 원래 79개의 프리미어 크뤼가 존재하지만, 실질적으로는 약 40개의 프리미어 크뤼가 있으며 17개의 끌리마가 있다. 끌리마 중 푸르숌 Fourchaume, 바이용 Vdillons, 몽생 Montnains 등이 알려져 있다.

샤블리 Chablis

4개의 원산지 중 면적이 가장 넓은 곳이다. 지역 여건이나 일조량이 저마다 다양하기 때문에 특징 짓기가 어렵다. 그뿐만 아니라 수확 연도, 수령, 포도 재배업자 스타일 또한 최종 결과에 영향을 끼친다. 쁘띠 샤블리에 비해 샤블리는 보다 강한 구조감이 느껴지며 입 안에서 볼륨감과 여운이 월등하다.

쁘띠 샤블리 Petit Chablis

대체적으로 가볍고 신선한 느낌이다. 그래서 햇 와인일 때 식전주로 마신다. 포도나무 수령이나 생산구역 및 수확 연도에 따라 과일이나 흰 꽃 또는 미네랄 향이 특징적으로 드러나며 가격대비 품질이 훌륭하다.

(6) 부르고뉴

꼬뜨 드 뉘Côte de Nuits

꼬뜨 드 뉘와 꼬뜨 드 본느를 합하여 꼬뜨 도르황금의 언덕라고 부른다. 꼬뜨 드 뉘는 주로 16개 마을의 백악질 토양의 포도밭에서 와인을 생산하고 있으며 레드 와인이 92%를 점유하고 있다. 이 와인에는 삐노 누아의 유례없는 풍부함과 윤택함이 표현되어 있어 부르고뉴의 명성을 세계적으로 확립시켜 주었다. 포도밭은 마르싸네Marsannay 부터 꼬르골로앵Corgoloin까지의 언덕을 따라서 동쪽 혹은 동남쪽으로 향한 언덕에 띠 모양을 둘러 형성되어 있다.

① 24개의 그랑 크뤼

부르고뉴 레드 와인의 그랑 크뤼는 꼬르똥Corton을 제외하고 전부 이 지역의 마을에 집중되어 있다. AOC는 24개가 있는데 이 이름들은 와인 애호가들의 꿈을 불러 일으킨다. 샹베르땡Chambertin, 본느 마르Vosne Marre, 끌로 드 부죠Clos de Vougeot, 로마네 꽁띠Romanée Conti 등 그랑 크뤼는 풀바디의 견고하고 확실한 맛을 지니며 복잡성, 향의 풍부함 등이 특징이다. 또한 독특한 기품과 좋은 환경에서 성장함으로 인해 숙성력이 탁월하다.

② 마을명 AOC 및 프르미에 크뤼

제브레 샹베르땡Gevrey Chambertin, 모레 쌩 드니Morey Saint Denis, 뉘 쌩 조르쥬Nuits Saint Georges는 깊은 색깔을 지닌 기운 넘치는 와인이다. 마르싸네Marsannay, 픽쌩Fixin, 꼬뜨 드 뉘 빌라쥬Côte de Nuits Villages 등은 보다 소박하며 탄닌 성분도 풍부하고 숙성할 수 있는 와인이다. 샹볼 뮈지니, 부조, 본 로마네 등은 보다 세련되며 빌로도나 실크와 같이 부드러운 느낌을 지니며 체리 등의 뛰어난 맛에 매료된다. 마르싸네를 제외한 모든 마을이 상급의 프르미에 크뤼이다.

③ 오뜨 꼬뜨 드 뉘Haute Côte de Nuits

꼬뜨의 서쪽 해발 고도보다 더 높이 평행으로 달리는 좁고 긴 대지에 있는 이 산지는 550 헥타에 이르는 밭으로 구성되어 있다. 균형이 좋고 과일향이 풍부하며 골격이 있는 레드 와인 산지이다.

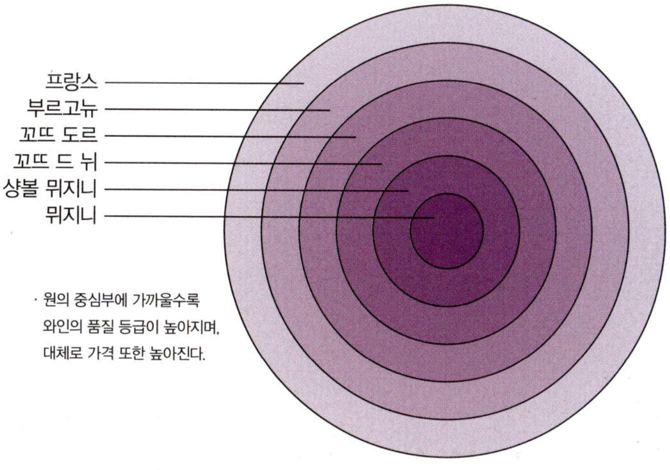

꼬뜨 드 본느Côte de Beaune

부르고뉴 와인의 수도인 본느 이름에서 연유된다. 라두아Ladois에서 마랑즈Maranges의 언덕 서면까지 펼쳐져 있는 꼬뜨 도르 남부의 광대한 포도 재배지역의 명칭에도 사용되고 있다.

19개 마을의 포도밭은 점토, 산화철이 풍부한 적토, 쵸오크와 이회암이 번갈아 겹쳐 있는 등 다양한 토양으로 형성되어 있다. 이곳에서 생산되는 와인은 떼루아의 변화가 풍부한 이유로 품질이 매우 우수하며 다양한 성질들을 가지게 된다. 생산량의 3분의 2가 레드 와인, 3분의 1이 화이트 와인이다.

꼬뜨 드 본느에서 레드 와인의 그랑 크뤼는 꼬르똥으로 짜임새가 견고하고 힘이 넘쳐 뛰어난 숙성력을 지닌다. 화이트 와인의 그랑 크뤼는 그 뛰어남이 세계적으로 알려져 있는데, 꼬르똥 샤를마뉴 Corton Charlemagne, 바따르 몽라셰 Batard Montrachet, 몽라셰 Montrachet, 슈발리에 몽라셰 Chevalier Montrachet 등 농축감이 있으며 힘이 넘치는 이 와인들의 향과 풍미는 유례가 없을 정도이다.

④ 마을명 AOC와 프르미에 크뤼

와인 가도를 따라가다 보면 라두아Ladois, 알록스 꼬르똥Aloxe Corton, 뻬르넝 Pernand, 베르즐레스Vergelesses, 쇼레 레 본느Chorey les Beaune, 뽀마르Pommard, 몽뗄리Montelie, 오쎄 뒤레스 Aussey Duresse, 쌩 로맹Saint Romain, 쌩또벙Saint Auban, 썽뜨네Santenay, 마렁즈Maranges 등의 유명한 마을에 이르게 된다. 레드 와인은 꼬뜨 드 뉘보다 부드럽고 탄력이 있다. 예를 들어 본느Beaune, 볼네Volnay, 싸비니 레 본느Savigny les Beaune 등은 세련되고 우아하여 여성적이다. 뫼르쏘Meursault, 쀨리니 몽라셰Puligny Montrachet, 샤싼느 몽라셰Chassagne Montrachet 등은 독특한 스타일을 가지고 있고 과일향이 나며 라운드하고 아몬드향 혹은 호두향을 떠오르게 한다. 쇼레 레 본느, 쌩 로맹 등을 제외한 나머지 모든 마을은 프르미에 크뤼 명칭을 갖고 있다.

⑤ 오뜨 꼬뜨 드 본느Haute Côte de Beaune

꼬뜨 드 본느의 배후지로 410 헥타에 이르는 포도밭은 꼬뜨 드 본느와 같은 타입의 토양이지만 기후가 전혀 다르다. 이곳에서 생산되는 와인는 발랄하며 레드 와인은 골격이 있는 와인이다.

꼬뜨 샬로네즈Côte Chalonnaise

꼬뜨 샬로네즈는 지리적으로는 꼬뜨 드 본느의 연장선상에 있다. 석회질의 하층토, 점토와 모래가 섞인 토양에 삐노 누아, 갸메, 샤르도네, 알리고떼의 다양한 품종이 재배되고 있다. 1930년대에 양질의 포도나무가 심어진 이래, 지금은 자연환경의 혜택과 더불어 우수한 품질의 와인 가능성 등이 어우러져 성공의 일로를 걷고 있다.

마꼬네Mâconnais

부르고뉴 지방에서 최남단에 위치한 마꼬네는 다소 남프랑스의 분위기를 나타내고 있다. 마꼬네 지구에서는 부르고뉴 화이트 와인의 절반 정도를 생산하고 있다. 전반적으로는 이회토, 점토 또는 백악질 토양쵸오크 성분의 혼합 토양 덕분으로 샤르도네 품종 와인이 생산되며, 가격 대비 품질이 높은 와인으로 인식되고 있다. 화이트 와인은 섬세한 꽃과 과일의 향을 지니고 있으며 부드러우며 라운드한 풍미가 있다. 갸메로 만든 레드 와인은 입에서 느끼는 맛이 매우 가벼운 와인이다.

새로운 2개 부르고뉴 AOC 탄생

2017년 프랑스 원산지통제명칭연구소INAO는 부르고뉴에 새로운 2개의 AOC를 공식적으로 인정했다. 한 지역인 베즈레이Vezelay는 부르고뉴의 북쪽에 있으며 화이트 와인이 생산되고 있다. 또 한 지역인 디종Dijon과 본Beaune 사이에 있는 유명한 와인 생산지인 꼬뜨 도르Cote d'Or도 AOC로 인정을 받게 되었다.

Column

로마네 꽁띠(ROMANÉE-CONTI) 와인

세상에서 제일 황홀하고 매혹적인 와인, 로마네 꽁띠는 프랑스 부르고뉴의 와인으로 세계에서 가장 희귀하며 제일 비싼 세계 최고의 레드 와인이다. 로마네 꽁띠는 프랑스에서 가장 작은 통제명칭AOC의 포도밭에서 연간 약 400 케이스(4800병)에 해당하는 적은 양을 생산하며, 국내에서는 병당 1,500~2,000만 원에 거래되기도 한다.

레이블을 보면 '모노폴Monopole'이라는 용어가 나오는 데 이것은 '단독 소유의 포도밭'을 뜻한다. 단일회사가 로마네 꽁띠 포도밭 전체를 소유하고 있다는 의미이며, 회사 이름이 《도멘 드 라 로마네 꽁띠Domaine de la Romanee-Conti》이며 보통 줄여서 'DRC'라고 표기한다.

원래 '로마네'라는 포도밭에서 로마네 꽁띠의 이름이 나왔다. 그 남쪽의 상당 부분을 프랑스 국왕 루이 15세의 조카인 꽁띠 왕자Prince de Conti, 1717~1776가 이 지역을 사들여 그 구역 이름을 로마네 꽁띠로 바꾼데서 시작되었다. 오늘날은 공동 관리자로 있는 오베르 드 빌렌느Aubert de Villaine와 라 루 비즈 르르와 Lalou Biz Leroy의 가족이 운영하고 있다.

포도밭은 부르고뉴 꼬뜨 드 뉘Cotes de Nuit에 있는 본 로마네Vosne-Romanee 마을 뒤 언덕의 동남쪽 혹은 동쪽의 면으로 배수가 잘되는 경사진 곳에 위치해 있다. 해발 약 250~300미터 사이 이회토의 토대 위에 철분이 많은 석회석과 조약돌 및 암석 토양이 주축을 이룬다.

포도나무가 있는 포도밭의 정상에 방풍림을 심어서 서쪽과 북쪽의 바람을 막아주는 것 등은 와이너리가 최고의 훌륭한 와인을 만들기 위한 최상의 떼루아를 형성하고 있다. 로마네 꽁띠 포도원을 처음 보는 사람은 영혼이 지나가고 있다는 느낌을 받는다고 한다.

소유주인 오베르 드 빌렌느 씨는 기후가 와인에 끼치는 영향에 대해서 언급한다. 《로마네 꽁띠 와인은 매년 포도밭에 어떤 바람이 우세했느냐에 따라 특성이 만들어진다. 북풍이 우세하면 그리 덥지 않아서 포도 맛이 진해짐으로써 알찬 구조의 와인이 되었고, 남풍의 영향을 받으면 조금 덥기 때문에 와인이 더 부드럽게 된다.》라고 설명한다.

로마네 꽁띠는 상대적으로 포도 수확을 늦게 시작하는데 인근의 다른 포도원들보다 1주일 또는 2주일 정도 더 늦게 포도 수확을 진행한다. "훌륭한 포도만이 훌륭한 와인을 연출할 수 있다."라는 소유주 오베르 드 빌렌느의 명품 포도재배에 대한 철학을 가지고 있다.

삐노 누와 레드 포도 품종을 기본으로 양조한 와인으로 절대적으로 가장 순수하고 귀족적이며 우아한 와인이다. 붉은 장미꽃 향기와 파워 및 세련된 섬세함이 함께 느껴지는 맛이다. 겹겹의 맛이 입 안을 부드럽게 타고 넘어가며 매우 관능적인 느낌과 함께 맛의 여운이 오랫동안 지속된다.

와인 특징은 신비스러운 혼이 아니라 철학이고 부르고뉴의 유니크한 맛의 결정체로 모든 유행을 초월하고 있다. 창백한 원피스를 입은 온전한 포도송이는 와인이 영할 때도 귀한 식물적 매력을 발산할 수 있도록 하며, 시간이 흐르면서 독특한 플로럴 터치를 표출한다. 떼루아가 요술 같은 로마네 꽁띠는 스스로 승승장구할 수 있고 시간이 흐를수록 매혹적인 관능미가 드러나는 진정한 명품 와인이라고 할 수 있다.

〈브루고뉴 주요 와인 생산자〉

1. 도멘 르루와Domaine Leroy

2. 도멘 드 라 로마네 꽁띠Domaine de la Romanee-Conti

3. 도멘 조르쥬 루미에Domaine Georges Roumier

4. 도멘 아르망 루소Domaine Armand Rousseau

5. 도멘 르플레브Domaine Leflaive

6. 도멘 데 꽁트 라퐁Domaine des Comtes Lafon

7. 도멘 꼬쉬 듀리Domaine Coche Dury

8. 도멘 프리에르 로크Domaine Prieure Roch

9. 도멘 안 그로Domaine Anne Gros

〈브루고뉴 주요 와인 생산자〉

10. 도멘 꽁뜨 리제 벨에어 Domaine Conte Liger Belair	
11. 도멘 장그리보 Domaine Jean Grivot	
12. 도멘 아르노 앙뜨 Domaine Arnaud Ente	
13. 도멘 베르나르 뒤가피 Domaine Bernard Dugat-Py	
14. 도멘 꽁뜨 조르주 드 보귀에 Domaine Comte Georges de Vogue	
15. 도멘 로랑 루미에르 Domaine Laurent Roumier	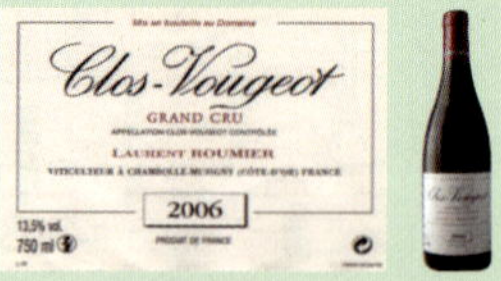
16. 루이 자도 Louis Jadot	
17. 클로 드 타르 Clos de Tart	
18. 샤또 드라 뚜르 Chateau de la tour	

4. 보졸레 Beaujolais

보졸레는 파리에서 동남쪽으로 400킬로미터 떨어진 부르고뉴의 가장 남쪽에 위치하고 있으며 행정구역상으로 론 지방에 속한다. 보졸레는 부르고뉴 전체 포도밭 중에서 가장 남쪽이면서 면적이 넓은 곳으로 마콩의 남쪽에서부터 리옹 시 외곽까지 이어진다. 보졸레는 비지니스와 지리적 근접성을 제외하고는 부르고뉴와 공통점이 상이하지 않다. 포도밭의 토양, 기후뿐 아니라 포도 품종, 양조와 판매 방법 등이 부르고뉴와 크게 다르다.

(1) 떼루아

보졸레 포도밭은 해발 150~550미터의 경사면에 위치한 언덕 지대에 위치해 있다. 부르고뉴에 많은 석회암이 여기서는 서쪽의 루아르강 Loire 과 손강 Saône 을 분리시키는 산맥을 이루는 점토질과 화강암으로 주를 이루고 있다. 보졸레 북부지역의 10 크뤼 와인과 보졸레 빌라쥬 와인이 유명한 데 여기는 갸메 품종이 잘 자랄 수 있는 화강암이 기초가 된 토양으로 구성되어 있다.

기후는 태양빛이 충만한 이 지역은 대륙성 기후와 함께 지중해의 영향을 받기도 한다. 연간 강수량과 기온은 와인용 포도를 재배하는 데 적당하지만 지중해의 영향으로 갑작스런 폭풍이 몰아치기도 한다.

(2) 포도 품종

주요 포도 품종은 갸메이며, 2차적인 품종으로는 샤르도네, 삐노 누아, 삐노 그리, 삐노 리에보, 삐노 블랑, 알리고테, 믈롱 드 부르고뉴 등이 있다.

(3) 보졸레 양조

양조 방법은 전통적인 발효 방법에서 얻을 수 있는 질감과 오랜 숙성보다는 과일 향과 부드러운 맛을 더 중요시하는 "탄소침용 발효 Carbonic_Fermentation " 방법을 사용한다.

(4) 와인 생산

보졸레와 보졸레 빌라쥬 AOC 명칭 와인은 햇포도주인 '보졸레 누보' 또는 '보졸레 프리뫼르'라는 이름으로 매년 11월 셋째주 목요일에 전 세계에 동시에 출시하고 있다. 이러한 마케팅 성공으로 보졸레 와인이 잘 알려져 있으며, 10개의 작은 마을에서 생산되는 이 지역 특징의 고급 와인인 보졸레 10 크뤼 와인도 인기가 좋다.

지방 및 빌라쥬 AOC	10개 크뤼 마을 명칭 AOC
보졸레BEAUJOLAIS	브루이BROUILLY
보졸레 빌라쥬BEAUJOLAIS-VILLAGES	셰나CHÉNAS
	쉬루블CHIROUBLES
	꼬뜨 드 브루이CÔTES DE BROUILLY
	플뢰리FLEURIE
	쥘리에나JULIÉNAS
	모르공MORGON
	물랭-아-방MOULIN-À-VENT
	레니에RÉGNIÉ
	쌩-따무르ST.-AMOUR

(5) 와인 특징

레드 와인은 멋진 색상과 갸메 품종의 풍부한 향이 특징이다. 향기로운 부케와 섬세한 포도 향기를 지닌 경쾌한 바디감이 있는 와인이다. 보졸레 와인은 젊을 때 맛이 좋지만 10 크뤼 와인들은 숙성되면서 뛰어난 향과 맛으로 애호가들이 선호하고 있다. 보졸레의 와인은 싱싱한 산미와 맛을 지녀 여러 종류의 가벼운 음식과 잘 어울린다. 부담 없이 즐겁게 마실 수 있는 레드 와인은 가성비가 좋아 큰 매력을 지니고 있다.

Chapter 9

프랑스 와인 산지 Ⅱ

1. 알자스Alsace

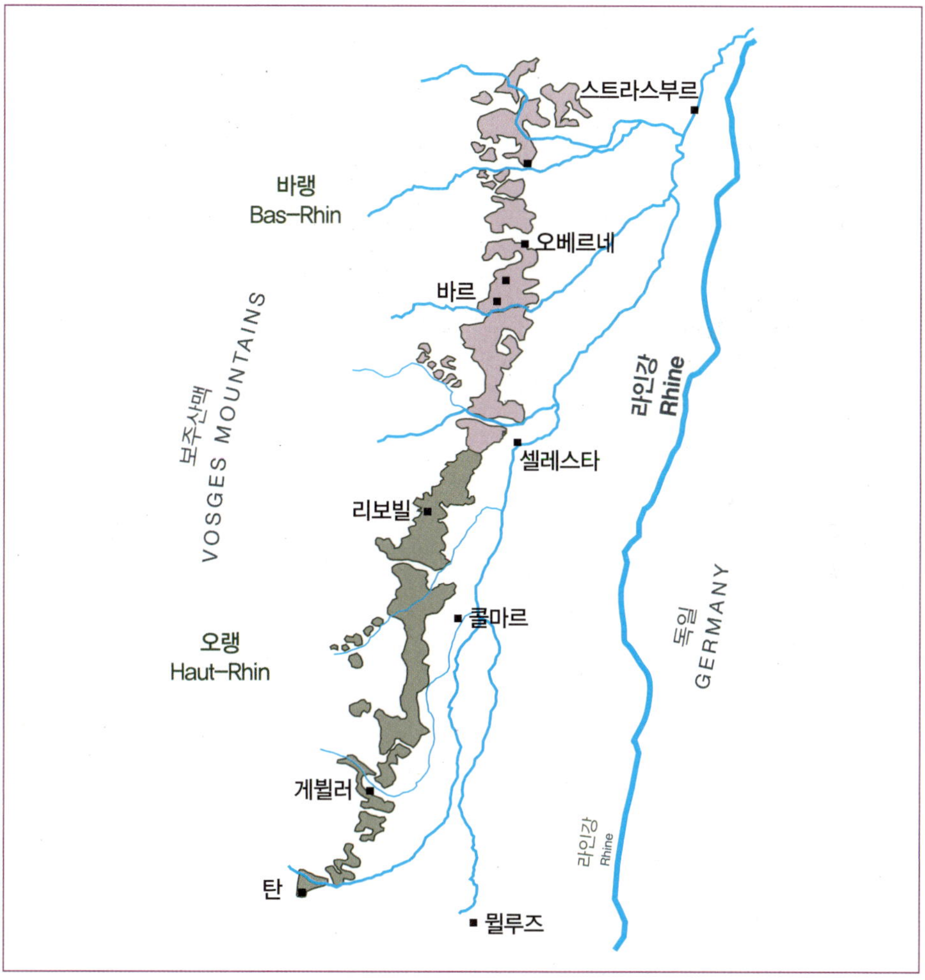

석탄과 철이 풍부하게 매장되어 있어 역사적으로 프랑스와 독일의 끊임없는 분쟁 지역이었던 알자스 지방은 독특한 역사적 특성을 그 유산으로 간직하고 있다.

이 지역의 공용어로 독일어가 쓰이고 주거환경이나 음식, 심지어는 와인까지도 독일적인 특성이 강하다. 와인 병의 모양도 독일 와인과 비슷하고 사용된 포도 품종명이 와인 레이블에 표시되는 점도 비슷하다.

다만, 독일 와인은 발효를 일찍 중단시켜 잔류당을 많이 남기기 때문에 알코올 도수가 10% 이하로 낮고 맛은 달달한 반면에, 알자스 와인은 완전 발효를 해서 알코올 도수가 11% 이상이며 맛이 달지 않고 드라이한 화이트 와인이다.

알자스 와인의 역사는 고대 로마와 독일 영향권의 교차로에 위치하여 일찍이 서기 1세기 초에 로마 군단이 포도 재배 기술을 전파한 것으로부터 시작된다. 초기부터 와인 생산은 활기를 띠었으며 "힘을 솟게 하고 기분을 좋게 해주는 와인"이라고 평가되어 다량으로 소비되었다. 10세기 말에 이르러 알자스 160여 개의 마을에서 포도를 재배하여 와인을 만들었으며 중세에는 알자스가 유럽에서 가장 유명한 산지 가운데 하나로 손꼽히게 된다. 16세기에 알자스의 포도 재배는 그 절정을 맞이한다.

그 후 여러 차례의 전쟁으로 인구는 감소하고 포도밭은 황폐화되었으며 모든 상업활동이 전반적으로 침체의 늪에 빠지게 된다. 하지만 제1차 세계대전 후에 다시 새로운 시대를 맞게 된다. 포도 재배자들이 지방 고유 품종으로 빚어 낸 와인만을 생산하는 등 엄격한 품질관리 정책을 채택하고 양조에 대하여 엄격한 규정을 적용하는 등 제품의 품질관리 정책을 강화하여 크레망 달자스Crement d'Alsace, 알자스 그랑 크뤼Alsace Grand Cru, 알자스라는 원산지 명칭으로 와인을 생산하고 있다.

(1) 떼루아

알자스 지방은 보쥬Voges산맥의 보호로 대서양의 영향을 받지 않아 연중 강수량이 500~600mm로 프랑스에서도 가장 비가 적게 오는 지역 중 하나이다. 고온 건조한 기후에 일조량이 풍부한 기후를 갖고 있다. 이런 알자스 지방 고유의 빼어난 기후 조건은 포도를 서서히 무르익게 하여 매우 섬세한 아로마를 깃들게 한다. 또한, 알자스 포도원들은 보쥬 산맥 아래 고도 200~400 미터 언덕에 자리잡고 있어 태양의 혜택을 최대한 누리고 있다.

지질학적 측면에서 살펴보면 알자스는 점토질, 편암, 사암, 석회질과 화강암에 이르기까지 다양한 토양들이 모자이크처럼 잘 짜여 있다. 리슬링과 게뷔르츠트라미너 포도 품종으로 만든 화이트 와인이 유명하며 '크레망 달자스Cremant d'Alsace'라는 스파클링 와인도 생산된다.

(2) 알자스 7개 포도 품종과 와인 특징

포도 품종	와인 종류	와인 특징
실바너Sylvaner	화이트	가볍고 아주 신선한 맛과 더불어 은은한 과일향 부드럽게 목을 축여주는 시원한 느낌의 와인
삐노 블랑Pinot Blanc	화이트	부드럽고 섬세함이 특징 알자스 화이트 와인 중 중간적인 맛이며 신선함과 부드러움이 어우러짐
리슬링Riesling	화이트	기품있고 섬세한 과일향과 부케가 일품. 산도와 당도가 완벽하게 조화를 이룬 화이트 와인의 정수
뮈스까달자스 Muscat d'Alsace	화이트	프랑스 남부의 단맛이 강한 뮈스까와는 달리 드라이함. 바로 딴 포도 알을 깨문 듯한 신선함이 특징
또께 삐노 그리 Tokay Pinot Gris	화이트	풀향과 스모그향의 복합미가 풍부함. 신맛이 부드럽게 느껴지며 입안에서 감도는 여운이 매우 길다.
게뷔르츠트라미너 Gewurztraminer	화이트	과일향과 꽃향 또는 향료와 같은 풍부한 아로마 강직하고 매혹적이며 약간은 달콤함이 느껴짐
삐노 누아Pinot Noir	레드	알자스에서 레드와 로제 와인을 만드는 유일한 적포도이며 체리향과 같은 붉은 과일향이 느껴지는 와인

(3) 알자스 원산지 통제 명칭 분류

알자스 Alsace

와인은 통상적으로 양조에 사용된 품종의 이름을 붙이게 되어 있으나 상표명이나 여러 가지 품종을 조합한 경우에는 "쟝띠Gentil"라고 표기할 수 있다. 이와 더불어 지역명이나 읍명 같은 지리적 명칭을 보충적으로 명시할 수 있다.

알자스 그랑 크뤼 Alsace Grand Cru

지정된 떼루아에서 포도 재배와 최소 자연 조건에 대한 규정, 생산량의 엄격한 제한, 시음 인가 등을 통과한 와인에 부여되는 명칭이다. 최고급 와인으로 인정된 51개 지역에 한하며, 레이블에는 품종과 빈티지가 표시된다. 알자스 그랑 크뤼는 또께 뻬노 그리와 뮈스까 및 리슬링과 게뷔르츠트라미너 4품종에만 제한되어 있으며 아로마와 맛이 다양하고 풍부하며 독특한 개성을 지닌 명품 와인이다.

크레망 달자스 Cremant d'Alsace

병 속에서 2차 발효하는 전통적인 방법으로 만들어진 상큼하고 섬세한 드라이 스파클링 와인이다. 주로 삐노 블랑으로 양조하지만 삐노 그리와 삐노 누아 및 리슬링이나 샤르도네로도 생산한다. 프랑스에서 생산되는 크레망 중에서 가장 잘 알려져 있다.

방당쥬 따르디브 Vendanges Tardives

'늦은 수확'이라는 뜻으로 그랑 크뤼 와인을 만드는 데 쓰이는 품종으로 만들어진다. 포도가 완숙 때를 기다렸다가 보통 공식 포도 수확일보다 몇 주씩 늦게 수확한다. 아로마가 뛰어난 품종으로 늦게 수확하므로 농도가 짙고 이 와인은 당도가 높은 귀부 포도로 만들기 때문에 감미와 향의 농도가 빼어나다. 이 와인들은 모두 수작업으로 수확한 포도를 이용하고 당도가 높은 편이며 보당이 금지되어 있다.

알자스 지방의 주요 와인 생산지

국가 / 지역	유명 와인 생산자	
프랑스 알자스	도멘 마르셀 다이스Domaine Marcel Deiss	
	도멘 바인바흐Domaine Weinbach	
	도멘 쉴름베르제Domaines Schlumberger	
	도멘 진트 훔브레히트Domaine Zind Humbrecht	
	트림바흐Trimbach	
	휘젤Hugel	

2. 꼬뜨 뒤 론Cotes du Rhone

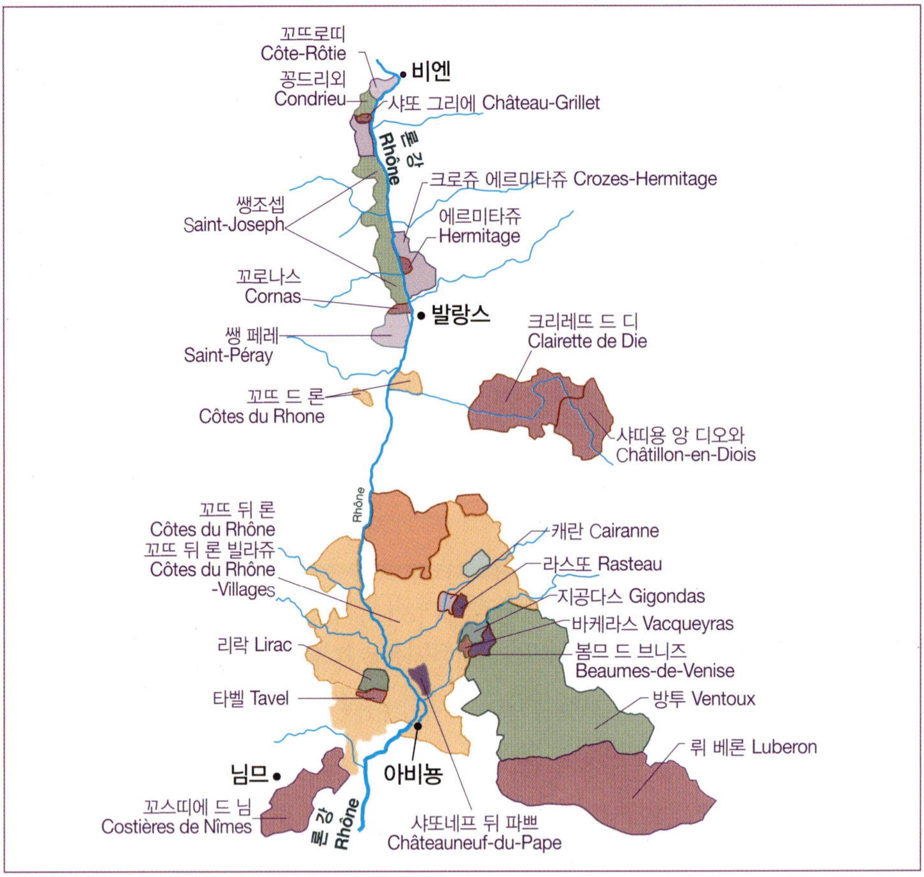

론 지방 와인 역사는 고대 그리스인들이 프랑스 옛 이름인 골Gaule 지역에 포도재배를 전래하면서 시작되었다. 기원전 125년 로마인의 지배를 받을 때부터 시작하여 약 2000여 년이란 시간 속에서 계승 발전되어 지중해에서부터 리옹에 이르는 지역인 론 강 유역을 따라 포도밭이 드넓게 자리잡아 갔다. 약 200km를 따라 흐르는 론 계곡은 꼬뜨 뒤 론의 떼루아에서 생산되는 와인에 일체성과 다양성을 동시에 부여하였다.

이 지역 특성에 따라 구획된 포도 산지에 적합한 와인을 생산하기 위하여 각기 다른 토양 및 기후의 다양성을 활용하며 포도 재배 노하우를 쌓아 왔다. 또한, 이 지역 사람들의 대단한 노력 덕분에 '론'이란 이름으로 몇 세기 동안 양질의 와인을 생산하여 높은 명성을 누려 왔다.

현재 꼬뜨 뒤 론의 재배면적과 와인 생산량은 프랑스 와인 생산지역 중에서도 최고의 위치를 차지하는 지역들 중 하나로 손꼽히게 되었다.

론 지방은 크게 북부 론과 남부 론 지역으로 나뉘는 데 리옹Lyon에서 아비뇽Avignon에 걸쳐 있다. 북부 론 지역에서는 에르미타쥬와 꼬뜨 로띠라는 유명한 와인들이 생산된다. 이 지역의 와인은 소량으로 생산되고 비교적 고가이며 떫은 맛이 특징이다. 그 반면에 남부 론 지역에서는 샤또 뇌프 뒤 빠쁘Châteauneuf du Pape가 가장 잘 알려져 있다. 3,200ha의 넓은 지역에서 생산되어 다양한 특성을 지닌다.

(1) 떼루아

남부 꼬뜨 뒤 론

남부 포도산지는 면적이 매우 넓고, 수많은 꼬뜨 뒤 론 등급의 포도원들이 자리하고 있다. 지중해성 기후로 때로는 북풍인 미스트랄Mistral이 불기도 하는 남부 꼬뜨 뒤 론은 석회질을 토대로 론 강 유역에서 흘러나오는 충적토가 쌓인 토양에서 포도나무가 자라고 있다. 건조하고 무더운 주변의 혹독한 기후에도 불구하고 석회질 토양을 좋아하는 포도나무가 잘 자라고 있다.

북부 꼬뜨 뒤 론

론 강 왼편의 가파른 언덕배기 지역에 자리잡고 있는 이곳은 주로 화강암질의 토양과 온화한 대륙성 기후가 특징이다. 또한, 서늘하고 건조한 북풍은 대기를 정화하고 포도가 잘 익도록 도와주며 연간 700~900mm 정도의 강수량을 보인다. 바로 이 좁은 지역에 꼬뜨 뒤 론의 유명한 크뤼들이 집중되어 있다. 이곳에는 꼬뜨 로티와 꽁드리유Condrieu, 샤또 그리에Chateau Grillet, 쌩 조세프Saint Joseph, 크로즈 에르미따쥬, 에르미따쥬, 꼬르나스, 쌩 페레 등의 와인 생산지역이 있다.

(2) 포도 품종

포도 품종	와인 종류	와인 특징
비오니에Viognier	화이트	알코올이 풍부하며 제비꽃, 산사나무꽃, 아카시아 꽃 향 숙성되면서 꿀, 사향, 복숭아, 건살구 향의 풍미를 제공
마르싼Marsanne	화이트	루싼과 함께 사용되며, 들꽃 향기가 풍부함 남쪽 론에서 재배되는 토착 품종
루싼Roussanne	화이트	남쪽 론에서 주로 재배되며, 마르싼과 종종 블렌딩 꽃향, 허브향이 숙성되어 견과류 풍미를 지닌 와인
그르나슈Grenache	레드	론 강 남쪽 지역의 레드 와인 재배 품종 중 가장 큰 비율 입안 가득 과일향과 둥근맛을 느끼게 해 주는 와인
시라Syrah	레드	대표 품종 단일 품종 또는 그르나슈, 무르베드르와 블렌딩 강렬한 색과 풍부한 아로마가 특징
무르베드르 Mourvèdre	레드	숙성되기 위해 더위와 햇빛을 필요로 하는 만큼, 론 강 남쪽이 최적의 산지 구조감과 탄닌을 제공

(3) 와인 생산 지역

꼬뜨 뒤 론 Cotes du Rhone

총 생산량의 75%를 차지하는 꼬뜨 뒤 론 레지오날Cotes du Rhone regional은 훌륭한 품질로 명성을 얻고 있다. 6개의 행정군에 포함된 163개 마을에서 와인이 생산되고 있으며, 화이트 · 레드 · 로제는 와인의 각기 다른 미묘한 뉘앙스를 보여주는 결정판이라고 할 수 있다. 이곳 와인의 맛은 감칠 맛이 나는 것이 공통적인 특성이지만, 이 지역의 다양한 풍경만큼 독특하고 개성적인 맛과 향을 낸다.

레드 와인의 종류와 풍미가 매우 다양하다. 바디감이 풍부하고 강한 와인이 있는가 하면 또 가벼우면서도 과일 향의 와인도 있어서 어떤 자리에도 무난하게 잘 어울린다. 론 지방의 로제 와인은 레드 와인 품종을 짧은 기간 동안 침용하여 얻게 되는 와인이다. 산딸기 빛깔에 때로는 연어 색깔이 어우러진 매혹적인 핑크빛을 띤다.

남부 꼬뜨 뒤 론 포도 재배지에서 생산되는 화이트 와인은, 우수한 품종과 양조 전문가의 뛰어난 노하우 및 떼루아의 삼박자가 만들어내어 짜임새가 우수하며 향이 좋고 드라이하다.

꼬뜨 뒤 론 빌라쥬Cotes du Rhone Villages

꼬뜨 뒤 론 빌라쥬는 드롬Drome과 보클뤼즈Vaucluse, 가르Gard, 아르데쉬Ardeche 행정군에 속한 95개 마을에서 생산되고 있다. 레드와 화이트 및 로제 와인 모두 다 특별 규정 대상이 된다. 포도나무의 품종, 재배방법, 수확량, 양조방법 등 엄격한 규정하에 생산되고 있기 때문에 1966년에 원산지통제명칭AOC으로 '꼬뜨 뒤 론 빌라쥬'를 승인 받은 후에 그 명성과 품질이 더욱 잘 보장되고 있다. 16개의 마을에서 생산되는 와인이 꼬뜨 뒤 론 빌라쥬 명칭을 사용할 수 있다.

꼬뮌 마을 크뤼Crus

13곳의 꼬뜨 뒤 론 지역 내 크뤼 마을은 오랜 명성과 다양한 매력을 지님으로써 현재까지도 이곳의 와인은 전설적인 와인으로 남아 있다. 저마다 지니고 있는 독특한 정체성과 고품질을 자랑하는 13종의 크뤼 와인은 명실공히 최상급 와인으로서 자리매김하고 있고 크뤼 와인으로서의 입지 또한 확고히 하고 있다.

북부지역 크뤼는 비엔느Vienne에서 발랑스Valence까지 이르는 지역이며 레드 와인으로는 꼬뜨 로띠Cote Rotie와 꼬르나스Cornas, 화이트 와인 산지로는 꽁드리와 쌩 페레 및 레드와 화이트 와인 둘 다 생산하는 에르미따쥬와 크로즈 에르미따쥬 산지가 대표적이다. 또한, 지공다스와 샤또 뇌프 뒤 빠쁘 마을이 남부 론에서 최고의 산지로 유명하다.

론 지방의 주요 와인 산지

국가 / 지역	유명 와인 생산자	와인 특징
북부 론	꼬뜨 로띠 Cote-Rotie	레드
	꽁드리유 Condrieu	화이트
	샤또 그리에 Chateau Grillet	화이트
	쌩 조세프 St-Joseph	레드
	크로즈 에르미따쥬 Crozes-Hermitage	화이트, 레드
	에르미따쥬 Hermitage	화이트, 레드
	쌩 페레 St.-Peray	레드
남부 론	샤또 뇌프 뒤 빠쁘 Chateauneuf-du-Pape	화이트, 레드
	지공다스 Gigondas	레드
	타벨 Tavel	로제
	라스토 Rasteau	화이트
	봄므 드 브니즈 Beaumes de Venise	화이트

〈론 지방의 주요 와인 생산자〉	
끌로 데 파프 Clos des Papes	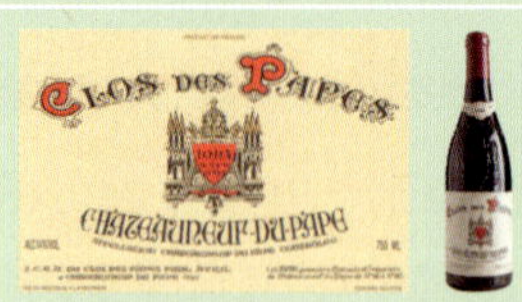
도멘 뒤 비유 텔레그라프 Domaine du Vieux Telegraphe	
도멘 장 뤽 콜롬보 Domaine Jean-Luc Colombo	
샤또 그리에 Chateau Grillet	

〈론 지방의 주요 와인 생산자〉

샤또 드 보카스텔 Chateau de Beaucastel	
샤또 라 네르트 Chateau La Nerthe	
샤프티에 Chapoutier	
이 기갈 E.Guigal	
폴 자불레 애네 Paul Jaboulet Aine	

3. 랑그독 루시용Languedoc-Roussillon과 프로방스Provence

랑그독 루시용은 몽펠리에Montpellier를 중심으로 한 지중해 연안의 남 프랑스에 위치하고 있는 초승달 모양의 지방이다. 동쪽으로는 론 지방이 이웃하고 남서쪽으로는 피레네 지방이 이어진다. 랑그독 루시용 지방은 평야가 많으며 대부분의 포도밭은 동향이나 남동향의 언덕에 자리잡고 있다.

(1) 떼루아

포도밭 토양은 검은 편암과 붉은 석회질 토양 및 자갈과 규사토 등 지역별로 다양한 토질과 기후를 보이고 있으며 고온건조한 기후로 빛의 포도원이라고 불린다. 일반적으로 평야지대는 점토질의 토양으로 이루어져 있지만 언덕은 석회암이나 편암이 많이 분포한다. 황무지와 비슷한 황량한 곳도 있고 돌과 석탄 성분이 포함된 석회암 토양이 많지만 지역에 따라 차이가 난다.

이곳은 지중해 기후의 영향을 받은 지역으로 포도를 재배하기에 유리하다. 하지만 가끔 폭풍이 발생하여 피해를 주기도 한다. 바람은 크게 두 가지로 구분되는데, 알프스 빙하지대에서 불어오는 차가운 미스트랄이 있고, 지중해에서 불어오는 따뜻하고 습한 남풍인데 포도 수확기에 이 바람이 불면 포도가 썩는 피해를 주기도 한다. 이 지역도 포도밭의 구체적인 지형에 따라 조금씩 기후가 달라진다.

(2) 포도 품종

주요 포도 품종은 더운 지역에서 주로 재배되는 적포도인 시라와 그르나슈Grenache · 까리냥 · 쌩소 · 까베르네 프랑 · 까베르네 쏘비뇽이 있으며, 청포도로는 뮈스까와 샤르도네 품종이 많이 재배된다. 까리냥Carignan이나 그르나슈Grenache를 위주로 만든 레드 와인은 진하면서도 떫은맛이 적어 부담없이 마실 수 있다.

리무 지역은 전통적인 방법이나 샴페인 제조방식을 활용하여 스파클링 와인인 크레망을 생산하고 있다. 약간 단맛이 느껴지는 화이트 와인인 뮈스까 섹Muscat Sec은 와인 초보자나 여성들이 선호하는 와인으로 명성이 높다.

랑그독 루시용은 포도 재배 지역이 매우 넓어 전체 프랑스 와인 생산의 3분의 1을 담당하고 있으며 가격대비 품질이 좋은 와인인 벵 드 뻬이Vins de Pays의 최대 산지이다.

(3) 와인 생산 지역

꼬또 뒤 랑그독 Coteaux du Languedoc은 세 개의 지역에 걸쳐 있고 생산되는 와인의 스타일은 다르지만 품질은 놀랄 만큼 일정하다. 지난 10년 동안 레드 와인이 큰 인기를 누렸고 이제는 화이트 와인에도 관심을 돌리고 있다.

꼬뜨 뒤 루시용 Cotes du Roussillon은 꼬르비에르 남쪽에 위치한 넓은 지역으로 점차 명성을 얻고 있다. 루시용은 향미가 풍부한 품질 좋은 와인을 생산하고 있다. 레드 와인은 남프랑스의 붉은 과일 향과 약간의 바닐라 향과 후추향이 느껴진다.

크레망 드 리무 Cremant de Liooux 지역은 스파클링 와인 생산지로서 토착 품종인 모작Mauzac 외에 샤르도네와 쉬냉을 섞어 만든다. 크레망 드 리무의 인기가 높아져서 우리나라에도 수입되고 있으며 가성비 좋은 스파클링 와인으로 여겨진다.

미네르부아Minervois는 꼬또 뒤 랑그독의 서쪽 끝에 위치한다. 돌이 많은 미네르부아Minervois 지역은 전형적으로 더운 프랑스 남부의 지역이다. 이곳의 레드 와인은 전반적으로 맛이 진하고 숙성될수록 그 진가를 발휘한다. 고급 와인을 생산하는 마을 명칭의 와인 산지다.

꼬르비에르Corbieres 지역은 우수한 와이너리들이 많으며, 새 오크통에서 탄소침전법을 사용하여 와인을 만들고 있다. 오래된 카리냥 품종과 그르나슈, 시라, 무르베드르를 블렌딩하여 가성비가 뛰어난 남프랑스 레드 와인을 생산한다.

쌩쉬니앙St.-Chinian 이곳은 보르도 와인과 매우 닮아 있다. 편암으로 이루어진 언덕에 포도원이 있으며 보르도 스타일과 유사한 와인을 생산한다. 여기의 와인은 색상과 무게감이 상대적으로 연하며 이 와인은 지중해 와인 중에서도 상당히 우아하게 느껴진다.

바뉠스Banyuls 지역은 프랑스에서 가장 남쪽에 위치하며 달콤한 맛의 뱅두나튀렐Vin Doux Naturel을 생산한다. 이 포도는 편암이 많은 토양에 사람이 발 붙이기 힘들 정도로 가파른 언덕에서 자란다. 수확량은 아주 적으며 포도가 충분히 익었을 때에 수확한다.

〈랑그독 루시용 지방 주요 와인 생산자〉

1. 샤또 뿌시오 Château Puech Haut

2. 도멘 드 로르뛰 Domaine de l'Hortus

3. 도멘 드 몽깔메 Domaine de Montcalmès

4. 라 그랑쥬 데 페르 La Grange des Pères

5. 마스 드 도마 가싹 Mas de Daumas-Gassac

6. 마스 브뤼기에르 Mas Bruguière

7. 마스 줄리앙 Mas Jullien

8. 샤또 드 라 네그리 Château de la Négly

(4) 프로방스Provence 지방

휴양지를 연상시키는 프로방스는 프랑스 남동쪽 끝에 위치하고 있으며 론 삼각주와 이탈리아 국경에 접해 있다. 포도밭은 언덕과 평야에 위치하고 있으며 리비에라 해안의 포도원들에서 개성 강한 로제 와인과 진지한 레드 와인들이 생산되고 있다.

프로방스 와인은 부르고뉴나 보르도 지방에 비해 그 권위가 떨어지는 편이지만 방돌Bandol과 벨레Bellet 및 카시스Cassis 지역산 와인은 짙은 색감으로 향기가 풍부하며 고급스러운 느낌이 든다.

프로방스의 지형은 복잡하다. 많은 고대의 지형이 화학적인 변화를 일으킴으로써 새로운 토양이 되었다. 모래와 붉은 사토 및 화강암이 주요 토양이고 석회암이 토양의 표면에 나타나기도 하며, 바르 지역은 화강암 지역 언덕 이외에 운모 편암과 백악질의 석회층을 갖고 있다. 방돌 지역은 석회암 층이 발달해 있으며 벨레 지역에는 자갈이 많다.

기후는 지중해의 영향으로 겨울에도 온난하며 봄에는 습하고 여름에는 뜨겁다. 가을은 태양빛이 충만하며 긴 편이다. 포도는 연간 1,300시간 이상 햇빛이 비추어야 자랄 수 있으며 연 1,500시간 정도 되어야 좋은 조건이 된다. 그러나 프로방스 지방에는 일조시간이 연 평균 3,000시간에 달하므로 이러한 날씨와 기후에 잘 적응된 포도 품종들이 재배되고 있다.

이 지역의 주요 포도 품종으로는 더운 지역에서 잘 자라는 적포도인 시라와 그르나슈, 무르베드르, 쌩쏘, 클레레트 그리고 청포도인 뮈스카와 샤르도네가 많이 재배된다. 이곳에는 한 동안 인기가 있었던 까베르네 쏘비뇽의 재배가 주춤해졌으나, 아직도 많은 포도원이 이 품종으로 와인을 만들고 있다.

최근에는 프로방스의 성격에 맞는 무드베드르와 끌레레뜨와 같은 토착 품종에 관심이 많아졌다. 이곳에는 현대적인 저온 기술을 도입하여 품질 좋은 로제 와인들이 많이 생산되고 있다.

최근 이곳은 포도 생산량을 절제하여 품질을 높이고 있다. 방돌과 벨레 및 팔레트 지역에서는 1헥타르당 40 hectoliter 이하로 와인 생산량을 제한하고 있는데, 이것은 다른 지역 와이너리의 절반 밖에 안 되는 수준이다. 꼬뜨 드 프로방스와 꼬뜨 덱상 프로방스 지역도 프로방스 와인의 새로운 미래를 예감하는 우수한 레드 와인을 만들고 있다.

(5) 프로방스 와인 산지

방돌Bandol

지역산 레드 와인으로 오래 보관 가능하며 좋은 평판을 얻고 있다. 또 프로방스 최고의 레드 와인으로 짙은 자주색을 띠고 있으며 진하고 농축된 부케를 지니고 있다. 매콤한 맛이 살아 있으며 바닐라와 카시스, 계피, 제비꽃, 달콤한 허브 맛이 복합적으로 느껴진다. 무르베드르와 그르나슈 및 쌩쏘 포도를 블렌딩하여 와인을 만든다.

꼬또 덱상 프로방스Coteaux d'Aix-en-Provence

상당히 넓은 지역으로 좋은 포도밭이 펼쳐져 있다. 레드 와인은 짙은 색상으로 카시스와 매콤한 바닐라 및 체리 향기가 복합적으로 느껴진다. 그르나슈와 쌩쏘, 쿠누아즈, 무르베드르, 시라 등을 블렌딩하여 와인을 생산한다. 특히 우수한 품질의 로제 와인은 바디는 가벼우나 신선하고 잘 익은 과일 향기를 지니고 있다.

꼬뜨 드 프로방스Cotes de Provence

지역은 로제 와인이 유명하지만 레드 와인도 가능성을 갖고 있다. 포도원이 넓어서 토양과 기후도 조금씩 다르며, 이러한 연유로 다양한 와인들이 존재한다. 레드 와인은 시라와 무르베드르 품종으로 만들기에 진한 색상이지만 비단결 같은 부드러운 감촉의 맛으로 인기가 있다. 그러나 무엇보다도 지중해의 태양빛을 충분히 받은 포도로 만들어지는 로제 와인이 일품이며 이것은 남프랑스 음식과 잘 어울린다.

〈프로방스 지방 주요 와인 생산자〉	
1. 도멘 땅피에 Domaine Tempier	
2. 도멘 뒤 그로 Domaine du Gros	
3. 도멘 드 라 비본느 Domaine de la Vivonne	
4. 도멘 오드 샤또 드 살 Domaines Ott Chateau de Selle	
5. 샤또 데스클랑 Chateau d'Esclans	
6. 샤또 미뉘뜨 Chateau Minuty	
7. 샤또 바니에르 Chateau Vannieres	
8. 샤또 시몬느 Chateau Simone	
9. 클로 쌩뱅상 Clos Saint Vincent	

4. 남서부 Sud-Ouest

이 지역은 프랑스의 남서쪽 끝단에 위치하고 있으며 보르도와 피레네, 대서양, 랑그독 루시용 지방에 접해 있다. 역사적으로 보르도와 랑그독 루시용 및 스페인의 영향을 받아 다양한 와인들을 생산한다. 이 지역은 고전적인 등급의 와인은 없으며 프랑스의 다른 지역보다 땅 값도 싼 편이다.

달콤한 와인을 생산하는 쥐랑송Juransson과 몽바지악Monbazillac 부터 우수한 와인을 만드는 베르즈락Bergerac 및 검붉은 색이 감도는 말벡 와인을 만드는 카오르Cahors도 있다. 또한, 탄닌이 풍부하고 참신한 와인을 생산하는 마디랑Madiran이 있는 곳으로 프랑스 내에서 새로운 가능성을 내포한 지역이다.

남서부 지방의 와인은 워낙 다양하기 때문에 다소 혼란스럽게 느껴질 수도 있다. 한 지역에 다른 원산지가 공존한다. 최근 이 지방에 대기업들이 투자를 통해 포도재배 및 양조 시설의 현대화로 다양하고 품질 좋은 와인이 많이 생산되고 있다. 랑그독 루시용 지방과 더불어 이 지역이 새로운 와인 산지로 부각되고 있으며, 프랑스 와인의 신개척지로 여겨지고 있다.

(1) 토양과 기후

포도원들은 주로 동쪽이나 동남쪽을 바라보는 언덕에 위치하여 대서양의 영향을 막아 주고 있다. 지형은 완만한 언덕에서 매우 비탈진 언덕까지 다양하다. 토양은 다양한 편인데 베르즈락에는 자갈 위에 모래와 점토가 섞인 토양이 많으며, 카오르의 언덕 지대에는 자갈과 점토가 섞인 토양이다. 가이악Gaillac에는 점토와 석회질이 혼합된 자갈이 많으며, 마디랑에는 모래 토양이 많고 쥐랑송에는 모래와 돌이 섞여 있는 토양이 많다.

남서부 지방의 기후는 대서양의 영향을 받고 있으며, 습한 겨울과 더운 여름 그리고 길고 햇빛이 충만한 가을로 이어진다. 까오르 · 프롱통 · 가이악의 포도원은 뜨거운 여름이 이어지며, 지중해의 영향으로 변화무쌍한 날씨가 이어지기도 한다.

(2) 주요 품종

주요 포도 품종으로는 까베르네 프랑과 샤르도네 같은 품종이 있지만 특히 토착 품종인 말벡과 타나가 유명하다. 특히 이 지역의 양조법은 보르도와 비슷하지만 독특한 자기네 스타일을 강조하는 실험적인 생산자도 존재하고 있다.

특히 타나와 말벡 품종으로 '시골풍 방식과 전통적인 방법'을 고수하여 이 지역 특징적인 와인을 생산하고 있다.

(3) 남서부 와인 산지

베르즈락Bergerac 지역은 보르도 지방에 이웃하고 있기 때문에 일찍이 1250년경부터 이곳에서 만들어진 와인이 영국으로 수출되었다. 그러나 백년전쟁 이후 수출 길이 막혔고 그 뒤로 카스티용 전쟁 이후 다시 와인을 생산하기 시작했다. 좋은 레드 와인은 루비 색상을 띠고 산뜻한 과일 향을 지니고 있으며 우아한 균형감을 가진 와인이다. 까베르네 쏘비뇽과 까베르네 프랑, 메를로, 말벡 등을 블렌딩하여 만들어진다.

카오르Cahors는 오래전부터 말벡 품종으로 '검은 와인'을 생산해 왔고 메를로와 타나를 재배하면서 카오르는 다시 명성을 얻기 시작하였다. 최근 우수한 포도원들이 등장하면서 프랑스에서 가장 전망 있는 레드 와인의 산지들 중의 하나가 되었다. 말벡의 레드 와인은 매우 진한 색을 지니고 있으며 블랙커런트의 향미를 지니고 있다. 과일향이 충만하면서 실크처럼 부드러운 촉감이 느껴지고 제비꽃 향기가 감돈다.

마디랑Madiran 지역에서는 남서부의 아주 개성적인 와인을 생산한다. 그러나 아직은 덜 알려진 지역이지만 실험적인 포도 재배와 양조를 진행하는 여러 생산자들이 나타나고 있다. 까베르네 프랑이 인기 있는 포도 품종이고, 특히 타나 품종의 레드 와인은 짙은 색으로 된 풍부하고 걸쭉한 느낌의 와인이며 탄닌이 풍부하다.

〈남서부 지방 주요 와인 생산자〉

1. 샤또 드 오뜨 세르 Chateau de Haute-Serre	
2. 도멘 꼬쓰 Domaine Cosse	
3. 마스 델 페리 Mas del Perie	
4. 샤또 라그레제뜨 Chateau Lagrezette	
5. 샤또 몽투스 Chateau Montus	
6. 샤또 뒤 세드르 Chateau du Cedre	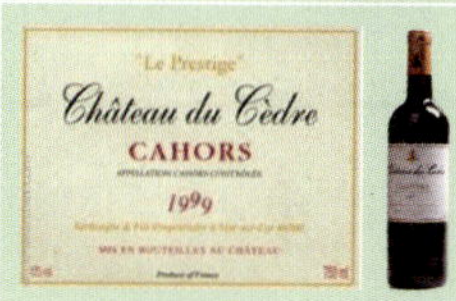
7. 샤또 드 라 말레비에이유 Chateau de la Mallevieille	
8. 샤또 드 메르뀌 Chateau de Mercues	
9. 장뤽 발드 Jean-Luc Baldes	

5. 루아르 Loire

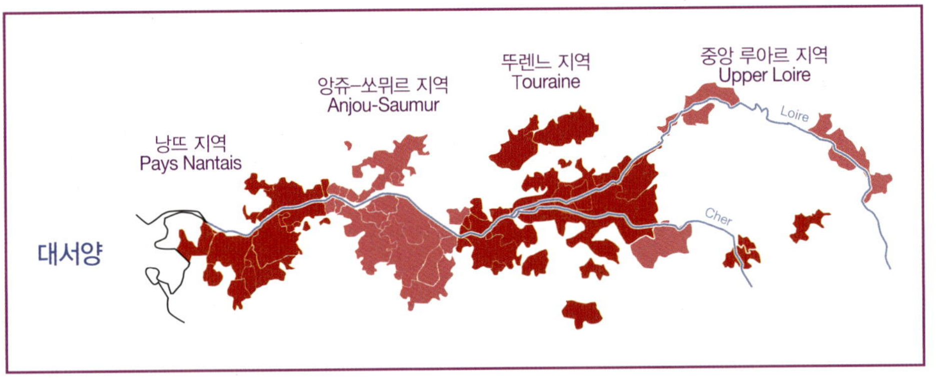

루아르는 아름답고 온화한 기후로 프랑스 옛 왕후 귀족들로부터 많은 사랑을 받았다. 프랑스 옛 파리에서 남서쪽으로 내려가면 대서양으로 흘러드는 프랑스 최장의 강 루아르가 흐르고 있으며, 긴 강을 따라 포도밭이 길게 펼쳐져 있다.

프랑스에서 3번째로 큰 규모의 와인 생산 지방으로 5세기경부터 이 지방에서 와인 양조가 본격적으로 시작되었다. 하구에 위치한 낭뜨 지역에서는 로마시대부터 시작되었다고 전해지지만 루아르강 상류의 쌍쎄르 지역은 580년경에 포도가 재배되기 시작하였다는 기록이 남아 있다.

루아르 지방의 포도밭은 왕후와 귀족 및 수도원의 관리하에 개척되었고 재배에 관해서는 수도사들이 중요한 역할을 담당하고 있었다. 12세기에 영국 왕 헨리 2세가 프랑스 남서부를 병합하고 앙주 지역에 왔을 때, 와인에 매료되어 이 지역의 이름이 널리 알려지기 시작하였다.

그 이후에 루아르 지역이 프랑스 궁정의 지방 사교장의 중심이 되면서 왕후들에 의해서 와인 생산이 촉진되었다. 17세기부터 일상적으로 마실 수 있는 와인에 대한 수요도 크게 늘어나게 됨으로써 루아르 하류지역 마을에 이르기까지 포도밭이 널리 퍼지게 되었고 재배자도 크게 늘어나게 되었다.

루아르 강을 따라 동서로 1,200km에 걸쳐 있는 가장 긴 포도재배 지방으로 서쪽으로는 낭뜨Nantes로부터 동으로는 쌍쎄르에 이른다. 서쪽으로부터 뻬이 낭떼Pays Nantais, 앙쥬 쏘뮈르Anjou-Saumur, 뚜렌느Touraine, 쌍트르Centre 네 지역으로 구분된다. 로제 와인인 로제 당쥬Rose d'Anjou와 쏘비뇽 블랑 품종으로 만드는 화이트 와인인 쌍쎄르Sancere와 푸이 퓌메Pouilly-Fume가 유명하다.

(1) 떼루아

루아르 지방의 토양은 매우 다양하다. 앙쥬 지역은 석회질과 편암질 토양이고, 낭뜨 지역의 포도밭은 편암과 사암 및 화강암 등으로 이루어져 있으며, 쏘뮈르 지역은 석회질이 주류를 이루고 있다. 이곳의 석회질암은 샤또 또는 주택의 건축에 사용되어 왔으며, 석회석 채굴 후 생긴 지하도는 와인 양조 창고인 꺄브로 활용되고 있다. 특히 쌍쎄르는 석회질과 진흙 및 석회 성분의 토양으로 구성되어 다채롭고 미묘한 맛의 화이트 와인을 만드는 배경이 되고 있다.

하류부터 내륙에 이르기까지 평균적으로 이 지방의 사계절이 뚜렷이 나타나지만 기후는 대체적으로 온난한 편이다. 루아르 하류지역의 포도밭은 4개의 지역에 따라 기후가 매우 다르다. 뻬이 낭떼, 앙쥬 쏘뮈르, 뚜렌느 등은 평균적으로 온화한 기후를 누리고 있다. 포도밭은 강에 인접한 서쪽면이나 계단식 밭에 있으며 일조량도 좋으며 대서양으로부터 불어오는 따뜻한 바람의 혜택을 누리는 천혜의 기후 조건을 가지고 있다.

(2) 포도 품종

루아르 와인의 특징은 대부분이 단일 품종으로부터 와인을 생산한다. 루아르 지방에는 프랑스 남서부와 동부 지역으로부터 전해져 온 여러 가지의 포도 품종들이 모여 있다. 각 지역마다 제각기 토양에 맞는 품종이 적응되어 재배되고 있으며, 각 토양에 맞는 독자적인 이름으로 바꾸어 불리게 되었다.

주요 품종은 청포도로 뮈스까데Muscadet와 슈냉 블랑Chenin Blanc이 있다. 쏘비뇽 블랑Sauvignon Blanc 품종으로는 섬세하며 아로마가 풍부한 고급스러운 화이트 와인이 생산된다. 적포도 품종으로는 까베르네 프랑과 까베르네 쏘비뇽 및 갸메 품종이 있다. 그롤로Grolleau 포도로는 로제 와인이 만들어지는 데 가볍고 과일향이 풍부한 로제 당주나 로제 드 루아르 와인의 기본 품종이 된다.

(3) 와인 생산 지역

낭뜨Nantes 지역

루아르 강의 하구에 위치해 있으며 광대한 포도밭이 펼쳐져 있다. 일조량이 좋고 대서양의 영향을 받는 서면에 주로 포도나무가 심어져 있으며 토양은 편암질, 화강암, 충적암 등이다. 뮈스까데 품종만을 이용하여 전통적인 방식인 '쉬르 리Sur Lie' 방식으로 만들어진 뮈스까데 쉬르 리 화이트 와인이 유명하다.

앙주-쏘뮈르Anjou-Saumur 지역

깨끗하고 맑은 기후의 혜택을 받은 앙주지역은 예전부터 와인을 만들기 시작했으며 종류도 다양하다. 앙주지역 토양은 석회질, 편암질 등이며 화이트, 레드 와인 모두 생산되지만 로제 와인이 인기가 많다. 쏘뮈르 지역은 흰색의 석회질 토양 중상부에 와인을 숙성, 저장하기에 이상적인 온도 조건을 갖춘 지하가 있으며, 고품질의 레드 와인이 생산되고 있다.

뚜렌느Touraine 지역

온화한 기후에 펼쳐져 있는 프랑스의 정원으로 뚜르 시를 중심으로 포도밭이 펼쳐져 있다. 토양은 규토질, 점토, 석회질 등이며 포도밭은 일조량이 좋은 서면에 위치하고 있어 좋은 재배 조건을 가지고 있다. Touraine뚜렌느와 Vouvray부브레 지역이 알려져 있다. 특히 부브레의 슈냉블랑 품종을 이용한 발포성 와인인 크레망Cremant은 신선한 맛이 일품이며 시간이 지나면서 향이 짙고 풍부해진다.

중앙 루아르Centre-Loire 지역

루아르 강의 상류, 프랑스 중앙산맥의 일조량이 좋은 언덕에 포도밭이 위치해 있다. 토양의 대부분은 석회질과 소량의 점토질이 섞여 있다. 쌍쎄르Sancerre와 뿨이 퓌메Pouilly-Fume 지역에서는 쏘비뇽 블랑 품종으로 과일향이 풍부한 생기 발랄한 화이트 와인이 생산된다. 시간이 흐르면서 아카시아, 쟈스민 등의 달콤한 향기를 머금은 풍부한 향을 자랑하는 고급 화이트 와인으로 숙성된다.

〈루아르 지방 주요 와인 생산자〉	
1. 디디에 다그노Didier Dagueneau	
2. 파스칼 코타Pascal Cotat	
3. 니꼴라 졸리Nicolas Joly	
4. 에드몽 & 안느 바땅Edmond & Anne Vatan	
5. 도멘 위에Domaine Huet	
6. 알퐁스 멜로Alphonse Mellot	
7. 앙리 부르주와Henri Bourgeois	

〈루아르 지방 주요 와인 생산자〉	
8. 장피에르 로비노 Jean-Pierre Robinot	
9. 조나단 디디에 파비오 Jonathan Didier Pabiot	
10. 프랑수아 꼬따 Francois Cotat	
11. 끌로 루가르 Clos Rougeard	

Chapter 10

구세계 와인

1. 이탈리아 와인

고대 그리스인들은 이탈리아를 '와인의 땅'이라고 불렀을 정도로 로마시대부터 포도 재배가 전파되어 그 역사가 3000년이나 될 뿐만 아니라 세계로 뻗어나간 포도 품종도 많다.

사실 이탈리아는 다른 와인 산지에 비하면 그리 면적이 넓은 국가는 아니다. 그러나 전 국토가 와인을 생산하고 있어서, 생산량이 가장 많은 생산국 가운데 하나이며 다양한 떼루아와 품종이 지역마다 특색이 있는 국가다. 더불어 오래된 전통과 지극히 현대적인 방식을 동시에 추구하고 있는 생산국가이기도 하다.

(1) 떼루아

남북으로 긴 부츠 모양의 국토와 삼면이 바다이기에 지역마다 다양한 기후가 나타나고, 남쪽지방은 화산암 토양이고, 북쪽 지방은 석회질 토양으로 다양한 떼루아를 갖고 있다. 이탈리아가 원산지인 포도 품종은 1000여 종이 있으며, 이 중 400여 종이 와인 생산에 사용된다. 따라서 복잡하고 다양한 스타일의 와인이 만들어지게 된다.

(2) 포도 품종

이탈리아가 원산지인 포도 품종은 셀 수 없이 많아 복잡하고 다양한 스타일 와인이 만들어진다. 이탈리아에서 유명한 와인은 세계적으로도 잘 알려져 있지만 포도 품종은 이 나라 외의 지역에서 발견하기란 쉽지 않다. 토스카나의 주요 품종인 산지오베제나 피에몬테 지역 품종인 네비올로는 프랑스, 스페인, 호주 등지에서는 볼 수 없는 것이 특징이다.

(3) 이탈리아 와인 용어

Vino 비노 : 와인

Annata 아나타 : 수확연도 혹은 빈티지

Bianco 비앙코 : 흰색 와인

Rosso 로소 : 붉은 와인

Rosato 로사토 : 로제 와인

Secco 세코 : 드라이 맛

Dolce 돌체 : 아주 단맛

이탈리아 주요 와인 산지 및 포도 품종

와인 산지	주요 마을	포도 품종
피에몬테 Piemonte	바롤로 Barolo 바르바레스코 Barbaresco 바르베라 다스티 Barbera d'Asti 아스티 Asti 가비 Gavi	청포도 : 아르니에스 모스카토 적포도 : 네비올로 바르베라 돌체토
토스카나 Toscana	부르넬로 디 몬탈치노 Brunello di Montalcino 비노 노벨레 디 몬테풀차노 Vino Nobile di Montepulciano 끼안티 Chianti 끼안티 클라시코 Chianti Classico 베르나차 디 산 지미냐노 Vernaccia di San Gimignano	청포도 : 말바시아 트레이비노 샤르도네 적포도 : 산지오베제 까베르네 쏘비뇽 메를로
베네토 Veneto	프로세코 Prosecco 발포리첼라 Valpoloceela 소아베 Soave 아마로네 Amarone	청포도 : 피노 그리지오 프로세코 적포도 : 코르비나 론디넬라

(4) 와인 생산 지역

이탈리아 어느 곳에서나 포도나무가 잘 자라나기 때문에 모든 지방, 어느 곳에서도 와인이 생산되지 않는 곳이 없다. 이러한 많은 잠재력에도 불구하고 20세기 초까지도 이탈리아 와인은 값싸고 부족하다는 이미지가 있었다.

이에 1963년 와인에 대한 원산지통제명칭법 DOC Denominazione di Origine Controllata 보호를 위한 규칙을 제정하여 높은 수준의 믿을 수 있는 와인 생산이 활발해졌다. 1992년에는 새로운 품질 보증개념의 IGT Indicazione Geografica Tipica 라는 새로운 등급을 만들어 현대적인 와인 양조 방식을 도입하는 등 고품질의 와인을 생산하기 위한 노력을 하고 있다. 현재는 유럽 규정의 품질 등급을 준수하고 있다.

피에몬테, 토스카나 지역 등에서 명성있는 와인을 생산하고 있다. 이탈리아에서 유명한 와인은 세계적으로도 잘 알려져 있지만, 포도 품종은 이 나라 외의 지역에서는 거의 발견하기 어렵다. 끼안띠의 주요 품종인 산지오베제나 바롤로 지역 품종인 네비올로는 프랑스, 스페인, 호주 등지에서는 볼 수 없는 것이 특징이다.

1) 북서부 지역

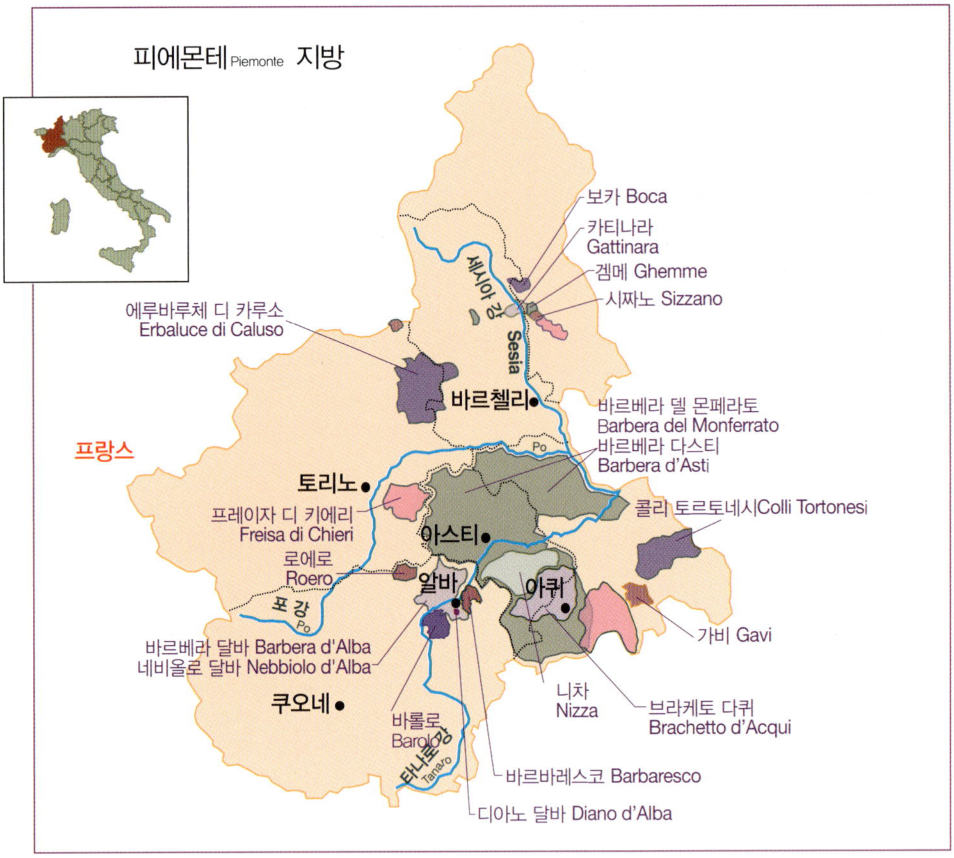

이탈리아 북서부 알프스 산맥이 만들어내는 하얀색 계단식 지형에 자리한 피에몬테 지방은 품질 좋은 레드 와인을 생산하는 곳으로 유명하다. 알프스와 아페니네 산맥에 둘러싸여 지중해에서 불어오는 온화한 바람의 영향을 받아 봄과 가을은 따뜻하고 시원하며 여름은 덥고 건조하다. 겨울은 매우 춥고 눈이 많이 온다.

낮과 밤의 일교차가 크고 가을 수확기에는 짙은 안개가 자주 발생한다. 이 지역의 주요 품종인 네비올로Nebbiolo는 안개라는 뜻을 가진 네비아Nebbia에서 유래되었고 만들어지는 와인들은 숙성이 되면서 진가를 더욱 발휘한다.

피에몬테는 DOC와 DOCG 와인이 40개가 넘게 생산되는 지역이다. 일부 양질의 화이트 와인도 생산되지만, 대부분 레드 와인을 생산하고 있다. 이 와인들은 전형적인 지중해성 기후의 영향으로 포도의 당분 함량이 높고 산도가 약하며, 오크통의 오랜 숙성을 통해 묵직하고 진중한 남성미가 전해지는 특징을 지닌다. 이탈리아 최고급 등급인 DOCG 레드 와인인 바롤로Barolo와 바르바레스코Barbaresco가 피에몬테 지역에서 생산된다.

바롤로와 바르바레스코 와인은 감칠맛 나는 레드 와인으로 쌉쌀하고 진한 맛을 내기도 하고, 텁텁한 맛, 신맛을 내기도 하며 다량의 알코올을 함유하고 있다. 이 와인들은 제비꽃, 장미꽃, 잘 익은 딸기, 땅에서 자라는 송로버섯 향을 낸다. 바롤로는 풀바디이며 토양 풍미가 담겨 있는 스타일로 이탈리아 와인의 왕이라고 부를 만큼 묵직하고 진하다. 반면 바르바레스코는 좀 가벼우며 바롤로보다 바디가 약하지만 우아하고 세련된 맛으로 이탈리아 와인의 여왕이라 부른다.

다른 지역에서 여러 품종을 섞어 만드는 경향이 있는 것과는 반대로, 주로 단일품종인 네비올로로 만든다. 네비올로는 특정한 지역에서만 재배 가능한 포도 품종이다. 탄닌이 많은 네비올로 와인들은 탄닌, 알코올, 산도가 모두 강해서 전체적으로 씁쓸하고 맛이 진한 와인들이다. 강한 몸체를 갖춘 와인이라 30년 이상 장기 숙성시킬 수 있으며 잘 숙성된 와인은 이탈리아 최고급 레드 와인을 만들어 낸다.

이탈리아 피에몬테 지역에서 명품 레드 와인을 생산하는 바롤로와 바르바레스코는 네비올로 포도만을 사용한다. 묵직하고 힘차며 알코올 함량이 높다. 풀바디완정체이며 토양 풍미가 담겨 있는 스타일로 바롤로는 이탈리아 와인의 왕이라고 부를 만큼 묵직하고 진하며 바르바레스코는 우아하고 세련된 맛으로 이탈리아 와인의 여왕이라고 부른다.

피에몬테 지방은 레드 와인 생산이 대부분을 차지하지만 이태리의 주요 고품질의 화이트 와인을 생산한다. 드라이한 화이트 와인 가비gavi와 아르네이스Arneis, 미디움 스위트한 스파클링 와인으로 유명한 아스티Asti 지역이 있다. 특히 모스카토 품종을 가지고 생산하는 모스카토 다스티Moscato d'Asti는 와인 초심자나 여성들에게 알코올이 높지 않고 약한 기포와 약간의 단맛으로 인기를 구가하고 있다.

〈피에몬테 주요 와인 생산자〉			
A. 콘테르노 A. Conterno		마르케시 디 그레시 Marchesi di Gresy	
가야Gaja		부르노 자코사 Bruno Giacosa	
도메니꼬 끌레리꼬 Donenico Clerico		비에띠 Vietti	
로베르토 보에르치오 Roberto Voerzio		체레토Ceretto	
루치아노 산드로네 Luciano Sandrone		폰타나프레다 Fontanafredda	

2) 북동부 지역

베네토Veneto 지방

이탈리아 북동부에 위치한 베네토 지방은 이탈리아 최대 와인 생산지에 속한다. 베네치아를 둘러싼 지역으로 와인에 특유의 문화적 유산을 담아왔다. 프리울리 베네치아 줄리아, 트렌티노 알토 아디제 등 지역은 남쪽으로는 연안지대의 비옥한 평원이 펼쳐져 있고 북쪽으로는 고산 계곡이 뻗어있다.

베네토의 기후는 화이트 와인을 생산하기에 적합하며 가볍고 싱싱한 맛이 특징인 피노 그리지오Pinot Grigio=Pinot Gris와 스파클링 프로세코Prosecco 와인이 대표적이다.

저지대에서는 견과류 향의 소아베Soave라는 프르티한 맛이 나는 연한 노란색의 화이트 와인과 섬세하고 상큼한 발폴리첼라Valporicella, 발도리노Bardolino 레드 와인이 유명하다. 이들 와인은 고급 와인은 아니지만 누구나 부담 없이 즐길 수 있는 대중적 와인이면서 긴 숙성이 필요 없는 가볍고 신선한 와인이다. 또 수확한 포도를 그늘에서 2~3개월 건조시켜 만든 레초토Recioto와 스파클링 와인인 프로세코Prosecco는 전 세계 스파클링 와인 소비 트렌드로 유명해 지고 있다.

베네토 지역은 최근에 이탈리아 와인의 가장 큰 생산지가 되었으며, 이 중에는 DOC 나 DOCG 등급을 받은 와인도 많이 포함되어 있다. 이러한 흐름을 이끄는 것은 베로나 트리오인 소아베, 발폴리첼라, 바르돌리노 와인이다. 그 중 발폴리첼라Vapolicella는 코르비나Corvina, 론디넬라Rondinella, 몰리나라Molinara 포도를 혼합하여 만든다.

발폴리첼라는 상대적으로 덜 숙성시켜 마시는 드라이한 와인으로, 베로나 북부 언덕에 있는 포도밭에서 생산되는 포도를 건조시켜 아주 드라이한 아마로네 델라 발폴리첼라Amarone della Vapolicella, 또는 스위트한 레쵸토 델라 발폴리첼라Recioto della Valpolicella로 만들기도 한다. 아마로네는 이탈리아에서 숙성된 레드 와인으로 우수한 레드 와인 중 하나로 인정받고 있다.

3) 중부지역

토스카나Toscana 지방

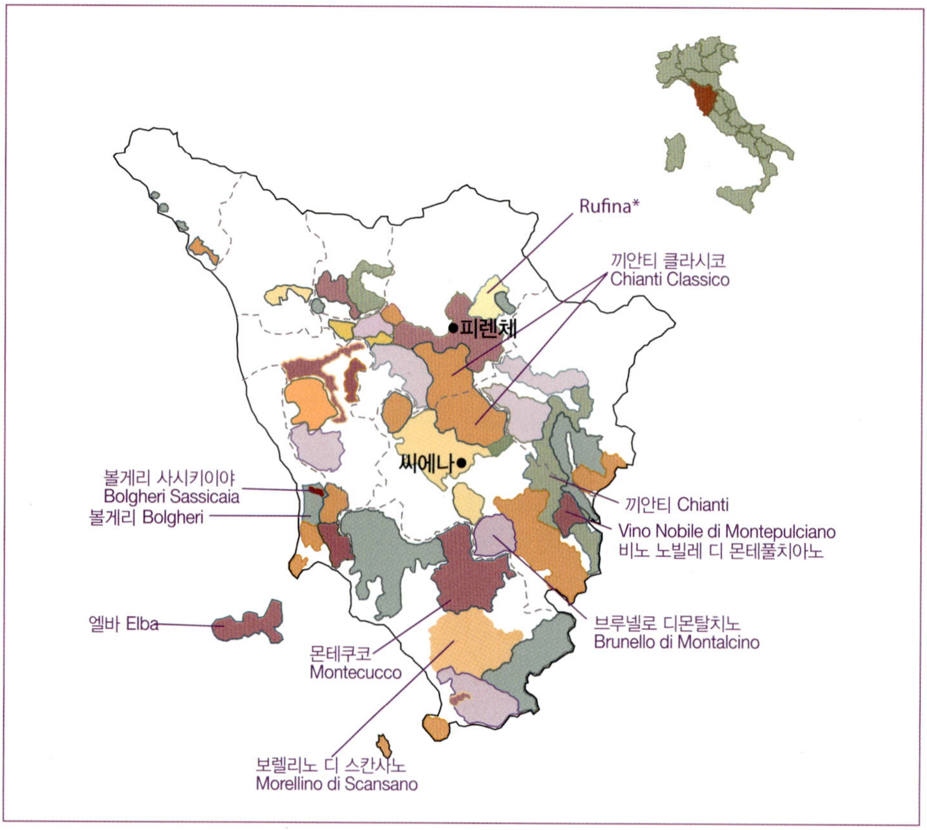

이탈리아 중부에 자리한 토스카나 지방은 최대의 와인 산지로 고대 문화 유적과 현대 문명이 조화를 이룬 곳이다. 대부분 완만한 기복의 언덕으로 되어 있어서 토양과 기후가 다양하며 온화하고 밤이 서늘하여 포도의 산도가 잘 보존될 수 있는 떼루아를 가졌다.

배수가 잘되는 언덕 및 모래와 석회석으로 이루어진 토양에 수많은 포도 품종이 재배되고 있다. 대다수가 레드이며 토스카나의 레드 와인은 자생종인 산지오베제 Sangiovese 포도를 주로 사용하며, 통상적으로 다른 품종과의 블렌딩에서 주원료로 쓰인다.

제우스의 피Sangue Di Giove에서 유래된 산지오베제 품종은 끼안띠 지역에서 유명하며 토스카나가 최대의 생산지이다. 끼안띠에는 3가지 자체 등급이 있는 데 '끼안띠'는 일반 와인이며, '수페리에Superiore'는 고급 와인, 그리고 전통적인 생산방식을 이용하여 한정된 양만을 만들어 내는 '클라시코Classico'가 있다. 끼안띠 클라시코에는 수탉 모양이 그려져 있는데, 빨간 색은 젊은 끼안이고, 노란색은 오래된 끼안띠로 숙성년도에 따라 두 가지로 구분한다.

부르넬로 디 몬탈치노Brunello di Montalcino는 몬탈치노 언덕의 꼭대기에 자리잡은 포도원에서 산지오베제의 두꺼운 껍질의 변종 부루넬로Brunello라는 품종을 100% 사용하여 만들고 있으며 과일향이 풍부하면서 풀바디인 고급 와인으로 전통적인 방법으로 오랜기간 숙성시킨 와인이다. 깊이 있고 짙은 빛깔에 숙성될수록 가치도 더 높다.

와인 법령에 의해 오크통에서 2년, 병입 후 2년, 도합 4년의 숙성을 거쳐야 한다. 1970년대부터 그 진가가 알려져 현재 세계 최고의 훌륭한 와인 가운데 하나로 인정받고 있다. 비노 노빌레 디 몬테풀치아노Vino Nobile di Montepulciano는 몬테풀치아노 마을의 명품 와인으로 산지오베제를 주품종으로 하여 고급 와인이 생산되고 있다.

그 밖에 '슈퍼 토스카나'로 분류되는 와인들이 있다. 메를로나 까베르네 쏘비뇽과 같은 보르도 품종에 토스카나 지방 고유의 품종인 산지오베제를 블렌딩하거나 아니면 단일품종으로 만들어진 독특한 스타일의 와인을 말한다. 대표적으로 티냐넬로Tinanello, 사씨까이아Sassicaia, 오르넬라이아Ornellaia와 솔라이아Solaia 등의 와인이 있다.

〈토스카나 주요 와인 생산자〉			
사씨까이아 Sassicaia		솔라이아 Solaia	
레디가피 Redigaffi		오르넬라이아 Ornellaia	
마세토 Masseto		티냐넬로 Tignanello	
비온디 산티 Biondi Santi		펠시나 Felsina	

4) 남부 지역

이탈리아 남부 지역은 오랜 와인 역사에도 불구하고 일반적으로 레드 와인 생산지였으나 최근 잠재성을 지닌 우수 와인 생산지로 부상하고 있다. 산악과 해안 저지대가 위주인 이 지역의 문화와 경제는 여전히 농업과 어업에 뿌리를 두고 있다. 대부분 현지 요리에 잘 맞는 향신료와 과일 향미가 강한 드라이한 와인으로 이탈리아뿐 아니라 전 세계에 수출이 잘 되고 있다.

아브루초 Abruzzo 또는 아브루치 Abruzzi 라고 부르는 지역 포도밭은 아펜니노 Apennins 산맥에서 아드리아해까지 이어지는 구릉지대에 펼쳐져 있으며 토양은 점토-석회암, 충적토, 모래, 자갈로 구성되어 있다. 기후는 아드리아해 연안의 미풍과 풍부한 햇빛, 건조한 기후로 포도 재배에 최적의 떼루아를 형성하고 있다. 국내에서도 잘 알려져 있는 몬테풀치아노 품종으로 만든 "몬테풀치아노 다부르조 Montepulciano d'Abruzzo" 와인은 과일향이 풍부하고 마시기에 편한 중간대 무게감의 레드 와인으로 인기를 얻고 있다.

캄파니아는 이탈리아 반도의 서남부에 자리 잡고 있으며 비옥한 땅' 혹은 '풍부한 땅'에서 유래했다. 레드 와인이 화이트에 비해 다소 우위를 보인다. 이름난 와인 산지로 타우라지 Taurasi, 알리아니코 델 타부르노 Aglianico del Taburno, 피아노 디 아벨리노 Fiano di Avellino 와 그레코 디 투포 Greco di Tufo 가 있다.

특히 타우라지는 '남부의 바롤로'라 하며, 이 지역 최고의 레드 와인을 생산하고 있다. 이곳에서 재배되는 알리아니코 품종은 캄파니아 구릉지, 화산토가 최적의 재배지로 알려져 있다.

시칠리아 Sicilio

이탈리아 본토와 메시나 해협을 사이에 두고 있는 시칠리아는 전체 10분의 8이 산과 구릉으로 이루어져 있다. 일조량이 풍부하고 건조하며, 아프리카에서 불어오는 무더운 바람 때문에 여름의 한낮 기온은 아주 높고, 밤은 시원한 일교차가 심하다. 와인 생산에 좋은 조건을 갖추고 있어 지중해 기후 지대의 특징을 가장 잘 보여주는 지역 중 하나로 오래된 포도재배와 와인 생산의 전통을 간직하고 있다.

이탈리아 포도 재배의 17%, 와인 생산의 6분의 1을 담당하고 있으며, 현재 이탈리아의 가장 혁신적인 와인 산업 지역으로 손꼽히고 있다. 이탈리아의 다른 어느 지역보다 많은 포도밭을 가지고 있지만 최근 들어 생산량보다는 품질을 강조하는 추세와 함께 전체적인 생산량이 감소하고 있는 상태다.

이탈리아 주요 와인 산지 및 포도 품종

와인 산지	주요 마을	포도 품종
피에몬테 Piemonte	바롤로 Barolo	청포도 : 아르네이스 Arneis, 모스카토 Moscato 적포도 : 네비올로, 바르베라, 돌체토
	바르바레스코 Barbaresco	
	바르베라 다스티 Barbera d'Asti	
	아스티 Asti	
	가비 Gavi	
토스카나	부르넬로 디 몬탈치노 Brunello di Montalcino	청포도 : 말바시아, 트레이비노, 샤르도네 적포도 : 산지오베제, 까베르네 쏘비뇽, 메를로
	비노 노빌레 디 몬테풀치아노 Vino Nobile di Montepulciano	
	끼안띠 Chianti	
	끼안띠 클라시코 Chianti Classico	
	베르나차 디 산 지미냐노 Vernaccia di San Gimignano	
베네토 Veneto	프로세코 Prosecco	청포도 : 삐노 그리지오, 프로세코 적포도 : 코르비나, 론디넬라
	발포리첼라 Valpoloceela	
	소아베 Soave	
	아마로네 Amarone	

2. 독일 와인

독일 와인 역사가 중세시대로까지 거슬러 올라가지만, 상대적으로 서늘한 기후로 말미암아 늦게 발전하였다. 이로 인해 독일은 화이트 와인의 본고장이라고 부를 정도로 독일 와인 생산량의 85% 가량을 화이트 와인이 차지하고 있다. 종류와 맛도 다양하고, 품질도 우수한 화이트 와인이 여러 지역에서 생산되고 있다.

독일 화이트 와인은 알코올 도수가 낮고 단맛이 있으며 가볍게 마시는 와인이라고 여기겠지만, 최근에는 알코올 도수가 높고 품격있는 드라이한 고급 화이트 와인이 생산되고 있다. 독일산 고급 화이트 와인은 세계적으로 가장 우아한 와인에 속하며, 수십 년 이상 숙성이 가능하다. 상대적으로 불리한 환경에서도 끊임없는 기술 개발과 투자, 그리고 노력이 더해짐으로써 오늘날 독일 와인의 모습이 만들어졌다.

독일의 와인 양조는 기원전 100년 경에 이 지역을 정복한 고대 로마인과 함께 시작되었다. 중세시대에는 수도사들이 공들여 포도원을 가꾸었는데, 이 포도원들은 오늘날 독일에서 가장 유명한 곳으로 손꼽힌다. 종교전쟁인 30년 전쟁은 독일 와인 산업을 가로막는 걸림돌이 되었지만 끈질긴 노력으로 조금씩 회복했고 19세기 들어 라인가우의 리슬링 와인은 세계 최고로 인정받게 된다. 하지만 19세기 후반 필록세라의 창궐로 인해 포도밭이 폐허가 되었고 산업혁명으로 농촌인구가 대거 도시로 이주되면서 와인산업은 결정타를 맞게 된다.

그 후 두 차례의 세계대전으로 와인 산업이 어려움을 겪게 되며, 독일 와인에 대한 평판도 떨어진다. 하지만 1971년 독일 정부가 새로운 와인법을 마련하고 품질 개선을 위한 피와 땀의 결과 독일의 와인 역사는 새로이 화려한 막을 열게 되었다.

(1) 떼루아

독일의 포도원들은 포도재배 북방 한계선에 위치하고 있다. 포도밭은 날씨가 춥고 일조량이 적어 강가의 높은 곳에 있으며 대부분 남쪽을 향하고 있고 반사광을 이용한다. 라인 강과 모젤 강 계곡이나 그 지류에 위치하여 강에서 반사되는 햇빛을 모아 온기를 더해준다. 포도 재배지역은 주로 점판암이나 현무암으로 열을 보존하는 토양과 바위가 있는 곳에 형성되어 있다.

독일의 쌀쌀한 기후에서 재배되는 포도는 상큼한 맛에 저알코올이 특징이며, 드라이 와인일 경우에는 장기 숙성이 필요하지는 않다. 그만큼 독일에서는 햇빛에 따라 좌우되는 당도와 풍미를 중심으로 독특한 프레디카트Pradikat 와인 등급 체제를 발전시켰다. 이는, 수확 당시의 당분 함량별 포도의 숙성도에 따라 등급을 정하는 체제다. 포도의 숙성도는 아주 다양해서 포도원의 위치만이 아니라 빈티지에 따라서도 다르게 나타난다.

(2) 포도 품종

독일 주요 와인 산지 및 포도 품종

와인 산지	포도 품종
모젤-잘-루베Mosel-Saar-Ruwer	리슬링Riesling, 뮐러투르가우Muller-Thurgau, 엘블링Elbling
라인가우Rheingau	리슬링Riesling, 슈페트버건더Spatburgunder
라인헤센Rheinhessen	리슬링Riesling, 뮐러투르가우Muller-Thurgau, 켈러Kerner, 실바너Silvaner, 바쿠스Bacchus
팔츠Pfalz	리슬링Riesling, 뮐러투르가우Muller-Thurgau, 켈러Kerner, 포르투기저Portugieser, 실바너Silvaner, 슈레베Scheurebe

(3) 와인 생산 지역

독일의 와인 생산지는 총 13개 지역으로 라인가우Rheingau, 라인헤센Rheinhessen, 모젤Mosel, 팔츠Pfalz, 아르Ahr, 미텔라인Mittelrhein, 잘레 운스투르크Saale-Unstrut, 작센Sachsen, 나헤Nahe, 프랑켄Franken, 뷔르템베르크Wurttemgerg, 바덴Baden, 헤세 베르크슈트라세Hess, Bergstr 등이다.

모젤 Mosel, Mosel-Saar-Ruwer 지방

모젤 강 유역과 그 지류인 자르와 루베르 지방은 리슬링의 본고장으로 살짝 단맛에 사과향의 화이트 와인을 생산한다. 고대 로마인들이 BC 2000경부터 포도나무를 심었으며, 이 곳의 포도밭은 와인을 만들기에 훌륭한 떼루아를 갖추고 있다. 강 연안에 자리잡은 포도밭은 대부분 강을 바라다보는 높은 고지대나 비탈길에 있고 전판암 토양에서 자라기 때문이다. 그래서 독일 와인 가운데 가벼운 와인을 생산하지만 좋은 산도와 우아하고 생기 있는 화이트 맛을 나타낸다.

북위 50도의 북부 한계선에 위치하고 있어 대륙성 기후이고 적당한 강수량과 계절별 온도차이와 일교차가 커서 포도의 산도 유지에 유리하다. 포도가 충분히 익기에는 어려운 연간 일조량은 1,358 시간 정도지만 강물의 반사광을 이용하여 부족한 일조량을 보충하고, 최대 70도 경사로 부족한 일조량을 향상시켰다.

모젤은 리슬링 포도 품종 비율이 60%를 차지하여 리슬링의 본고장이라 할 수 있다. 이어 뮐러-트루가우Muller-Thurgau 14.5%, 엘블링 6.4% 순으로 재배되고 있다. 가벼운 와인뿐 아니라 품질 좋은 산도와 우아한 고급 리슬링 화이트 명품들도 생산한다.

라인가우Rheingau 지방

비스바덴Wiesbden에서 시작하여 라인 강 기슭에 위치한 로르히Lorch까지의 지역을 말한다. 리슬링과 슈페트부르군더 포도나무가 '타우너스 언덕Taunus Hils'을 뒤덮고 있는 지역이다. 이곳은 독일에서 가장 적은 규모의 와인 생산지이다.

하지만 고품질의 고급 와인을 생산하고 있어서 주목받는 지방이다. 타우니스 산맥 덕택에 겨울은 온화하고 여름은 따뜻하다. 점판암과 점토 그리고 황토 등의 토양은 화이트 와인 생산에 훌륭한 떼루아를 선사한다.

이곳은 1775년 요하니스베르그에서 "우연한 행운"으로 만들어졌던 슈페트레제Spaetlese 늦은 수확으로 디저트 와인이 발견된 곳이며 이는 독일산 와인의 명성을 알린 보트리티스botrytis 와인의 시초가 되었다. 대부분 소규모 와이너리가 모여 있고, 라인강에서 피어오르는 가을 안개는 프랑스의 쏘떼른의 스위트 와인과 마찬가지로 귀부 포도 생성에 도움을 준다. 주요 품종으로는 리슬링이 대부분 차지하며, 슈페트부르군더, 뮐러-투르가우Muller-Thurgau가 조금씩 재배되고 있다.

라인헤센Rheinhessen 지방

1000개의 언덕이 있는 강기슭이라 불리는 라인헤센 지방은 라인 강이 보름스에서 마인츠로 다시 빙겐으로 흐르면서 꺾어지는 ㄱ자형 지대로 독일에서 제일 큰 와인 생산지이다. 이 지방의 와인은 주로 대중적인 화이트 와인이다. 그런데 리브프라우밀히Liebfraumilch라는 부드러운 화이트 와인이 와인 애호가들의 사랑을 받으면서, 라이헤센 지방 역시 더욱 유명해졌다.

한편 리안테라세Rheinterrasse로 알려진 라인 강의 서쪽 경사지는 독일의 다른 지역과 달리 불그스름한 사암과 점판암이 섞여 있다. 이 토양에서 생산되는 리슬링은 흙냄새가 나고 과즙의 풍미가 풍부하며, 잔에서 풍겨 나와 입맛을 다시게 하는 과일향을 자랑한다.

팔츠Pfaltz

라인헤센과 비슷한 크기의 비교적 온화한 기후 조건을 가지고 있다. 깊고 풍부한 맛의 화이트 와인 생산으로 애호가들로부터 가성비 높은 와인으로 사랑받고 있다.

독일 주요 와인 산지 및 포도 품종

와인 산지	포도 품종
모젤-잘-루베Mosel-Saar-Ruwer	리슬링Riesling, 뮐러투르가우Muller-Thurgau, 엘블링Elbling
라인가우Rheingau	리슬링Riesling, 슈페트버건더Spatburgunder
라인헤센Rheinhessen	리슬링Riesling, 뮐러투르가우Muller-Thurgau, 케르너Kerner, 실바너Silvaner, 바쿠스Bacchus
팔쯔Pfalz	리슬링Riesling, 뮐러투르가우Muller-Thurgau, 케르너Kerner, 포르투기저Portugieser, 실바너Silvaner, 슈레베Scheurebe

〈독일 주요 와인 생산자〉	
닥터 버클린 볼프 Dr. Burklin-Wolf	
닥터 하 타니쉬-에벤 타니쉬 Wwe Dr.H.Thanisch-Erben Thanisch	
라이히스라프 폰 케셀슈타트 Reichsgraf Von Kesselstatt	
바인구트 닥터 루젠 Weingut Dr. Loosen	
바인구트 로버트 바일 Weingut Robert Weil	
바인구트 뮐러 카토이르 Weingut Muller-Catoir	
바인구트 쌍 우어반스 호프 Weingut Sankt Urbans Hof	
바인구트 프륌 Weingut Joh.Jos.Prum	
바인구트 프리츠 학 Weingut Fritz Haag	

〈독일 주요 와인 생산자〉	
바인구트 헤이만 뢰벤슈타인 Weingut Heymann–Lowenstein	
슐로스 요하니스베르그 Schloss Johannisberg	

3. 스페인 와인

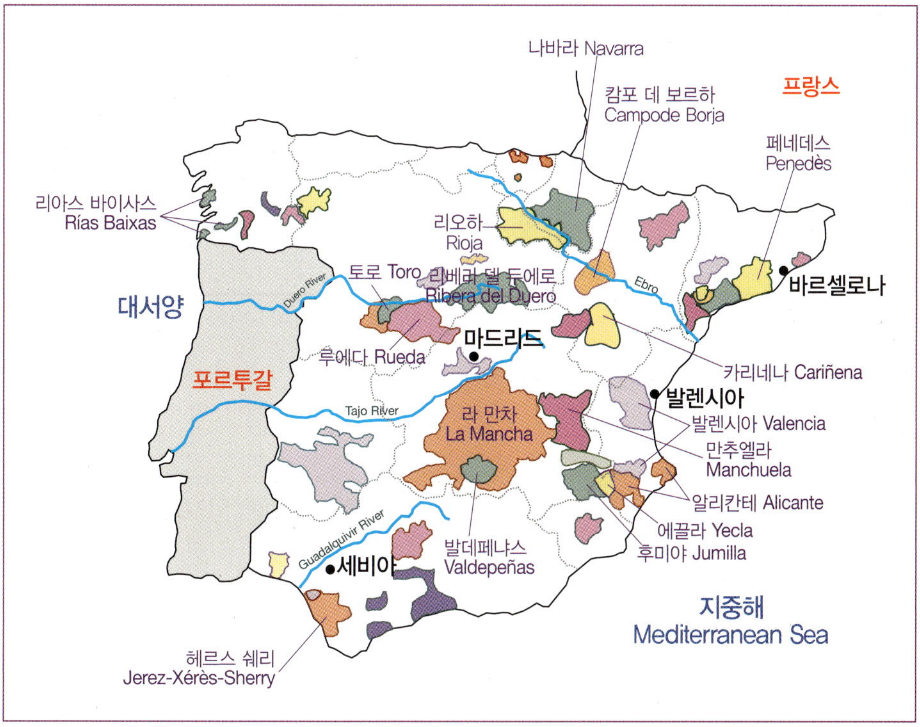

(1) 역사

이베리아 반도에 위치한 스페인은 포도밭 면적이 세계에서 가장 넓은 국가이지만 와인 생산은 이탈리아, 프랑스 다음으로 세계 3위이다.

스페인에서는 다양한 기후 특징으로 개성있는 와인들이 많고, 유럽의 와인답게 그 역사도 깊다. BC 950년경부터 페니키아인들이 스페인 남부에 있는 '카디즈Cadiz에 와서 포도 재배를 하였지만 본격적으로 시작된 건 로마시대부터다. BC 200년경 와인 산업은 활성화되었으며 로마에까지 수출하기도 하였다.

로마제국이 쇠락하고 북방의 이베리아인의 침략으로 인해 스페인 와인의 생산은 잠시 중단되는 상황을 겪었으며, 8세기에 아랍의 지배하에 발효주의 생산을 금하는 코란Koran이 전파되자 와인 생산은 더욱 침체되었다.

스페인 와인이 재도약하게 된 것은 카톨릭 국왕에 의해 스페인이 통치되기 시작한 때부터이다. 특히 수도회를 비롯한 종교의식에 사용될 와인이 필요하게 되면서 와인 양조의 전통을 복구하는 데 지대한 공헌을 하였다. 와인은 그들의 종교의식과 순례자들에게 필수적이었으며, 수도원과 성당을 중심으로 포도 재배와 와인 양조가 다시 번성하게 된 것이다.

또한 19세기 북유럽 대륙 전반에서 발생한 필록세라 감염으로 포도밭의 수난시대를 겪을 때 프랑스 와인업체들이 그들의 포도나무와 양조기술을 가지고 피레네Pyrenees 남쪽으로 터전을 옮겼다. 오늘날 리오하La Rioja와 두에로Ribera del Duero 지역에 위치한 까베르네 쏘비뇽과 메를로 포도밭의 역사가 이 시기로 거슬러 올라간다.

20세기에 와서 스페인 와인은 혁신의 조짐이 보이기 시작했고 오래되고 낡은 기술들은 새로운 기술들로 대체해 갔지만 2차 세계대전으로 와인산업은 한동안 침체기를 벗어나지 못하다가 1950년대에 들어서면서 서서히 복구되기 시작하였다. 수많은 포도밭과 와이너리들이 재정비되고 현대화 되었으며, 스스로 와인 품질을 높이려는 새로운 시도를 활발하게 하는 등 현대화와 더불어 옛날 방식을 존중하면서 스페인만의 풍미를 지닌 와인으로 새로운 황금시대를 열고 있다.

(2) 스페인 와인 용어

비노Vino : 와인

블랑코Blanco : 화이트

틴토Tinto : 레드

로사도Rosado : 로제

세코Seco : 드라이

둘세Dulce : 스위트

(3) 떼루아

스페인은 세계에서 가장 넓은 포도밭을 가지고 있지만, 날씨가 건조하고 관개시설이 빈약하여 생산성이 좋지 않고, 또 오래된 포도나무가 많아 수확량이 적은데다 이들 포도나무가 대단히 건조하고 메마른 땅에서 자라나기 때문에 재배 면적에 비해 생산량은 많지 않다.

스페인은 기후, 식생에 있어서 지역 간의 차이가 크다. 대서양 연안은 연중 비가 고르게 내리며 겨울에는 따뜻하고 여름에는 시원한 서안해양성 기후이다. 내륙은 추운 겨울과 덥고 건조한 여름이 계속되는 대륙성 기후이며, 지중해 연안은 온난하고 습윤한 겨울과 건조한 여름의 지중해성 기후이며 남부는 사하라 고기압 영향으로 덥고 건조하다.

(4) 포도 품종

스페인 주요 와인 산지 및 포도 품종

와인 산지	포도 품종
리오하Rioja	청포도 : 가르나차 블랑카, 말바시아 적포도 : 템프라니요, 가르나차
레베라 델 두에로Ribera Del Duero	적포도 : 틴토 피노, 가르나차, 까베르네 쏘비뇽
셰리Sherry	모스카델, 팔로미노, 페드로 히메네스
페네데스Penedes	청포도 : 샤르도네, 마카베오, 파레야다. 적포도 : 가르나차, 카리네나, 모나스트렐, 메를로

(5) 와인 생산 지역

최근 현대적인 방식을 도입하여 새롭게 변신을 꾀하면서 스페인 와인은 품질대비 가성비 있는 와인 생산으로 호평을 얻어 부흥기를 맞고 있다.

이 가운데 고급와인을 생산하는 산지는 주로 북부지역에 위치하는데, 리오하Rioja, 리베라 델 두에로Ribera del Duero 그리고 페네데스Penedes가 그 지역들이다.

특히 리베라 델 두에로 지역은 '스페인의 떠오르는 산지'라 불릴 정도로 그 맛과 품질의 우수성을 자랑하고 있다. 그리고 화이트 와인으로 유명한 리아스 바이사스Rias Baixas와 식전주로 유명한 세리 와인이 생산되는 헤레스Jerez가 있다.

스페인의 포도원들은 전통적으로 강렬함을 기준으로 와인을 판단해서 출시 전에 통 속에서의 장기 숙성을 거친다. 스페인에서는 법으로 정하고 있으며 레이블에 크리안자, 리세르바, 그란 리세르바 등급을 사용하여 오크통과 병에서 추가 숙성을 거친 뛰어난 품질의 와인임을 증명하고 있다. 등급 와인의 경우, 그 숙성 기간에 따라 수확 후 최소 2년이다.

1) 리오하Rioja 지방

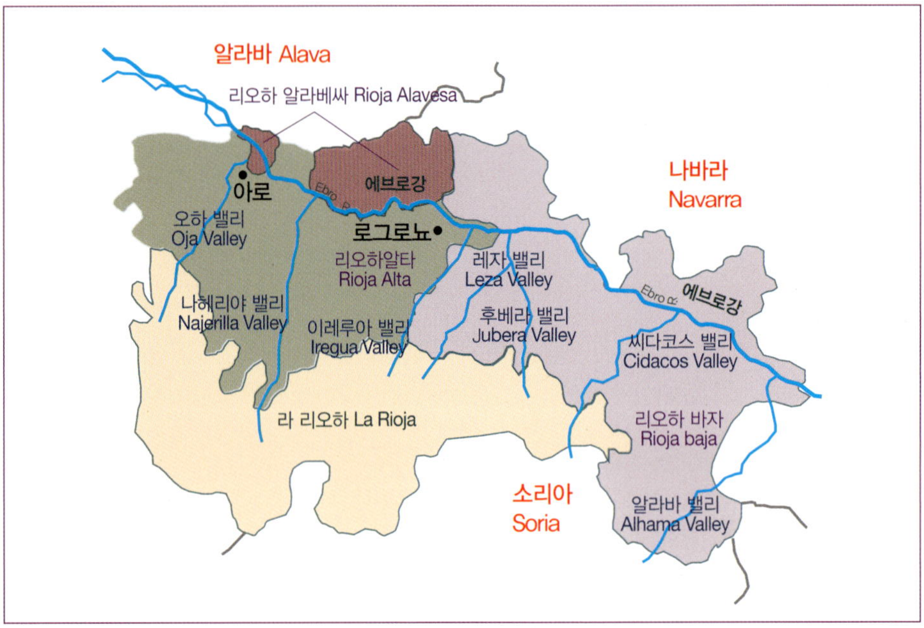

스페인 북부, 에브로Ebro 강이 흐르는 리오하 지방은 부드러운 오크향의 레드 와인으로 높은 품질의 와인들이 증가하고 있는, 스페인에서는 가장 유명한 포도 산지이다. 스페인에서는 최고인 DO급 와인을 가장 많이 생산하는 지역이기도 하다.

보르도인들이 이 지역에 이주하여 개발한 산지로 19세기 후반 필록세라 병으로 피해를 입은 보르도 와인 생산자들이 당시 필록세라의 영향이 미치지 않은 이곳에 와서 포도 재배와 양조를 하였다. 그래서 프랑스의 발달된 양조기술이 도입되었고, 보르도 지방의 대표적 품종인 까베르네 쏘비뇽이 많이 재배되고 있다.

그 밖에도 독자적인 품종인 템프라니요라는 토착품종으로도 삐노 누아와 같은 섬세한 맛이 나는 와인을 만들고 있다.

리오하 지역에서 주로 재배되는 품종은 총 7종류로, 템프라니요Tempranillo, 그라나차Granacha, 마주엘로Mazuelo, 그라시아노Graciano의 레드 와인 품종과, 비우라Viura 말바시아드 리오하Malvasia de Rioja, 그라나차 블랑카Granacha Blanca의 화이트 와인 품종이 있다.

특히 템프라니요 품종은 스페인 와인 품종의 최고봉이며, 우아하고 짙은 향과 맛의 복합성을 지니고 있고 숙성력 또한 뛰어난 와인을 생산해 낸다. 템프라니요를 주축으로 한 리오하의 레드 와인은 알코올 농도, 컬러, 산도에서 훌륭한 균형을 보여준다. 뛰어난 바디감과 함께 부드럽고 우아한 맛을 지니고 있으며, 숙성을 거치면서 벨벳 같은 부드러움을 선사한다.

이러한 특성 덕분에 리오하 와인은 다양한 음식과 매칭될 수 있는 장점 또한 가지고 있다.

1925년, 스페인에서 최초로 DO등급 와인산지로 지정된 리오하는, 1991년에 DOCa Qualified Designation of Origin로 승격되어 일관성과 높은 품질을 갖춘 와인을 생산하는 산지로 다시 한번 자리잡았다. 오늘날 리오하 지역은 세계에서 가장 위대한 5대 와인산지에 속하는 명성을 구가하고 있다.

〈리오하 와인 등급〉

크리안사Crianza
최소 1년의 오크통 숙성을 포함해 2년 간의 숙성기간을 거친 후 출시

리세르바Reserva
최소 1년의 오크통 숙성을 포함해 3년 간의 숙성 기간을 거친 후 출시

그란 리세르바Gran Reserva
최소 2년 동안 오크통 숙성을 포함해 5~7년 동안 숙성 후 출시

2) 리베라 델 두에로Ribera del Duero

리베라 델 두에로는 바위투성이의 고원과 험한 암층지대로 이루어진 거친 곳이다. 이곳의 오래된 포도나무들은 험한 토양에서 힘겹게 줄기를 뻗고 나와 옹이가 박혀 있다. 기후는 온화하여 두에로 강둑을 따라 템프라니요가 주요 품종으로 재배되고 농후하고 강렬한 와인으로 양조된다. 스페인에서 가장 유명하고 값비싼 레드 와인인 베가 시실리아Vega-Sicilia의 우니코Unico와 페스케라Pesquera가 이곳에서 생산된다.

최근 놀라운 성장을 보여주고 있으며 좋은 와인들이 많이 생산되고 있다. 국내에서도 가성비 뛰어난 이곳 와인들이 많아 스페인의 주요 산지로 인식되고 있다.

3) 페네데스 Penedes 지방

바르셀로나의 남서쪽 해안을 따라 형성된 페네데스 지역은 스페인에서 중요한 와인 생산지역 중의 하나로 스페인 근대 양조기술의 중심지이며 카바Cava가 유명하다. 카바는 스파클링 와인으로서 그 맛과 양조방법이 샴페인과 비슷하다. 그런데 가격이 저렴하고 맛도 좋아 많은 인기를 얻고 있는 와인이다. 샴페인처럼 파티나 식전주 또는 가벼운 모임에 즐겨 마신다.

페네데스 지방은 해발 800m의 고지대로 서늘해서 뻬노 누아나 리슬링 등이 재배되고 있으며 가볍고 상쾌한 느낌의 와인이 생산된다. 꼬도르니유Codorniu와 프레이세넷Freixenet 2개의 대형 카바 양조장이 있다.

4) 헤레스 Jerez 지방

헤레스는 스페인 남부 대서양 연안에 위치하고 있다. 스페인의 역사적인 지역이면서 높은 품질과 최상의 가치 있는 와인 산지이자 셰리 와인의 본고장이다. 대서양의 영향을 받지만 지중해성 기후이며, 겨울은 짧고 온화하고 여름은 길고 건조하며 무덥다.

스페인이 와인 생산국으로서 유명해질 수 있었던 건 무엇보다도 햇빛에 건조시킨 포도로 만드는 셰리라는 와인이 있었기 때문이다. 견과류 향이 나면서 알코올 도수가 높고 주정강화 와인 셰리는 차게 해서 식전주로 마시면 좋다.

〈스페인 주요 와인 생산자〉	
1. 보데가 베가 시칠리아Bodegas Vega Sicilia	
2. 마르케스 데 리스칼Marques de Riscal	

〈계속〉

〈스페인 주요 와인 생산자〉	
3. 마르케스 데 무리에타 Marques de Murrieta	
4. 마르케스 데 카세레스 Marques de Caceres	
5. 보데가 비노도스 알토 Bodegas y vinedos Aalto	
6. 보데가 콘타도르 Bodegas Contador	
7. 보데가스 무가 Bodegas Muga	
8. 아르타디 Artadi	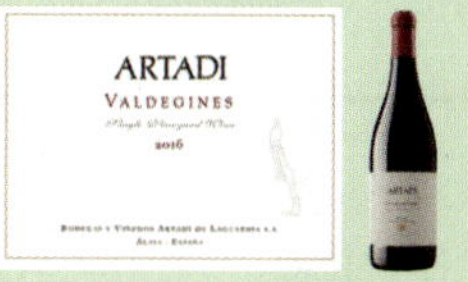
9. 알바로 팔라시오스 Alvaro Palacios	
10. 타리마 Tarima	
11. 틴토 페스케라 Tinto Pesquera	

4. 포르투갈 와인

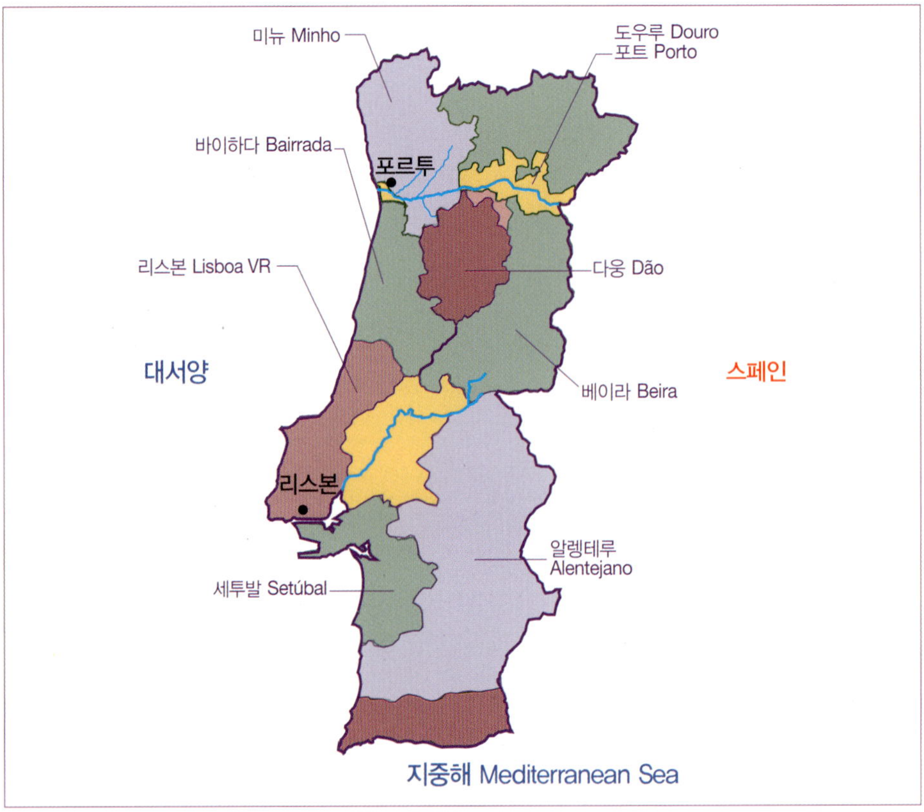

고대 그리스 로마시대부터 와인을 만들어온 포르투갈은 와인 양조가 현대화된 지금까지도 유럽에서 가장 전통에 충실한 나라로 남아있다. 세계적으로 알려진 포트Port 와인은 포르투갈에서 가장 유명한 와인이며, 수세기 동안 지속된 전통방식으로 아직도 세심하게 손으로 만든다. 포트 와인과 함께 달콤 새콤하며 견과류 맛이 나는 화이트 마데이라 와인, 거품이 올라오는 가벼운 화이트 와인인 비뉴 베르도, 마테우스 로제 또한 빼놓을 수 없는 와인들이다.

과거에는 포트 와인을 주로 만들었지만 1980년대 후반 들어 급격한 변화가 찾아왔다. 와이너리들이 현대화되고 장비 구입과 포도원 개선에 새로운 자금이 투자되면서, 레드 와인 품질이 급상승하기 시작했다. 오늘날 와인 양조장들은 가볍게 마시는 저렴한 와인 대신 고급 와인을 더 많이 만들고 있으며, 유명한 포트 회사들도 테이블 와인 비즈니스에 뛰어들고 있다.

포르투갈은 세계 유산으로 UNESCO에 의하여 보호되는 2개의 와인 생산지역을 가지고 있는데, 바로 도우로Douro와 피쿠Pico섬이다. 또한 약 500종이 넘는 아주 다양한 토착 개량품종이 존재하고 있다. 아직 유럽 와인 생산국으로는 변방에 있지만 계속 발전하고 있고 가능성 또한 많은 국가다.

(1) 떼루아

옛부터 포르투갈의 포도나무는 무시무시한 생존 투쟁을 벌여야 했다. 토양이 상당 부분 메마른데다, 여름철은 참을 수 없을 만큼 뜨겁기 때문이다. 특히 북동부는 땅이 울퉁불퉁하고 가파르며 지나다니기 힘들 정도로 포도밭 떼루아는 척박하다.

(2) 와인 산지

1) 도우로Douro

포트 와인의 명산지인 도우로에는 포르뚜Porto라는 항구가 있는데, 포트라는 이름은 바로 이 항구 이름에서 비롯된 것이라 한다. 영국과 프랑스와의 100년 전쟁으로 영국이 와인 수입을 프랑스에서 포르투갈로 변경하게 된다. 하지만 배로 수송하는 과정에서 와인이 변질되는 경우가 빈번하게 발생하자 이를 해결하기 위해 브랜디를 첨가하여 보존성을 높이기 위한 것이 포트 와인이 탄생하게 된 배경이다.

포트 와인은, 주정강화 와인하면 가장 먼저 떠오를 정도로 주정강화 와인의 대명사로 아주 달콤하면서 힘찬 강화 와인이다. 아직도 수세기 동안 지속된 전통방식으로 세심하게 손으로 만든다. 포트 와인은 색깔과 숙성기간에 따라 여러 종류로 나뉜다.

포트 와인은 발효 중에 중성 포도 브랜디가 첨가되며, 이로써 발효를 멈추고 잔당이 9~11% 단맛이 강하며, 숙성을 통하여 부드러워지고, 스위트한 편이다.

아크아디엔테Aguardente는 '물'을 의미하는 '아크아Agua '와 , '타들어가는'을 의미하는 '아르디엔테Ardiente'의 합성어로 '불타는 물'이라는 의미이다.

2) 포트 와인의 두 종류

오크통 속 숙성 포트 와인Cask-Aged Port

대형 오크통에 여러 빈티지를 혼합하여 숙성하는 경우와 650리터 소형 오크통에 숙성하는 경우가 있다. 대형 오크통에서 숙성한 저가의 '루비 포트Ruby Port'와 소형 오크통에서 여러 빈티지의 와인을 블렌딩하여 2~3년간 숙성한 중저가의 '토니 포트Tawny Port', 10~40년 이상 숙성한 중고가 '올드 토니Old Tawny', 단일 빈티지 와인으로 최소 7년 이상 숙성한 고가의 '콜라이타Colheita'가 있다. 또한 싱글 빈티지 포도로 만들어 오크통에 숙성하는 '레이트 보틀드 빈티지Late Bottled Vintage-LBV'도 있다. 병 숙성 없이 병입 후 바로 마실 수 있다.

오크병 속 숙성 포트 와인Bottle-Aged Port

싱글 빈티지 포도로만 만들어 병에서 숙성하는 경우이다. 빈티지 포트 와인으로 오크통에서 22개월 숙성 후, 병 속에서 20년 이상 숙성하는 '싱글 포도밭 빈티지Single Quinta Vintage'와 병 속에서 30년 이상 숙성하는 '클래식 빈티지Classic Vintage'가 있다.

이 포트는 자연 침전물로 디캔팅이 필요하다. 풀바디하고 부드러우며 풍부한 최고급 와인이다.

3) 마데이라Madeira 지방

서아프리카에 위치한 작은 화산섬 '마데이라'는 기후 자체가 아열대성이어서 전형적인 포도 재배지역은 아니다. 하지만 이곳에서 만든 주정강화 와인마데이라는 포트보다 드라이하며 훈제향이 난다. 포트와 함께 포르투갈 디저트 와인으로 유명하다.

배에 선적된 강화되지 않은 마데이라가 찌는 듯한 무더위에서 변질이 쉽게 되자 17세기 후반에 와인을 안정시키고 오랜 보존을 위해 브랜디가 첨가되었는데, 출렁거리는 배 안에서 적도의 열기를 받으며 잘 숙성된 진한 와인이 되었다. 지독한 열과 공기가 통하는 곳에서의 오랜 숙성과 강화가 병마개를 딴 후에도 맛의 변화없이 두고 마실 수 있는 불멸의 와인으로 만들어 주었다.

포토 와인 전통방식으로 오픈 요령

도우로Douro 지방에서는 포트 와인 병을 수직으로 세워 보관한다. 30~50년 이상 걸리는 느린 숙성 기간에 침전물을 병 아래쪽으로 쌓이게 하고, 20도 가량의 높은 알코올 도수로 코르크 마개가 상하는 일을 막기 위해서다.

① 달군 쇠집게로 와인 병목을 잡고 뜨겁게 한다.
② 차가운 붓으로 와인 병목 부분을 문지른다.
③ 급속한 온도 차이로 와인 병목이 깔끔하게 잘린다. 칼로 샴페인을 오픈하는 것과 흡사하다
④ 맛보기 1~2시간 전에 디켄팅한다.

〈포르투갈 주요 와인 생산자〉	
퀸타 도 노발Quinta do Noval	
포르토 W.&J. 그라함Porto W.&J.Graham's	
포르토 니에푸르트Porto Niepoort	
포르토 다우Porto Dow's	
포르토 레헤리아Porto Ferreira	
포르토 아드리아노 라모스 핀토Porto Adriano Ramos Pinto	
포르토 와레스Porto Warre's	
포르토 크로프트Porto Croft	

〈계속〉

〈포르투갈 주요 와인 생산자〉	
포르토 테일러Porto Taylor	
포르토 폰세카Porto Fonseca	

5. 오스트리아 와인

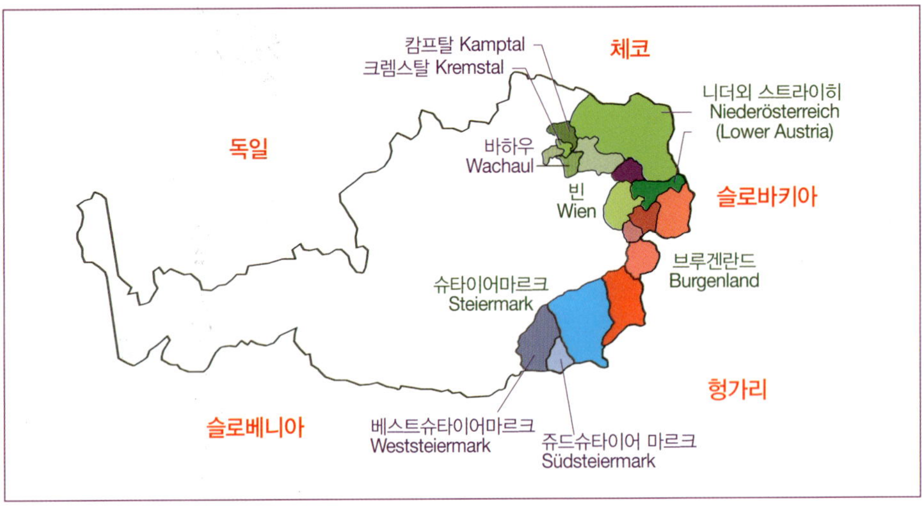

유럽 중동부에 위치한 오스트리아 와인의 역사는 기원전 4세기 켈트족들이 중유럽의 고급 와인 생산지가 될 곳이라 여기며 최초로 포도를 재배했다. 나중에 로마 제국으로 흡수되고 중세시대에는 수도사들의 정성어린 보살핌을 받으며 전성기를 누렸다. 그러나 1990년대 중반까지 오스트리아 와인은 대외적으로 거의 알려지지 않았고 외국에서 수입되는 와인도 거의 없는 국가였다.

오스트리아 와인이 구체화된 것은 바로 20세기부터라 할 수 있다. 전쟁으로 인해 경제적으로 불안정하고 허약해진 신생 오스트리아는 더 이상 제국의 표상이었던 수

작업 와인을 만들 여유가 없었다. 오스트리아 와인 상인들은 다소 밋밋하고 약간 달콤하며 가격이 저렴한 대중적 와인을 대량으로 제조하기 시작했다. 그러나 1990년 후반부터는 이러한 저급 와인을 판매하는 대중시장이 붕괴되고 오스트리아의 새로운 와인 산업이 새롭게 부활하게 된다. 그래서인지 현대 오스트리아의 열정적이고 박식한 와인 생산자와 포도 생산자들에게 고품질 와인이란 사실상 종교와 같다.

현재 오스트리아는 현대화와 함께 고급 와인을 생산하기 위해 박차를 가하고 있다.

(1) 떼루아

오스트리아는 부르고뉴와 같은 위도상에 위치하고 있지만 기온차는 훨씬 크다. 무더운 낮과 시원한 밤이 계속되는 여름 기후는 신선하고 향이 풍부한 풀바디의 세련된 와인을 생산해 낸다. 오스트리아 와인의 포도 재배지역은 북위 47~48도로 거의 북방한계지역에 속한다. 오스트리아 와인은 대부분 헝가리, 슬로바키아와 국경을 접하는 황량한 지대를 따라 펼쳐진 저지대에서 생산된다. 서늘한 대륙성 기후로 인해 레드 와인보다 화이트 와인이 더 많이 만들어지며 화이트 와인과 레드 와인 생산비율이 75 : 25 정도 된다.

(2) 포도 품종

포도 재배 위치로서 최북단에 있는 독일보다 약간 남쪽에 있는 오스트리아는 풍미가 독특한 드라이 화이트 와인과 근사한 스위트 와인을 주로 생산한다. 그러나 독일에 비해 알코올 함량과 바디감이 좀 더 강한 특징을 갖고 있다. 이러한 독자적 정체성을 띠는 것은 독특한 지리적 특성과 자생종 포도 품종으로 와인을 생산한 결과이다. 화이트 품종으로는 무스카텔라, 그뤼너 벨트리너Grüner Veltliner, 모리용 같은 토착품종부터 생기있고 전율을 주며 파워풀한 리슬링 품종도 재배한다.

레드 와인 품종으로는 블라우프랜키쉬Blaufrankisch, 츠바이겔트Zweigelt, 삐노 누아가 있다. 파노니아 지역의 삐노 누아 와인은 체리와 붉은 베리의 향, 신선하고 섬세한 산도와 밸런스를 이루는 우아한 바디감이 매력적이다.

(3) 오스트리아의 와인 법규

오스트리아의 와인 법규는 유럽에서 가장 엄격하다. 모든 와인에 대해 수확 당시 포도의 최소 당분 함유량과 최대 알코올 도수 등 정확한 요건을 규정하고 있기 때문이다.

가장 높은 수준인 프래디카츠바인에서는 세부적인 법률을 통해 포도 재배지역, 1 헥타르당 최대 와인 생산량, 가당 허용 여부, 사용되는 발효 방식, 라벨에 반드시 기재해야 할 정보 등을 규제한다. 독일과 비슷한 품계를 가지고 있는 데 다섯 등급으로 나눈다.

타펠바인 Tafelwein

테이블 와인으로 오스트리아 와인 중에서 가장 저렴하고, 오스트리아 밖 또는 유럽 밖으로 수출되지 않으며 국내 소비용으로 마켓에서 주로 팔린다.

란트바인 Landwein

타펠바인과 비슷하지만 국가에서 공인된 인정받은 포도 품종으로 만들어야 한다.

크발리태츠바인 Qualitaatswein

퀄러티 와인을 의미하며, 매일 먹는 와인으로 기본적인 수준의 꽤 괜찮은 와인이며, 덜 완숙된 포도로 만든다. 국가에서 공인된 인정받은 포도 품종으로 만들어야 하며, 단일 포도 생산지에서 나와야 한다. 그리고 포도즙에 설탕을 첨가하여 알코올 도수를 올릴 수 있도록 허용이 된다.

카비네트 Kabinett

보당 없는 크발리태츠바인으로 알코올 도수는 12.7% 이하이다.

프래디카츠바인 Pradikatswein : 최고급 와인

오스트리아 최고급 와인은 대부분이 이에 속한다. 가당을 하지 않으며 블렌딩 없이 한 지역의 포도만 사용한다. 즉 와인 스스로 발효를 멈추어야 하고, 달콤한 농축액을 첨가해서는 안 된다. 그리고 검사와 테스트를 통과한 공인인증번호와 빈티지도 표시해야 한다. 하위그룹으로 7개가 있다.

(4) 오스트리아 와인의 종류

① 슈패트레제 Spatlese	포도 알이 충분히 익었을 때 수확하여 만든 와인
② 아우스레제 Auslese	선별 수확을 뜻하며 완전하게 익은 포도송이를 다시 선별하고 수확하여 만든 와인
③ 아이스바인 Eiswein	아이스 와인을 뜻하며, 아주 잘 익은 언 포도(인공적으로 얼리는 것이 아니라 줄기에서 자연스럽게 얼어야 한다.)를 영하 −7~−10℃에서 포도가 녹지 않도록 밤에 장갑을 끼고 수확하여 압착한 와인
④ 베렌아우스레제 Beerenauslese, BA	잘 익은 포도 알을 일일이 손으로 수확하여 만든 와인 농익거나 귀부균에 노출된 포도로 만든 꿀 같은 깊고 진한 맛을 지닌 와인
⑤ 스트로-/쉴프바인 Stroh-/Schilfwein	짚이나 갈대로 만든 돗자리에서 3달 정도 말린 포도로 만든 와인
⑥ 아우스브루흐 Ausbruch	독일에는 없는 등급으로 농익고 귀부균에 노출된 포도를 자연 건조시킨 포도로 만든 와인
⑦ 트로켄베렌 아우스레제 Trockenbeerenauslese, TBA	건포도 알을 특별 선별 수확한다는 의미로 포도나무에서 귀부균과 수분 증발로 건포도 같은 상태의 포도로만 만든 진하고 달콤하며 희귀하여 가격이 바싼 와인

(5) 와인 생산 지역

내륙국가인 오스트리아는 잘츠부르크나 인스부르크 같은 도시가 있는 서부가 유명하긴 하지만 포도원은 모두 동부 국경선을 따라 초승달 모양을 이루고 있다. 주요 와인 생산지는 크게 니더외스터라이히, 빈, 부르겐란트, 슈타이어마르크 등 네 곳이다. 이들 와인 생산지는 각각 기후나 지질학상 매우 다른 특징을 지닌다.

니더외스터라이히 Niederosterreich

생명의 젖줄인 도나우 강이 관통하는 오스트리아 최대의 퀄러티 와인 생산 지역이다. 생동감이 있는 훌륭한 화이트 와인에서 우아한 레드 와인과 노블 스위트 와인에 이르기까지 수많은 품종으로 만든 다양한 와인이 생산되고 있다.

빈Wien

빈은 규모가 작지만 도시 안에 수많은 영리용 포도원이 있어 도시 안에서 포도를 생산하고 와인을 만드는 유일한 도시이다. 그뤼너벨트리너, 리즐링, 바이스부르군더와 샤르도네, 그리고 뛰어난 레드 와인에 이르기까지 다양한 품종들이 재배된다.

또한 비엔나의 로맨틱하고 전통적인 와인 주점 '호이리겐'은 관광객들은 물론 비엔나 시민들도 와인과 푸짐한 음식, 비엔나의 음악들을 즐기는 곳으로 이 도시의 자랑거리이다.

부르겐란트Burgenland

오스트리아 가장 동쪽에 있는 와인 생산지이다. 갈대호수로 유명한 노이지들러 호수가 있는 브르겐란트는 헝가리와 긴 국경선을 공유하고 있다. 부르겐란트의 퀄러티 와인은 화이트, 레드 그리고 노블 스위트 와인까지 다양하다.

슈타이어마르크Steiermark

오스트리아 남쪽에 있으며, 슬로베니아Slovenia 국경선을 따라 포도밭이 있다. 매우 가파른 경사면에 위치한 슈타이어마르크의 포도밭들은 유럽에서 가장 아름다운 와인산지로 꼽힌다. 향이 풍부하고 좋은 무스카텔라, 미네랄 풍미의 바이스부르군더, 그리고 풀바디의 샤르도네와 같은 슈타이어마르크의 화이트 와인들은 매우 독특하며, 크리스탈처럼 맑고 깔끔한 특징을 지니고 있다. 하지만, 무엇보다도 슈타이어마르크에서는 세계 최고의 쏘비뇽 블랑이 재배되고 있다.

〈오스트리아 주요 와인 생산자〉	
1. 크래처Kracher	
2. F.X 피클러F.X. Pichler	
3. 더 와일드 보이스 오브 클럽The Wild Boys of Club	

〈계속〉

4. 바인굿 슐로스 할프투른

Weingut Schloss Halbturn

5. 바인굿 엠머리히 노울

Weingut Emmerich Knoll

6. 바인굿 퍼클 Weingut Pockl

7. 바인굿 프란츠 히르츠베르거

Weingut Franz Hirtzberger

8. 바인굿 한스 조한 슈바르츠

Weingut Hans Johann Schwarz

6. 그리스 와인

그리스는 세계에서 가장 오래된 와인 생산 국가 중 하나이다. 고대 그리스의 최초 문명, 크레테 섬의 미노아 문명에서 와인 양조가 시작되었던 것으로 본다. 고대 그리스인들에게 와인은 주신 디오니소스의 선물이었다. 고대 그리스인들은 광범위한 교역과 식민지화로 지중해 연안 곳곳으로 포도나무 재배법과 와인 양조기술을 전파하여 와인이 서유럽 문화의 필수적인 부분이 되었다.

고대 로마제국 시대에는 품질 좋고 수준 높은 와인을 생산하여 귀족들 사이에서 와인 유행을 일으켰으며, 그리스인들은 와인을 만들기 위한 포도의 재배 기술을 북유럽으로 전파하였다. 그러한 와인을 소유하는 일이 선망의 대상이 되기도 하였다. 서양 의학의 창시자인 히포크라테스는 와인을 치료 목적으로 사용했으며 와인을 포함한 처방전을 발행하기도 했다.

고대의 가장 중요한 와인 생산지임에도 불구하고 유럽의 주요 와인 생산국이라는 명성을 듣기에는 힘든 여정을 거쳐야 했다. 그리스는 이처럼 서양 와인 문화의 발상지이지만 수세기 동안 오스만 투르크의 지배를 받았기 때문에 그리스의 와인 문화는 발전하지 못하고 오랫동안 침체기에 머무르고 있었다.

그리스 와인은 유럽경제공동체에 가입한 1981년에 이르러서야 포도 수확량을 낮추고, 포도 재배기법을 향상시키게 된다. 현대적인 장비를 갖추어 가면서 와인산업에 주목할만한 변화가 생기게 되고 와인이 생산되는 계기가 되었다. 1990년대부터 와인산업에 품질 혁명이 일어나기 시작하면서 그리스 역사상 가장 고품질 와인이 양조되고 있다.

(1) 떼루아

그리스는 연안지대의 대부분이 햇빛이 풍부한 지중해성 기후를 띠고 수백 종의 자생종 포도를 보유하고 있다. 경사가 완만한 비탈이나 높은 고원이 많아서 포도 재배하기에 적합하다. 연안지대의 대부분이 햇빛이 풍부한 지중해성 기후지대이며, 전체 육지 면적 중 70% 정도는 산악지대며 20%는 섬이다.

이 중 농경에 이용될 수 있는 토지는 보르도의 포도 재배면적보다 약간 큰 정도인데 척박하고 메마르며 건조한 토양이다. 주변 섬 지역의 화산암 토양은 와인에 광물성 풍미를 지니게 해 준다.

그리스의 기후는 포도재배에 적합하며, 여름은 덥고 건조하지만 일교차가 커서 밤이 되면 서늘해진다. 이렇다 보니 그리스의 포도 생산자들은 충분히 포도가 익을 때까지 세심한 주의를 기울여야 하는 지역도 존재한다.

비는 주로 포도나무가 휴면상태에 들어간 겨울에 내리며, 햇빛도 충분하고 바다에서 반사광 햇빛까지 있어서 포도가 충분히 숙성하기에 알맞다. 간혹 지나친 햇빛과 반사광으로 너무 빨리 익은 포도가 발생하기도 한다.

(2) 포도 품종

그리스는 독특한 지리적 배열과 4,000여 개의 섬 덕분에 수많은 포도 품종들이 뿌리를 내릴 수 있었다. 확인된 고대 토착 품종들만 해도 300종이 넘고 토착 품종인 크라사토Krasato, 림니오Limnio 등으로 만든 와인도 그 가능성을 인정받고 있다. 최근에는 국제적인 포도 품종인 까베르네 쏘비뇽과 메를로, 시라, 그르나슈, 무르베드르, 템프라니요 등도 그리스에서 재배되고 있다.

그리스의 와인 생산량의 75~80%는 화이트 와인이다. 아시르티코Assyrtiko, 뮈스카 블랑 아 프티 그랭Muscat Blanc a Petits Grains, 사바티아노Savatiano 등이 있다.

그리스 토착 적포도 품종으로는 아기오리티코Agiorgitiko, 코치팔리Kotsifali, 시노마브로Xinomavro 등으로 만든 와인도 그 가능성을 인정받고 있다. 아직도 소규모 생산자들이 적은 양의 소나무 송진을 포도즙에 첨가하여 발효시켜 소나무 같은 풍미가 있는 레치나Retsina: 적은 양의 소나무 송진을 포도즙에 첨가하여 발효시켜 소나무 같은 풍미가 있는 와인나 달콤한 뮈스카Muscat, 마브로다프네Mavrodaphne 같은 전통적인 스타일의 와인도 생산하여 현대와 전통을 함께 공존하고 있다.

(3) 원산지 통제 명칭

그리스의 원산지 통제명칭Controlled Appellation of Origin, OPE인 아펠라시옹의 지위를 가진 와인은 총 28개이며 리저브Reserve와 그랜드 리저브Grand Reserve로 구별된다.

리저브Reserve

- 화이트 와인은 최소 6개월 오크통 숙성을 포함하여 2년간 숙성해야 한다.
- 레드 와인은 최소 6개월 오크통 숙성을 포함하여 3년간 숙성해야 한다.

그랜드 리저브Grand Reserve

- 화이트 와인은 최소 12개월 오크통 숙성을 포함하여 3년간 숙성해야 한다.
- 레드 와인은 최소 24개월 오크통 숙성을 포함하여 4년간 숙성해야 한다.

(4) 와인 생산 지역

그리스의 와인 산지로서 북부, 중부지역과 더불어 펠로폰네소스와 이오니안, 에게 해의 섬들과 크레타Crete 지역으로 나뉜다. 그 중에서 주요 산지는 아테네와 펠로

폰네소스, 마케도니아 지역이며, 네메아Nemea는 레드 와인, 파트라스Patras는 드라이한 화이트 와인으로, 사모스Samos는 디저트 와인 생산지역으로 잘 알려져 있다.

그리스의 와인 산지로서 북부에는 마케도니아Macedonia, 트라케Thrake와 에피루스Epirus가 있다. 중부지역은 테살리Thessaly, 남부지방은 펠로폰네소스The Peloponnesos 그리고 섬 지역은 크레타Crete, 에게 해의 섬들Aegean Islands 지역으로 나뉜다.

북부 그리스

고급 레드 와인 생산지로서 국제 품종을 활발하게 재배하는 곳이다. 나우사Naoussa와 아민데온Amyndeon 지역이 유명한 와인을 생산한다. 나우사는 검은 산Black Acid이란 뜻의 시노마브로 와인을 생산하는 최고의 지역 중 하나이다.

1971년에 그리스의 첫 번째 와인 원산지로 지정되어 와인 산업의 상징적인 의미를 갖고 있다. 나우사 시노마브로 레드 와인은 풍미와 깊이, 복합성 그리고 긴 숙성 잠재력을 자랑한다. 또한 아민데온에는 나우사에서 서쪽에 위치하고 있으며, 가장 현대적이고 야심찬 포도원들이 있다.

펠레폰네소스

아테네와 스파르타의 전쟁 '펠레폰네소스 전쟁'으로 익숙한 펠레폰네소스에서는 화이트 와인 산지 만티니아Mantinia와 네메아Nemea 지역이 알려져 있다. 35km의 긴 계곡이 있고 해발 650m의 고지대인 만티니아에서는 모스코필레로 품종으로 레드 와인뿐 아니라 스파클링, 로제 와인이 생산되고 있다.

네메아

지형이 매우 복잡하며 포도밭은 고도가 250~850m에 위치해 있다. 이곳은 '헤라클레스의 피'라는 뜻의 아기오르기티코Agiorgitiko 품종을 재배한다. 그리스에서 가장 큰 레드 와인 원산지로서 'PDO 네메아'를 라벨에 표기하려면 아기오르기티코 100% 레드 와인이어야 한다. 네메아의 아기오르기티코로 만든 와인은 레드 베리 같은 검은 과실 향과 균형이 잘 잡혀 있고, 탄닌이 강하며 구조감이 있다.

중부 그리스

아테네가 있는 중부 그리스 중 아티카Attica 와인 생산지는 다른 지역에 비해 덥고 건조하다. 이러한 열기와 건조한 기후에서 화이트 품종인 사바티아노 와인이 알려져 있다. 이곳은 그리스의 총 포도 생산량의 80%나 차지하며 킹 오브 아티카King of Attica 또는 킹 오브 센트럴 그리스King of Central Greece라고 불린다.

사바티아노 와인은 상큼한 과일 주스로 느낄 정도로 과실 풍미가 좋고 산도와 당도의 균형이 잘 잡혀 인기가 높다.

에게 해의 섬들

섬들 중 아름다운 산토리니는 500년대의 화산 폭발로 화산암과 석회암 토양이어서 곡식을 키우기엔 척박하다. 반면 포도나무 재배하기는 적당해서 섬 곳곳에서 포도밭을 볼 수 있다. 이곳에는 아씨르티코 화이트 품종이 주로 재배되고 레몬과 라임 같은 감귤류 향이 풍부하고 산도가 강한 와인을 만들고 있다.

〈그리스 주요 와인 생산자〉	
1. 알파 에스테이트Alpha Estate	
2. 드리오피Driopi	
3. 가이아 에스테이트Gaia Estate	
4. 게로바실리우Gerovasiliou	
5. 키르 야니Kir Yianni	
6. 마노우사키스Manoussakis	

〈계속〉

7. 메르쿠리 Mercouri

8. 오에노포로스 Oenoforos

9. 파블리디스 Pavlidis

10. 세멜리 Semeli

11. 시갈라스 Sigalas

12. 스쿠라스 Skouras

13. 첼레포스 TseleposS

7. 헝가리 와인

헝가리는 동유럽에서 가장 중요한 와인 생산지였으나 1949년부터 1989년까지 약 40년간 계속된 공산주의 통치로 인해 최근까지도 거의 알려지지 않았다. 하지만 과거 수세기 동안 호평받아 왔으며 세련된 와인 문화를 가지고 있는 국가이다.

17세기 토카이에서 '토카이Tokaji'라는 진기하고 탁월한 와인이 나타나면서 헝가리는 국제 와인 지도에 오르게 되고 오늘날 전 세계에서 가장 위대한 디저트 와인 가운데 하나로 꼽힌다.

헝가리는 전통적인 와인 생산국 가운데 하나로 오랜 역사를 지니고 있다. 기원전 3세기 로마제국 시절부터 다뉴브 강 유역에서 포도 재배를 한 기록이 남아 있으며 헝가리 왕국을 세운 마쟈르 인들도 와인을 양조했다고 전해진다.

13세기 무렵 헝가리의 국왕 벨라 4세가 토카이Tokaji 지역에 포도밭을 조성하게 하였으나, 이후 몽골족의 침입으로 포도밭이 황폐화되자 이탈리아와 독일 사람들을 이민으로 받아들임으로써 와인 산업을 복원하게 했다고 한다.

이러한 노력으로 헝가리는 소프론Sopron과 에게르Eger 등지에서 와인 산업이 번창하였지만 1514년 오스만 투르크의 침입으로 다시 황폐화되고 말았다. 20세기에 공산화가 되면서 와인 산업은 계속 침체기에 빠졌지만 1989년에 공산화 체제에서 벗어나게 되면서 포도밭의 사유화가 진행되고 와인 시장이 성장하면서 훌륭한 와인들이 나오고 있으며 세계 시장에 도전하고 있다.

헝가리산 토카이 와인은 예전부터 유럽 상류사회에서 디저트 와인으로 인기가 있었으며 지금은 전 세계로 수출되고 있다.

(1) 떼루아

헝가리는 풀이 뒤덮힌 평원과 과수원, 숲과 포도원으로 둘러싸여 있다. 다뉴브 강이 헝가리 전역을 북에서 남으로 관통하고 뜨거운 여름과 매우 추운 겨울이 특징인 대륙성 기후다. 토양은 매우 다양하다. 최고 와인 산지는 화산암을 포함하여 배수가 잘 되는 다양한 토양이 섞여있다.

(2) 와인 생산 지역

헝가리 와인은 1997년에 개정된 법규에 의해 관리된다. 프랑스의 AOC와 비슷한 이 법규는 와인 생산지의 경계선을 지정하고, 재배할 수 있는 포도 품종을 명문화하고 있으며, 합법적인 와인 양조 및 포도 재배 과정을 명시하고, 와인에 라벨을 붙이는 방법도 통제한다.

신세계 와인처럼 품종별로 라벨을 붙이거나 서유럽의 일반적인 방식대로 장소에 따라 라벨을 붙이는 것이 아니라 대부분 두 가지를 동시에 기재한다. 예를 들어 섹사르드 지역의 메를로로 와인을 만들었다면, '섹사르드 메를로Szekszard Merlot'라고 라벨에 표기한다.

품질 좋은 와인을 생산하는 주요 생산지역으로는 먼저 헝가리 북동부에 위치한 토카이 헤제얼여Tokay Hegyalhja이다. 서쪽의 유명 산지로는 버터초니Badacsony와 숌로Somlo가 있다. 버터초니Badacsony는 샤르도네, 쏘비뇽 블랑, 쉬르케버라트 등의 화이트 와인을 생산한다.

숌로는 헝가리에서 규모는 작지만 화이트 와인 특산품을 생산하여 유명하다. 또한 남부지역에는 레드 와인을 생산하는 섹사르드Szekszard와 시클로시Siklos에서 까베르네 쏘비뇽, 메를로, 토착 품종들로 와인을 생산한다.

① 에게르Eger 지역

에게르 지역은 헝가리 동북부에 위치하고 있는 주요 와인 산지이다. 이곳은 예로부터 비엔나와 부다페스트, 슬로바키아, 루마니아 등지로 가는 길목에 위치하여 지정학적으로 중요한 위치였다.

16세기에 오스만 투르크 제국의 8만 대군이 에게르 성을 침공할 당시에 헝가리 군사는 고작 2천 명이었지만 병사들에게 좋은 음식과 와인을 제공하여 사기가 올라가게 됨으로써 적군을 퇴각시켰다는 역사가 전해진다. 에게르 성을 지키는 데 기여한 레드 와인인 일명 '황소의 피'라는 의미의 '에그리 비카바Egri Bikaver'의 전통은 현재까지 이어지고 있다.

② 토카이Tokaji 지역

헝가리 북동쪽 끝에 위치한 토카이 지역은 길이는 약 50km 정도 되는 삼각형 모양의 땅을 하고 있으며, 총 30개 마을에서 생산된다. 화산재 토양이 주를 이루고, 석회질 토양과 현무암이 섞여있다. 스위트 와인으로 명성이 높은 토카이 와인은 1630년 처음 생산되었다. 한 때 루이 14세가 '비눔레굼 렉스 비노룸Vinum Regum, Rex Vinorum' 즉 '왕들의 와인이자 와인의 왕'이라는 뜻의 전설의 찬사를 받았던 와인이다.

이 와인을 생산하도록 왕명이 선포되면서 품질이 보증되기 시작하였다. 토카이 와인은 토착품종인 푸르민트Furmint, 하르슬레벨뤼Harslevelu, 사르가뮈스코탈리Sargamuskotaly=옐로우뮈스카Yellow Muscat를 주품종으로 하여 와인을 생산한다. 그 밖에 제타Zeta, 코베르솔로Koverszolo, 카바르Kabar 등의 품종으로도 와인을 만든다.

가을 수확 때 귀부곰팡이에 감염돼 수분이 건조되고 당과 아로마 향이 농축된 포도를 헝가리어로 아슈Aszu라고 하며, 토카이 와인은 이 아슈 포도로 만든다. 정식 명칭은 '토카이 아슈' 와인이며 황금색, 호박단추 같은 색을 낸다. 꿀에 절인 살구, 오렌지, 복숭아 같은 향과 함께 구운 견과류와 꽃 등이 복합적으로 어우러진 진한 향과 맛을 느낄 수 있다.

와인 당도는 레이블에 적힌 푸토뇨스Puttonyos를 사용하여 Putt 3~6으로 나뉘며, 숫자가 높을수록 숙성된 것으로 당도가 높고, 물론 가격도 비싸진다. 다른 국가에서 생산된 디저트 와인보다 진하고 달콤하며 농축된 맛과 향이 특징이다.

토카이 아수(Tokaji Aszu) 와인 – 등급별 최소 잔여 당분

등급	최소 잔류당 (그램Gram / 리터Liliter)
3 퓨토뇨스Puttonyos	60 g
4 퓨토뇨스Puttonyos	90 g
5 퓨토뇨스Puttonyos	120 g
6 퓨토뇨스Puttonyos	150 g
아수–에센치아Aszu–Eszencia	450 g 이상

〈토카이 주요 와인 생산자〉

1. 로얄 토카이Royal Tokaji

2. 디스노쾨Disznoko

3. 샤또 퍼이조시Chateau Pajzos

4. 이쉬트반 셉시István Szepsy

5. 토카이 오레무스Tokay Oremus

6. 헤트쇨뢰Hetszolo

7. 홀드뵐기Holdvolgy

Chapter 11

신세계 와인

1. 미국 와인

미국은 현대 와인의 선구자적 역할을 해왔다. 미국은 중부지역을 제외한 대부분의 지역에서 생산되고 있지만 90%가 캘리포니아에서 생산되고 있고, 그래서 미국 와인은 캘리포니아 와인이라고 해도 과언이 아니다. 신세계의 지중해라고 불리며 다양하면서도 온화한 기후와 지리 덕분에 캘리포니아 와인은 몇 종류 포도 품종으로 만들어지며 스타일 또한 다양하다. 최근 세계 와인 품질경진대회에서 미국 와인이 좋은 성적을 거두면서 새롭게 인기스타로 떠올랐다.

미국에서 최초의 와인은 1562~1564년 사이에 플로리다와 잭슨빌 가까이에 정착한 프랑스 위그노 이주민들이 만들었다. 그 후 1849년 골드러시 덕분에 위험을 무릅 쓴 부지런한 모험가들이 몰려들었는데, 금광이 고갈되면서 그들 상당수가 포도 재배와 농사로 관심을 돌리게 되었다.

캘리포니아 와인 선구자로서는 핀란드의 선장 구스타브 니바움Gustave Niebaum과 헝가리의 귀족 아고스톤 하라치Agoston Haraszthy이다. 니바움은 나파 밸리Napa Velley에서 인상적인 와이너리 중 하나인 잉글누크Inglenook를 설립했다. 하라치는 소노마Sonoma에 부에나 비스타 와이너리Buena Vista Winery를 설립했고, 포도 재배 및 와인 양조를 촉진하는 데에 온 힘을 쏟았다. 이러한 선구자들의 노력 덕분으로 캘리포니아 북부의 포도 재배는 붐을 이루었고, 와인 산업이 번성하였으며 미국 전체가 유럽 국가들처럼 와인을 즐기는 듯했다.

그러나 그 후 반세기 동안 필록세라로 말미암아 누적된 황폐화와 금주법의 시행 및 1, 2차 세계대전 등을 거치면서 미국의 와인 산업은 암흑기에 접어들게 된다.

와인 산업의 두 번째 성장은 1960년대와 1970년대 초반 새로운 와인 생산자들이 캘리포니아에 이주하고 유씨 데이비스UC Davis 대학 내 와인 양조 및 포도 재배학과가 설립되면서 시작된다. 이 와인 학과에 갤로 와인회사의 재정적인 지원에 힘입어 포도 재배 및 양조 기술이 권위를 자랑하게 되었고 캘리포니아 와인의 품질도 급격히 향상되었다.

(1) 떼루아

미국은 지역에 따라 기후가 차이 나고 변화가 많다. 서리가 내리는 뉴욕 주 북부의 와인 생산지들은 캘리포니아보다는 독일과 비슷한 점이 더 많다. 햇살이 따가운 텍사스의 와인 생산지들은 오리건보다는 포르투갈에 더 가깝다.

(2) 포도 품종

미국에서 재배되는 100개 이상의 포도 품종 가운데 판매의 우위를 차지하는 5가지 품종으로 청포도는 샤르도네와 쏘비뇽 블랑이, 적포도는 까베르네 쏘비뇽, 진판델, 메를로가 있다.

(3) 양조 스타일

미국의 와인 양조는 와인 생산자가 원하는 종류의 와인은 무엇이든 만들 수 있다는 점에서 유럽과는 다른 장점을 지닌다. 기후와 토양 등 주어진 떼루아의 자연조건을 이용해 포도를 재배하여 와인을 생산하는 유럽과 달리, 미국은 와인 생산지를 한정하고 특정한 와인을 구성하는 포도 품종을 통제하는 등의 엄격한 법규가 거의 없어 인공적인 방법을 연구하여 적용해 왔다.

캘리포니아의 와인 생산자들은 새로운 기술의 개발과 미국인 특유의 개척정신으로 세계에서 가장 혁신적일 뿐 아니라 실험정신이 강하다.

(4) 와인 법규

미국의 와인 생산자들은 유럽의 동료들에 비해 훨씬 창의적이고 자유롭게 자기가 원하는 종류의 와인을 만들 수 있으나 와인 생산자들이 반드시 지켜야 할 몇 가지 중요한 연방 규정과 법규가 있다.

① 와인에 AVA 라벨을 붙일 경우, 와인을 구성하는 포도의 85%는 해당 AVA에서 재배된 것이어야 한다.

② AVA 대신 소노마 카운티, 멘도시노 카운티 등 카운티 라벨을 붙일 수도 있다. 와인에 카운티 라벨을 붙일 경우, 포도의 75%는 해당 카운티에서 재배된 것이어야 한다.

③ AVA 대신 해당 주의 라벨을 붙일 수도 있다. 주를 표시하는 라벨을 붙인 와인은 해당 주에서 만든 와인을 최소한 75% 이상 함유해야 한다. 그러나 캘리포니아는 100%, 텍사스에서는 85% 이상 함유해야 한다.

④ 라벨에 포도 품종을 표기할 경우 와인을 양조하는데 사용된 해당 품종의 비율이 적어도 75% 이상이어야 한다. 그러나 그 비율이 더 엄격한 주들도 있다.

⑤ 라벨에 빈티지가 표시될 경우, 양조된 와인의 95% 이상이 해당 빈티지이어야 한다.

⑥ 미국에서 만들어진 모든 와인 병에는 알코올의 위험성에 대한 경고문을 붙이고 와인에 아황산염이 함유되어 있다는 사실을 알려야 한다.

(5) 와인 생산 지역

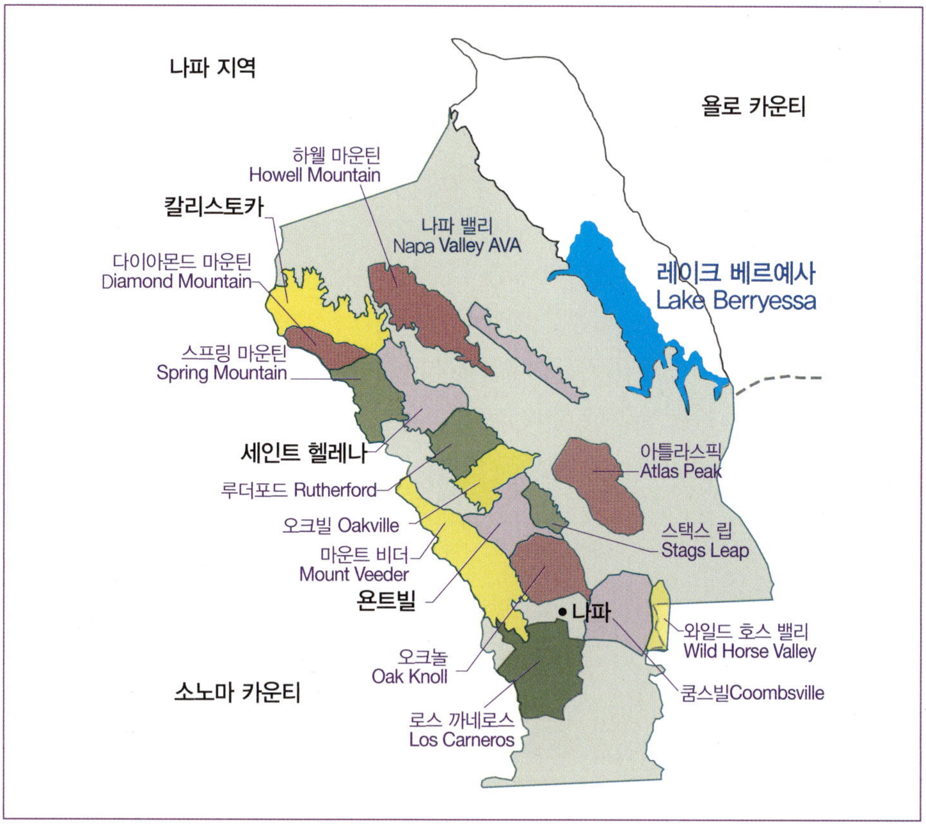

샌프란시스코 북동쪽에 자리한 나파 밸리는 캘리포니아에서 가장 유명하며 가장 핵심적인 와인 생산지이다. 풍요를 뜻하는 나파 밸리는 바닷가의 만에서 시작하여 화산인 세인트 헬레나Saint Helena 산에서 끝나며, 양 측면에 산악지대를 끼고 있다. 포도밭들은 완만한 구릉에 구획이 잘 되어 있는 데다가 광활하여 빼어난 풍광을 선사한다. 또한, 태평양의 바람과 샌 파블로San Pablo 만의 특징적인 기후인 낮에는 충분히 해가 비추지만 밤에는 선선한 기후를 유지하는 지정학적 영향으로 미국 최고의 와인이 된다. 나파 밸리에 많은 품종들이 재배되고 있지만, 최고의 품종은 까베르네 쏘비뇽이다. 이 품종으로 생산되는 나파 와인은 색상이 진하고 복합적인 향미를 지니고 있으며 세련된 느낌의 고급스러운 와인들이 많다.

나파 밸리의 명성을 만든 건 로버트 몬다비Robert Mondavi 덕분이다. 캘리포니아가 유럽의 위대한 와인 생산지보다 아래라는 인식을 거부하고 캘리포니아 와인, 특히 나파 밸리 와인이 세계 최고의 와인들과 동등하다는 인식을 갖게 되었다.

몬다비는 보르도 1등급 샤또 무똥 로칠드 생산자인 바롱 필립 드 로칠드와 만나 오퍼스 원Opus One을 출시하고, 핀란드의 선장 구스타브 니바움Gustave Niebaum과는 잉글누크Inglenook를 설립했으며 매년 수백만 달러를 모금하는 세계 최대 규모의 와인 자선 경매도 진행하였다.

주요 와인 회사로는 베린저Beringer, 클로뒤발Clos du Val, 도미누스Dominus, 하이츠 와인셀라Heitz Wine Cellars, 조셉 펠프Joseph Phelps, 오퍼스원Opus One, 로버트 몬다비Robert Mondavi, 쉐이퍼Shafer, 스택스 립 와인셀라Stag's Leap Wine Cellars 등 유명한 대규모 와인회사들이 이곳에 자리잡고 품질 좋은 와인들을 많이 생산하고 있다.

나파 밸리에는 여러 포도 품종들이 재배되고 있지만, 가장 핵심적인 품종이 까베르네 쏘비뇽이다. 나파 밸리에서 까베르네 쏘비뇽 와인을 가장 많은 비율로 생산하고 있다. 전형적인 나파 밸리의 까베르네 쏘비뇽 와인은 복합적인 맛을 지니고 있고 세련되며 고급스런 분위기를 전해 주고 있다.

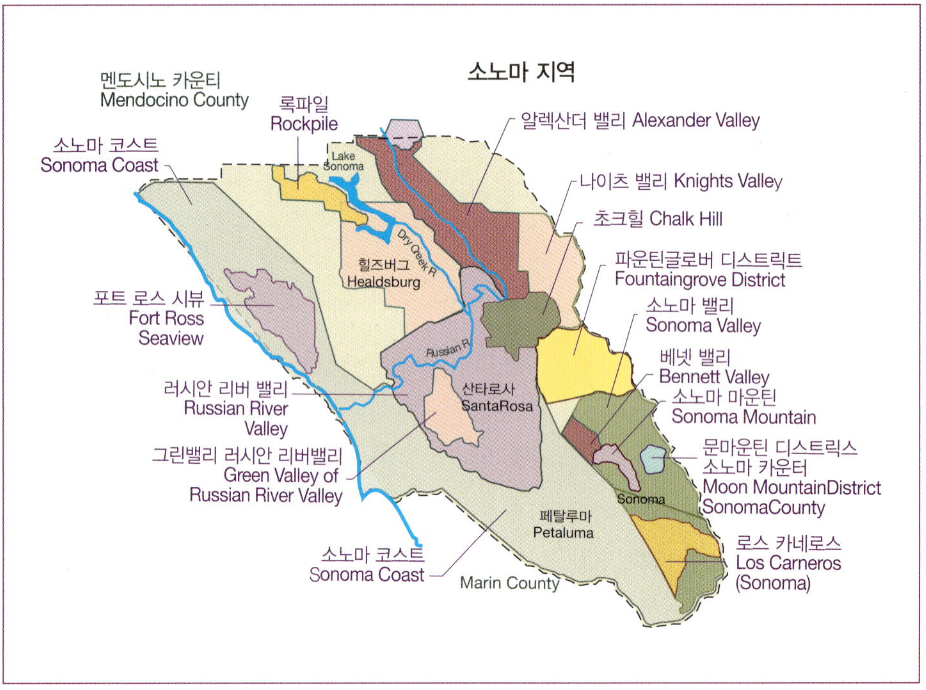

소노마 지역은 샌프란시스코 바로 북쪽 태평양과 경계를 이루는 곳에 위치하고 있으며 전체 면적은 나파 밸리보다 두 배 이상 크다. 와인 생산자 상당수는 대대로 농사를 짓던 농부들이 포도원을 운영한다. 대규모의 나파 밸리와 비교해 볼 때 와이너리의 규모가 작고, 분위기 또한 시골스럽고 소박하다.

소노마는 태평양 해안에 가까운 곳인 서늘한 지대를 제외하고는 나파의 기후와 비슷하여 포도 재배에 적합하다. 소노마의 기후는 따뜻한 낮과 서늘한 밤이 시계추처럼 반복되어 포도가 균일하고 완전하게 숙성할 수 있는 곳이다. 소노마에서는 샤르도네 · 까베르네 쏘비뇽 · 메를로를 많이 생산하고는 있지만 제 각각의 미세 기후를 갖고 있는 작은 지역 안에서 품질 좋은 삐노 누아 · 진판델 · 쏘비뇽 블랑 와인을 생산하고 있다.

내륙의 따뜻한 알렉산더 밸리Alexander Valley는 부드러운 까베르네 쏘비뇽 와인으로 유명하고, 러시안 리버 밸리Russian River Valley 처럼 해안에 근접하고 있는 선선한 지역은 감미롭고 복합적인 삐노 누아를 생산한다. 주요 와인 생산자로 세바스찬 와이너리Sebastiani Winery, 글렌 엘런Glen Allen, 켄우드Kenwood, 코벨Korbel, 조단Jordan과 시미Simi 등 유명한 갈로Gallo 회사가 있다.

멘도시노 Mendocino 지역

샌프란시스코 북쪽 해안가에 위치하고 있는 멘도시노 지역은 16세기 후반 이 지역에 상륙한 스페인 탐험가인 멘도사의 애칭에서 유래되었다. 이곳의 포도원들은 금광을 개발하는 골드러쉬가 끝난 뒤에 대체 산업으로 생기기 시작하였다. 1968년에 바니 페처Banny Fetzer 씨가 페처 빈야즈Fetzer Vineyards라는 와인 업체를 세우면서 본격적으로 와인 산업이 발전하였다.

이 지역 대부분 와이너리들은 자연적인 땅을 존중하고 보호하며 인공비료를 사용하지 않는 환경친화적인 농법으로 포도를 재배하고 있다. 이곳은 미국의 대표적 품종인 진판델을 위시하여 샤르도네, 쏘비뇽 블랑, 게뷔르츠트라미너, 쁘티 시라Petit Sirah 등이 널리 재배되고 있다.

미국 주요 와인 산지 및 포도 품종

와인 산지	주요 생산지	포도 품종
캘리포니아 주 북부 해안	나파 밸리Napa Valley 소노마Sonoma 멘도시노Mendocino 레이크Lake	청포도 : 샤르도네, 쏘비뇽 블랑 적포도 : 까베르네 쏘비뇽, 메를로 삐노 누아, 진판델
워싱턴 주	컬럼비아 밸리Columbia Valley 야키마 밸리Yakima Valley 왈라왈라 밸리Walla Wallw Valley	청포도 : 샤르도네, 리슬링, 쏘비뇽 블랑, 게뷔르츠트라미너 적포도 : 까베르네 쏘비뇽, 메를로 시라

〈계속〉

와인 산지	주요 생산지	포도 품종
오리건 주	윌람미트 밸리 Willamette Valley 움쿠아 밸리 Umpqua Valley	청포도 : 샤르도네, 리슬링, 삐노 블랑 적포도 : 삐노 누아, 삐노 그리, 까베르네 쏘비뇽

〈미국 유명 와인 생산자〉		
지역	유명 와인 생산자	
캘리포니아	도미누스 Dominus	
	로버트 몬다비 Robert Mondavi	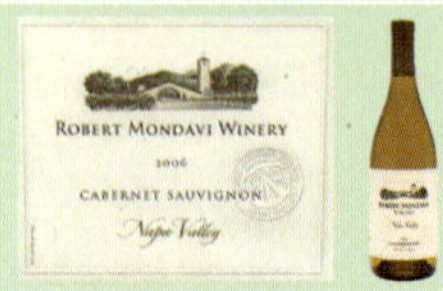
	마그니피카트 Mafnificat	
	마카신 Marcassin	
	브라이언트 패밀리 Bryant Family	
	쉐이퍼 Shafer	
	슈레이더 Schrader	
	스위치백 릿지 Switchback Ridge	

〈계속〉

캘리포니아	스캐어크로Scarecrow	
	스크리밍 이글Screaming Eagle	
	스택스 립Stag's Leap	
	슬로언Sloan	
	아라우조Araujo Estate	
	아브로Abreu	
	아워글라스Hourglass	
	오퍼스 원Opus one	
	인시그니아Insignia	

〈계속〉

캘리포니아	케인 파이브Cain Five	
	콜긴Colgin	
	클로 뒤 발Clos du Val	
	트레페선 헤일로Trefethen Halo	
	폴 홉스Paul Hobbs	
	할란 이스테이트 Harlan Estate	
	하이츠 셀라Heitz Cellar	
워싱턴 주	레오네티 셀러즈Leonetti Cellars	
	레콜No.41 L'Ecole No.41	

〈계속〉

워싱턴 주	샤또 생 미셸 Chateau Ste. Michelle	
	컬럼비아 크레스트 Columbia Crest	
	퀼세다 크릭 Quilceda Creek	
오리건 주	도멘 드루앵 Domaine Drouhin	
	보 프레레 Beaux Freres	
	아델쉐임 Adelsheim	
	켄 라이트 Ken Wright	
	크리스톰 Cristom	
	폰지 Ponzi	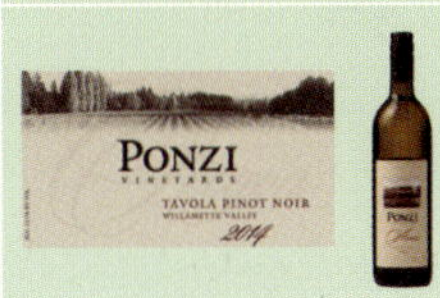

2. 호주 와인

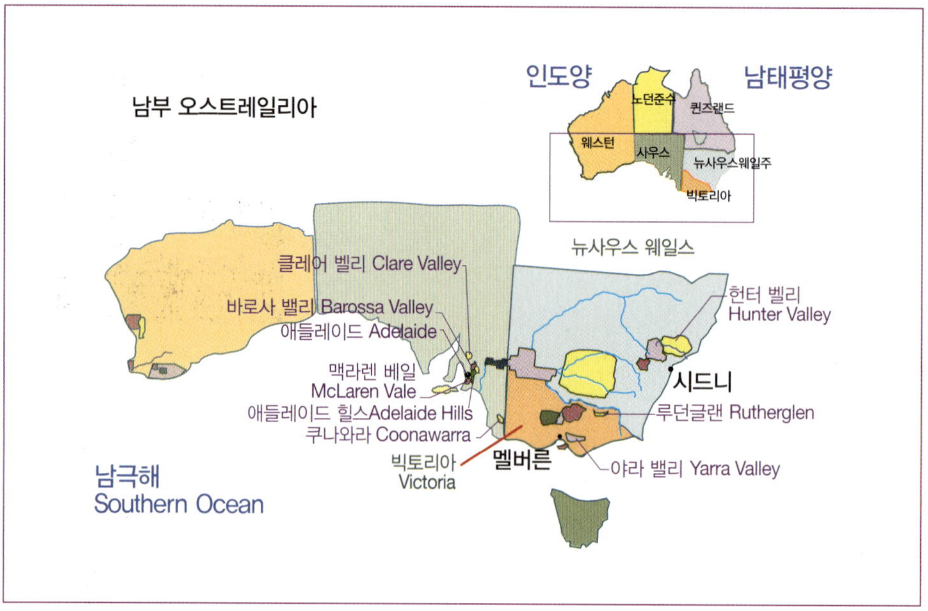

호주의 와인 역사는 짧지만 20세기에 이루어진 포도 재배와 와인 양조에서 수많은 혁신들이 바로 이곳에서 개척되어 급격한 발전을 보이고 있는 국가다. 가지치기부터 수확까지 거의 모든 업무가 자동화된 최첨단 장비를 구비하고, 대규모 현대식 시설의 양조장이 설비되어 있다. 또한, 혁신적인 양조방법을 배운 와인메이커 고용 등으로 소비자들 입맛에 맞는 와인을 만들기 위해 노력을 하고 있는 생산국가이다.

뉴 사우스 웨일즈 지역에 오스트레일리아 최초의 포도원이 생긴 것은 18세기 말이었다. 미국 식민지 시대의 버지니아나 남아프리카의 케이프타운 등 신세계의 다른 지역에서 최초의 포도원이 나타난 지 100년 이상 지난 시기였다. 포도원을 가꾼 사람들은 오스트레일리아 최초의 유럽 이주민들로 와인을 마시는데는 익숙했지만 포도 재배에 대해서는 거의 알지 못했던 영국인들이었다.

최초의 소규모 포도원 지역은 너무 덥고 습해서 포도는 썩고 포도나무는 죽어버렸다. 그리고 값싼 와인을 생산하는 생산자들도 생겨났다. 그리고 값싼 와인을 훨씬 더 많이 만들기 위해, 덥고 비옥하며 관개가 된 계곡의 땅 상당 부분에 포도나무를 재배하였는데, 포도 서식지로는 잠재적으로 최악의 지역 가운데 하나였다.

그러나 1960년대 와인 생산에 대 혁신이 일어나게 된다. 맛을 바꾸고 경제적 동력을 바꾸고 새로운 와인기법을 개발하면서 오스트레일리아는 드라이 테이블 와인에 초점을 맞춘 현대적인 와인산업 쪽으로 나아가게 되면서 새로운 시대가 밝았다.

1960년에는 드라이 테이블 와인 생산량이 1백만 상자에 불과했지만 1999년에 이르러 그 양은 대략 8,500만 상자로 치솟았다. 그 과정에서 크림 같은 화이트 와인과 과일향이 가득한 부드러운 레드 와인으로 대표되는 오스트레일리아 스타일의 와인이 나타났다.

호주 와인을 말할 때 토양이나 기후 같은 떼루아를 언급하기보다는 집중적인 관개관리, 포도나무를 보호하기 위한 차광막 설치, 수확 시의 유용한 냉장 설비를 갖춘 트럭, 저온 발효법 등 와인 생산을 가능하게 해주는 기술 발전과 노동이 주로 강조된다. 더불어 와인 메이커들의 선별과 블렌딩이 호주 와인 맛을 결정한다.

주요 포도 품종으로 청포도는 샤르도네이며 리슬링과 세미용이 뒤를 잇고 있다. 샤르도네는 과일 맛이 풍부하고 약간의 감미가 느껴진다. 적포도로는 시라즈와 까베르네 쏘비뇽이 있으며, 시라즈 와인은 짙은 베리 향의 풍미가 가득한 고혹적인 와인을 만든다.

호주의 주요 와인 산지는 뉴 사우스 웨일즈와 빅토리아, 사우스 오스트레일리아 등 세 주에 집중되어 있다. 호주의 와인 생산지역은 햇빛이 좋고 비가 적게 오는 지중해성 기후를 보이고 있어서 포도를 재배하는 데 무리가 없다. 남반구이기 때문에 호주의 포도 수확은 2월부터 5월 사이에 이루어진다. 호주 와인은 맛이 진하면서도 부드러운 촉감이 느껴지는 편이다.

와인 생산지는 대부분 대륙 동남부, 즉 시드니 · 멜버른 · 애들레이드 같은 대도시에 비교적 인접한 지역에 밀집해 있다. 그리고 체인 오브 폰즈 · 클라렌든 힐스 · 재스퍼 힐 같은 탁월한 소규모 생산자들이 많다.

호주의 와인 산업은 4개의 거대기업인 사우스콥Southcorp, BRL하디BRL Hardy, 포스터스Fosters 프랑스인 소유의 페르노 리카드Pernod Ricard 등이 주도하고 있다. 호주에서는 이 기업들이 대중적인 와인부터 고급 와인에 이르기까지 다양한 범주의 와인을 생산하고 있다.

사우스 오스트레일리아South Australia

애들레이드 시 주위를 둥글게 에워싸고 있으며, 애들레이드 힐스Adelaide Hills, 바로사 밸리Barossa Valley, 클레어 밸리Clare Valley, 쿠나와라Coonawara와 멕라렌 베일McLaren Vale 등을 포괄하고 있다. 호주 와인의 절반 이상이 이 주에서 생산된다.

바로사 밸리에서는 맛이 진한 시라즈 와인과 상쾌한 맛의 리슬링 와인으로 유명한 반면, 쿠나와Coonawara라는 구조가 좋고 진한 까베르네 쏘비뇽의 최적지로 평가받고 있다. 특히 이곳에서 시작한 해밀턴Hamilton, 세펠트Sepelt, 펜폴즈Penfolds 등은 이제 호주 와인의 상징으로 통한다.

뉴 사우즈 웨일즈Hunter Valley

비교적 규모가 작은 헌터 밸리로 호주 최초의 와인 지역이었는데, 19세기 초에 초기 유럽 이주민들이 이곳에 포도원을 가꾸기 시작했다. 헌터 밸리는 이상적인 점토질 토양도 아니고 무더워 포도를 재배하기에는 습도도 너무 높다. 그럼에도 불구하고, 전 세계에서 가장 관능적인 샤르도네로 꼽히는 로즈마운트 에스테이트Rosemount Eastates의 록스버그Roxburgh와 같은 고급 샤르도네를 생산한다. 하지만 헌터 밸리의 숨은 보물 가운데 하나는 세미용 와인이라고 할 수 있다.

빅토리아Victoria

1851년에 금광이 발견되면서 신생 와인 산업이 촉진되었다. 빅토리아의 경제규모가 커지고 인구가 급증하면서 금광을 찾아 다니는 사람들 못지않게 와인 양조업자들의 야망이 커지면서 발전하게 되었다. 대부분 멜버른 시에서 부채 모양으로 펼쳐져 있고 기후와 지형 토양이 매우 다양하다.

야라 밸리Yarra Valley와 질롱Geelong, 모닝턴 페닌슐라Mornington Peninsula 등은 바다와 가까우며, 샤르도네와 삐노 누아가 잘 자랄 수 있을 정도로 선선한 편이다. 더 내륙 쪽에 있는 골짜기들은 온난하여 까베르네 쏘비뇽과 시라즈 와인을 많이 생산한다.

호주 주요 와인 산지 및 포도 품종

와인 산지	주요 생산지	포도 품종
남부 호주 South Australia	바로사 밸리 Barossa Valley	시라즈, 그르나슈
	멕라렌 베일 McLaren Vale	시라즈, 그르나슈
	애들레이드 힐즈 Adelaide Hills	샤르도네, 쏘비뇽 블랑
	클레어 밸리 Clare Valley	리슬링
	쿠나와라 Coonawarra	까베르네 쏘비뇽
뉴 사우스 웨일즈 주 New South Wales	헌터 밸리 Hunter Valley	세미용
빅토리아 Victoria 주	야라 밸리 Yarra Valley	샤르도네, 삐노 누아

〈호주 유명 와인 생산자〉			
다렌버그 D'Arenberg		클라렌던 힐스 Clarendon Hills	
드 보르톨리 De Bortoli		투핸즈 Two Hands	
마운트 메리 Mount Mary		페털루마 Petaluma	
쇼 앤 스미스 Shaw and Smith		펜폴즈 Penfolds	
컬런 Cullen		하디스 와인 컴퍼니 Hardy's Wine Company	
케이프 멘텔 Cape Mentelle		헨쉬키 Henschke	

3. 뉴질랜드 와인

(1) 떼루아

뉴질랜드의 포도원들은 전 세계에서 가장 남쪽에 있다. 기후는 대체로 온화한 편이나 최북단은 여름인 12월에서 2월에 주로 아열대성 기후를 보이고 남섬의 일부 내륙 지역에서는 6~8월 겨울 기온이 영하로 내려가거나 눈이 내리기도 한다.

변화무쌍한 지역적 다양성으로 인해 놀라운 스타일과 다채로운 품종이 생산되고 있다. 포근하고 화창한 여름 날씨와 여러 지역에 걸친 변화가 뚜렷한 일교차로 인해 열매의 성숙이 천천히 이루어져 순수하고 농밀한 품종 특유의 풍미가 만들어진다. 이러한 특징이 뉴질랜드 와인의 근원과 우아함이며, 뛰어난 구조감과 밸런스, 그리고 음식과 훌륭한 매칭이 이루어진다.

뉴질랜드에서 와인의 가장 중요한 요인은 서늘한 기후다. 선선하고 온화한 기후 덕분에 포도는 다소 긴 성장기를 거치며 천천히 잘 익게 된다.

서늘한 기후는 포도에 천연 산도를 지니게 하고 화이트 와인에서는 아삭한 느낌으로 전환되어 고급스러운 느낌을 주게 된다. 대부분의 포도원들이 바다에서 가까운 해안가에 자리잡고 있다.

뉴질랜드 포도원은 주요 섬이 길고 좁다란 모양을 하고 있기 때문에 바다와 가까운 곳에 있다. 이러한 지정학적 기후 덕분에 포도는 오랜 성장기를 거치며 균일하고 부드럽게 익어 어디서든 3~5월에 이루어지는 수확 때 절정에 이른다. 서늘한 기후는 천연 산도를 갖게 하고 고급 화이트 와인으로 거듭나게 된다.

포도원은 대부분 평평한 평야나 기복이 완만한 언덕에 있다. 토양은 화산암 입자들이 산재한 점토질에서부터 비옥한 하천유역 유형까지 매우 다양하다. 뉴질랜드의 포도원 40% 이상은 북섬 North Island에 있으며 기스번Gisbourne과 혹스 베이Hawks Bay 지역이 유명하다.

(2) 포도 품종

뉴질랜드산 쏘비뇽 블랑은 다른 국가의 와인과는 전혀 다른 맛의 특징을 가지고 있다. 특히 이국적이고 짜릿한 느낌을 주며 강렬한 풍미를 지닌 와인으로 전 세계 애호가들이 선호하면서 큰 발전을 하게 되었고, 이제는 레드 와인인 삐노 누아 와인도 붐을 일으키고 있다.

뉴질랜드 주요 와인 산지 및 포도 품종

와인 산지	주요 생산지	포도 품종
북섬North Island	오클랜드Auckland	까베르네 쏘비뇽, 메를로, 샤르도네
	기스본Gisborne	샤르도네
	혹스베이Hawkes Bay	샤르도네, 까베르네 쏘비뇽, 메를로
남섬South Island	말보로Marlborough	쏘비뇽 블랑, 삐노 누아
	넬슨Nelson	샤르도네, 쏘비뇽 블랑, 삐노 누아
	센트럴 오타고Central Otago	삐노 누아, 샤르도네, 삐노 그리

(3) 와인 생산 지역

뉴질랜드 와인 생산지역에는 아열대 기후인 뉴질랜드 북쪽의 남위 36° 에서부터 산이 많은 남섬전 세계 최남단에 위치한 포도원들의 남위 46° 까지 1,600km1,000마일에 11개의 주요 와인 생산지가 자리잡고 있다.

뉴질랜드에는 포도 재배 및 와인 양조를 규제하는 엄격한 법률체계는 없지만 라벨링과 와인 생산의 일정한 측면을 통제하는 규정은 있다.

① 포도 품종이 라벨에 표기될 경우 와인의 75% 이상은 해당 품종으로 구성되어야 한다.

② 라벨에 두 개의 품종이 표기될 경우, 중요도에 따라 나열되어야 한다. 라벨에 까베르네-메를로라고 적혀 있다면 메를로보다 까베르네가 더 많이 함유되어 있다는 뜻이다.

③ 라벨에 지역이나 구역 또는 산지를 표기할 경우, 와인의 75% 이상은 해당 장소에서 나와야 한다.

1) 북섬 North Island

기스번 Gisborne

기스번은 가벼운 꿀향기와 열대과일의 풍미를 지닌 샤르도네 와인이 일품이다. 지형은 언덕이 많고 와이파이오아 강의 범람원까지 이어지며, 점토질이 혼합된 실트질 양토가 형성되어 있다. 또한 높은 일조시간과 따뜻한 기후인 뉴질랜드에서 일조량이 가장 높은 편에 속한다. 그러므로 기스번에서 포도 재배가 뉴질랜드에서 가장 일찍 시작한다.

혹스 베이 Hawke's Bay

혹스 베이는 비교적 넓은 지역에 광범위한 종류의 토양이 포도 재배와 와인 스타일에 지대한 영향을 미치는 곳이다. 가장 잘 알려진 토양으로 돌이 많은 김블렛 그래블 Gimblett Gravels 그리고 배수가 저절로 되는 아주 오래된 충적토층인 헤레타웅가 Heretaunga 등이 있다.

일조량이 매우 높지만 해양성 기후가 더운 여름 온도를 식혀주고 성장기를 길게 유지시켜 주어 포도 재배에 이상적인 환경을 지니고 있으며 뉴질랜드 최고의 와인 생산지 가운데 하나로 꼽힌다.

2) 남섬 South Island

대체로 기후가 더 서늘한 사우스 아일랜드에는 1973년까지만 해도 상업적인 포도원이 없었다. 그 해에 몬태나 와인스Montana Wines가 사우스 아일랜드 동북단의 말보로 Malborough에 포도나무 재배를 시작하였고, 클라우디 베이Cloudy Bay도 참여하면서 확장이 된다. 말보로는 뉴질랜드에서 가장 큰 와인 생산지이면서 고급 쏘비뇽 블랑과 삐노 누아 와인의 명산지이다.

말보로Marlborogugh

남섬의 동북쪽에 위치한 말보로는 와이라우 강Wairau River이 서쪽에서 동쪽으로 계곡을 가로지르고 있으며, 북쪽에 리치먼드 산맥Richmond ranges 그리고 남쪽에 위더 힐스 Wither Hills를 끼고 흐른다. 말보로의 쏘비뇽 블랑은 어느 지역보다 깊이 있는 품종의 특성을 갖고 있으며 단순한 쏘비뇽 블랑 생산지가 아닌 떼루아의 느낌을 잘 살린 최고의 쏘비뇽 블랑을 생산하는 지역이다.

말보로의 성공 핵심은 오래된 빙하질로 배수가 저절로 이루어지는, 돌이 많고 비교적 비옥한 토양에 있다. 적정한 온도와 높은 일교차야말로 진한 과일 맛과 긴 성숙기간 동안 산도를 충분히 유지하고 뚜렷한 품종 특성을 보이는 말보로 와인의 핵심이다. 동쪽 해안가는 서늘한 해풍이 불고 높은 산은 심한 비바람을 막아주는 역할을 한다. 주품종은 쏘비뇽 블랑이지만 다양한 토양과 미세 기후로 인해 다른 품종들이 활발히 재배되고 있다.

센터럴 오타고Central Otago

세계 최남단이며 뉴질랜드에서 가장 고도가 높은 와인 생산지이다. 규칙적으로 서리가 발생하고 일교차가 뚜렷하며, 일조량이 높다. 짧고 뜨거운 여름의 영향으로 특징이 뚜렷하면서도 포도를 재배하기에 무척 까다로운 지형을 이루고 있다. 건조한 가을 날씨와 전반적으로 낮은 습도는 놀라운 순도와 복합미를 이끌어 내는 데 있어 중요한 요소가 되어 준다.

빙하에 의해 형성된 이 지역은 현재 거친 편암, 점토, 양토, 자갈, 날림 모래 및 풍적토의 다양한 토양으로 이루어져 있고 호수, 강 그리고 거친 날씨가 특징이다. 편암 또는 경사암이 대부분을 이루고 있는 돌이 많은 지반으로 인해 배수가 원활하다는 공통점이 있다. 뉴질랜드 내에서는 삐노 누아 생산면적이 제일 넓다.

〈뉴질랜드 유명 와인 생산자〉			
데 마타 Te Mata		아타 랑기 Ata Rangi	
드라이 리버 Dry River		클라우디베이 Cloudy Bay	
브랜코트 Brancott–몬태나Montana		킴 크로포드 Kim Crawford	
빌라 마리아 Villa Maria		팰리저 Palliser	
세인트 클레어 Saint Clair		포레스트 Forrest	

4. 칠레 와인

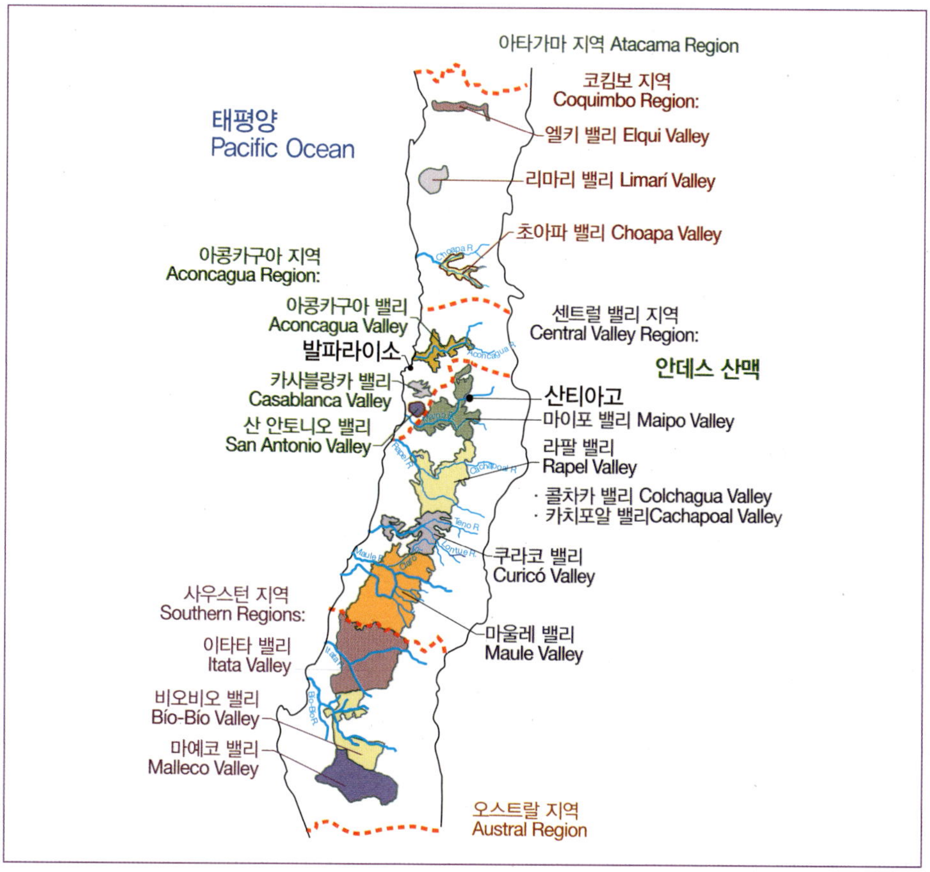

칠레는 신세계 와인 국가 중에 가장 빠른 생산국으로 자리 잡고 있다. 유럽과 미국의 자본을 적극적으로 유치하고 와인 양조 기술에도 노력할 뿐만 아니라 품질대비 가격이 합리적인 가성비 좋은 와인을 생산하기 때문이다. 칠레는 좋은 와인이 나올 수 있는 천혜의 자연조건을 가지고 있다. 태평양과 안데스 산맥으로 둘러싸인 칠레는 바다와 산맥의 영향으로 포도 재배에 이상적인 기후조건을 갖추고 있다.

특히 주요 생산지역인 산티아고의 중부지역은 지중해성 기후를 띠고 있고, 주간에는 따뜻하고 밤에는 서늘한 해양성 바람으로 양조용 포도 재배에 최적의 떼루아를 형성하고 있다.

칠레 와인 역사는 스페인 정복자들과 선교단들이 16세기에 멕시코를 거쳐 페루에서 가져온 유럽산 포도나무를 재배하면서 시작된다. 칠레 와인의 시작은 스페인이었지만 정작 칠레 와인에 가장 큰 영향을 끼친 것은 프랑스였다.

19세기 중반에 칠레의 부유한 사업가들은 부를 과시하기 위한 수단으로 보르도 샤또를 본 뜬 와인 양조장을 설립하고 까베르네 쏘비뇽을 비롯한 프랑스 포도를 수입하여 재배했으며 다수 프랑스 와인 메이커들을 고용했다. 또한, 외국의 와이너리와 조인트 벤처 혹은 외국자본의 적극적인 투자를 진행하고 있다.

칠레에 첫 번째로 투자한 와이너리는 스페인의 토레스로 중앙계곡 대지역의 쿠리코에 거대한 포도밭을 사들였다. 캘리포니아의 로버트 몬다비 와이너리와 에라주리즈는 합작회사를 만들어 세나Sena라는 와인을 만들었다. 보르도 샤또 무똥 로칠드와 콘차 이 토로의 합작회사인 알마비바Almaviva 와인을, 샤또 라피트 로칠드는 로스바스코스Los Vascos 와인을 생산하게 된다. 이러한 자본과 기술의 집중투자는 칠레 와인의 품질을 향상시키고, 수출이 늘어나는 등 칠레 와인 산업은 눈부시게 성장하게 된다.

(1) 떼루아

칠레는 뛰어난 와인이 나올 수 있는 천혜의 자연조건을 가지고 있다. 태평양과 안데스 산맥으로 둘러싸여 있어 바다와 산맥의 영향으로 포도 재배에 이상적인 기후조건을 갖추고 있다. 겨울은 습하고 여름은 건조한 지중해성 기후로 한낮의 온도는 32°를 넘지 않고 여름 밤은 서늘하여 포도가 익기 좋은 환경이다. 안데스 산맥에서 녹아내리는 눈은 관개에 쓰이고 물리적 고립은 포도나무의 병충해가 거의 없으며 전 세계의 포도밭을 파괴시킨 필록세라도 피해 간 지역이 바로 칠레다.

(2) 포도 품종

칠레에서는 20종이 넘는 포도 품종이 재배되고 있다. 가장 널리 재배되는 고급 와인 주요 품종은 까베르네 쏘비뇽과 샤르도네 및 메를로와 쏘비뇽 블랑 그리고 까르메네르Carmenere가 있다.

최고의 칠레 스타 품종인 까르메네르는 처음에는 메를로 품종인 줄 알고 재배하였다가, 1994년 DNA 분석 결과 보르도의 다른 품종으로 판결하게 된다. 이 품종은 두꺼운 껍질과 단맛이 많으며, 부드러운 탄닌과 낮은 산도로 만들어진 와인이 애호가들에게 관심을 일으키게 된다. 이렇게 까르메네르 단일 품종으로 생산한 칠레 와인은 개성과 정체성을 갖게되고 가성비 좋은 와인으로 자리 잡게 되었다.

칠레 주요 와인 산지 및 포도 품종

와인 산지	주요 생산지	포도 품종
중앙 계곡Valle Central	마이포Maipo	까베르네 쏘비뇽
	라펠Rapel	까베르네 쏘비뇽, 까르메네르
	마울레Maule	까베르네 쏘비뇽
	쿠리코Curico	쏘비뇽 블랑
아콩카구아Aconcagua		세미용, 까베르네 쏘비뇽
카사블랑카Casablanca		쏘비뇽 블랑, 샤르도네, 삐노 누아

(3) 와인 생산 지역

포도원들은 토양과 기후가 적합한 다양한 골짜기에 대부분 위치해 있다. 대표적인 곳이 칠레 북부에 있는 아콩카구아와 카사블랑카 밸리, 칠레 중앙에 있는 마이포, 라펠, 쿠리코, 마울레 밸리 등이 있다.

1995년 칠레에서도 포도 재배지역과 라벨 표기를 통제하는 새로운 법규가 처음으로 시행되었다. 농업보호청과 농업부, 그리고 와이너리들이 공동으로 제정한 이 법은 각각의 아펠라시옹과 그 지역 내부의 소구역 및 지구들을 명확히 정의하고 있다.

특정 포도 재배지역의 라벨이 붙어 있다면 85% 이상은 해당지역에서 나온 것이어야 한다. 라벨에 포도 품종이 표기되어 있다면 적어도 85% 이상 원료로 사용되어야 한다. 빈티지를 명기한 와인이라면 적어도 와인의 85% 이상은 해당 빈티지에 생산된 것이어야 한다.

마이포Maipo 지역

수도 산티아고Santiago 곁에 자리한 마이포 산지는 칠레에서 가장 오래된 와인 생산지 가운데 하나이며 칠레 와인 산업의 중심지이다. 까베르네 쏘비뇽으로 잘 알려져 있으며 수도와 가까워서 많은 와이너리들이 이곳에 본사를 두고 유통과 무역을 전

개하고 있다.

아콩카구아Aconcagua 지역

칠레 북쪽지방의 아콩카구아. 이곳은 카사블랑카Casablanca로 유명한 화이트 와인 산지다. 칠레의 포도 재배 및 와인 양조지역 중에서 가장 덥다. 기후 자체가 까베르네 쏘비뇽과 메를로처럼 적포도 품종들을 재배해야 하지만, 대양과 가장 가깝기 때문에 화이트 산지로도 뛰어나다.

카사블랑카 밸리는 와인 메이커들의 관점에서 볼 때, 칠레에서 가장 위대한 와인들의 근거지가 될 잠재력을 지니고 있다. 그래서 칠레의 큰 와이너리들이 이미 이곳에 샤르도네와 쏘비뇽 블랑을 재배하고 와인 생산을 시작하게 되었다.

〈유명 칠레 와인 생산자〉

로스 바스코스 Los Vascos		에라수리스Errazuriz	
마테틱Matetic		오드펠Odfjell	
몬테스Montes		운두라가Undurraga	
세냐Sena		카르멘Carmen	
아나케나Anakena		코노 수르Cono Sur	
아퀴타니아Aquitania		콘차이 토로 Concha Y Toro	

〈계속〉

알마비바 Almaviva		

5. 아르헨티나

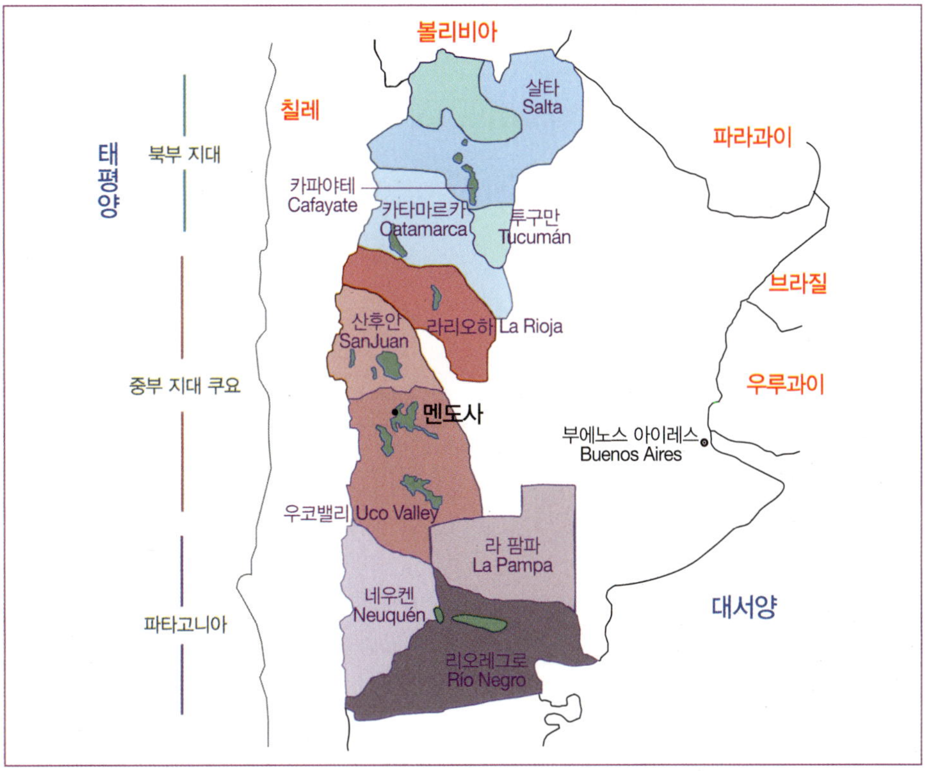

아르헨티나 와인의 역사는 스페인 식민 지배 시대로 거슬러 올라간다. 16세기에 남아메리카 대륙의 와인 재배와 비슷하게 포도나무를 심고 와인을 생산한 사람들은 선교사들이 었다. 선교들은 주로 포도 재배에 적합한 멘도사와 산후안 북부 지역에서 시작하게 되었다. 이처럼 비티스 비니페라 Vitis Vinifera 품종을 들여와서 종교의식에 필요한 와인을 만들기 위해 포도나무를 재배했다.

19세기 와인 생산에 경험이 많은 유럽 이민자들이 멘도사Mendoza에 농장을 설립하고 철도와 교통수단의 발달 등이 뒷받침되어 와인 생산은 국가산업이 되었다. 포도 재배 면적이나 와인 생산량이 칠레보다 많지만 세계 시장에서의 인지도는 낮다. 그 이 유로는 와인 품질이 좋지만 국내 소비가 더 많은 연유로 수출을 하지 않았었다.

최근 외국 유명 와이너리들이 투자를 진행하면서 수출에 관심을 갖고 세계 시장에 박차를 다하고 있다.

프랑스의 샤또 슈발블랑은 '슈발 데 안데스Cheval des Andes', 샤또 레오빌 푸아 페레는 '쿠베리에 로스 안데스Cuvelier Los Andes', 모엣 샹동 샴페인은 '보데가스 샹동Bodegas Chandon'을 설립하고 와인을 생산하고 있다.

(1) 떼루아

아르헨티나의 포도밭들은 해발 900m 이상의 높은 곳에 위치하여 밤의 기온이 낮기 때문에 적포도 재배에 적합하다.

최고의 와인 산지인 멘도사는 안데스 산맥 끝자락 쿠요의 고지대 평원에 위치해 있어서 낮 동안엔 짙은 색 껍질의 포도를 숙성시키는 데 아주 중요한 온기와 햇빛을 선사해 준다. 또, 밤에는 기온이 떨어져서 포도 성숙의 진행을 늦추는 동시에 균형이 잘 잡혀진 좋은 와인 양조에 꼭 필요한 산도를 지켜 주기도 한다.

(2) 포도 품종

아르헨티나의 대표적 품종은 말벡이다.

청포도 품종은 샤르도네, 슈냉 블랑, 크리오야Criolla와 세레사Cereza, 뮈스카텔 데 알레한드리아Moscatel de Alejandria, 토론테스Torrontes를 적포도 품종으로는 바르베라Barbera, 보르나다Bonarda, 산지오베제, 템프라니야Tempranilla, 까베르네 쏘비뇽, 말벡, 메를로를 주로 재배한다.

아르헨티나 주요 포도 품종

화이트	• 크리오야Criolla, 세레사Cereza : 아르헨티나에서 가장 많이 재배되는 품종 • 토론테스Torrontes : 아르헨티나 특유의 품종
레드	• 말벡Malbec : 아르헨티나에서 가장 중요하며 많이 재배되는 인상적인 적포도 품종

(3) 와인 생산 지역

아르헨티나에는 네 개의 주요 와인 생산지가 있는데, 가장 중요한 곳이 멘도사이며, 산 후안, 라 리오하, 살타가 뒤를 잇고 있다. 그 밖에 북쪽으로 살타 인근의 후후이와 카타마르카, 그리고 최남단의 리오 네그로가 있다.

1) 북부지방 – 살타Salta

화이트 와인 품종인 토론테스Torrontes로 만든 와인을 생산한다.

2) 중부지방 – 쿠요Cuyo

산 후안San Juan

아르헨티나 와인 생산지 중 생산량만 놓고 볼 때 두 번 째로 중요한 곳이다. 여름의 한낮 기온이 43℃에 이르도록 무척 더운 지역이다. 그래서 재배되는 포도는 열 때문에 품질이 대부분 낮으며, 많은 수확량만을 생각하면서 재배된다. 포도 농축액이나 브랜디의 기초 원료로 많이 수출한다.

멘도사Mendoza

멘도사는 부에노스아이레스 동쪽, 대서양의 내륙 안데스 산맥의 구릉지대에 있어 포도원들은 1년 내내 눈덮인 산으로 둘러싸여 있다. 아르헨티나 와인의 70%를 생산하는 주도적인 와인 생산지이며 아르헨티나 와인 산업의 핵심인 곳이다.

멘도사 내에서도 루한 데 쿠요와 마이푸가 가장 주요한 지역이다. 멘도사의 가장 유명한 포도는 말벡이다. 원산지인 보르도의 말벡에서는 찾아볼 수 없는 그립과 구조, 농밀함을 자랑한다.

라 리오하La Rioja

아르헨티나에서 가장 오래된 와인 생산지역이다.

3) 남부 – 파타코니아

리오 네그로Rio Negro

아르헨티나의 와인 생산지 가운데 가장 남쪽에 있어 가장 서늘한 곳이다. 스파클링 와인으로 유명하다.

(4) 아르헨티나의 와인 법규

일반적인 와인 수출과 포도 생산은 INV Instituto Nacionale de Vitivinicultura에서 감독하지만 미국과 마찬가지로 포도 재배와 와인 양조를 규제하는 엄격한 법률 체계는 없다. 하지만 어떤 포도 품종을 라벨에 표기하려면, 와인의 100%가 해당 포도로 구성되어야 한다.

〈아르헨티나의 주요 와인 생산자〉			
1. 보데가스 카테나 자파타 (Bodegas Catena Zapata)		5. 보데가스 루이지 보스카 Bodegas Luigi Bosca	
2. 보데가 몬테비에호 Bodega Monteviejo)		6. 보데가스 파스칼 토쏘 Bodegas Pascual Toso)	
3. 보데가 꼴로메 Bodega Colome		7. 비냐 코보스 Vina Cobos	
4. 보데가 노에미아 드 파타고니아 Bodega Noemia de Patagonia		8. 아차발 페레 Achaval Ferrer	

6. 남아프리카 공화국

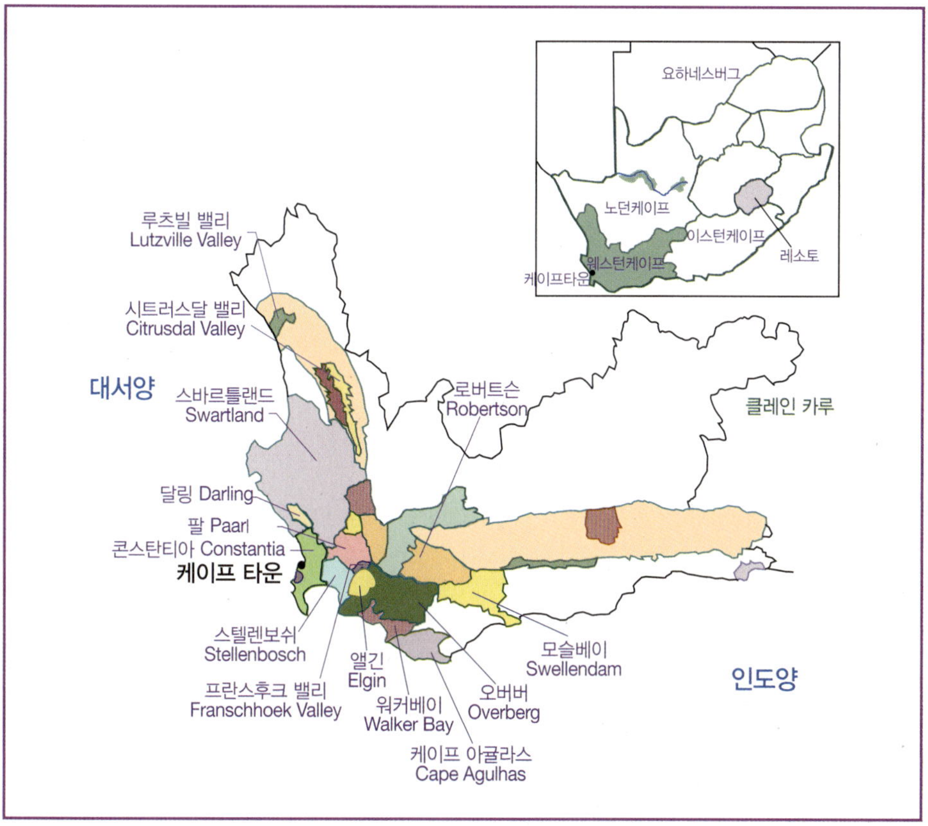

아프리카 대륙 최남단의 대서양과 인도양이 만나는 곳에 위치한 남아프리카 공화국의 포도 재배 역사는 1652년 네덜란드 식민지 이주민들이 아프리카 대륙 서남단 케이프로 정착하면서 시작된다. 이민단 책임자인 얀 반 리벡Jan Van Riebeeck이 유럽산 포도나무 묘목을 가져와 재배하고 1659년 최초로 와인이 생산되었다.

현재 유럽에서 생산하고 있는 거의 모든 품종으로 다양한 종류의 와인을 생산하고 있고, 대량 생산에서 탈피하여 뛰어난 포도 품종과 질 높은 와인을 생산하기 위해 지속적으로 변화해 나가고 있다. 청포도가 조금씩 감소하고 적포도 재배가 급격하게 늘어가고 있으며, 특히 여섯 번의 교잡으로 만들어진 새로운 레드 와인 품종인 피노따쥬Pinotage가 가장 유명하다.

이곳의 와인산업은 17세기 후반 종교적 박해를 피해 이주한 프랑스인들에 의해 그 기반이 마련되었다.

하지만 영국과 원주민이 다툰 보어 전쟁과 포도나무 뿌리를 죽이는 필록세라로 인해 포도원들이 거의 파괴 상태에 이르게 된다.

이러한 와인업계의 불황을 타개하는 과정에서 강력한 포도생산자 협동조합이 결성되었는데, 이는 가격 안정에는 기여했지만 약 1세기 동안 남아프리카 공화국 와인산업이 다른 나라에 비해 정체 상태로 남아있게 되는 원인이 된다.

오늘날의 남아프리카 공화국 와인 산업은 품질혁신과 외국과 교역이 다시 이루어지면서 부활하게 되었다. 천혜의 포도 재배지에 일찍부터 전해진 유럽의 양조기술, 상대적으로 낮은 지대와 인건비 덕분에 가격 경쟁력까지 갖출 수 있었다.

특히 최근 20년 사이에 프랑스 보르도 와이너리 및 미국 와인 회사들의 투자가 활발해지면서 새로운 도약기를 맞이하고 있다. 보르도 샤또 꼬스 데스투르넬은 '안빌카Anwilka', 샤또 슈발 블랑은 '모르겐스터Morgenster' 와이너리가 외국인 투자의 대표적이다.

(1) 떼루아

남아프리카 공화국의 포도 재배와 와인 양조는 서쪽으로는 대서양, 남쪽으로는 인도양과 접한 서남부 지역에 집중되어 있다. 서남부 내에서도 내륙에 자리잡고 있는 워세스터와 클라인 카루 등은 너무 더워서 무겁고 거칠거나 아니면 강화 와인이 생산되는 반면, 해안가 근처에 있는 몇 안되는 소규모 와인 생산지인 콘스탄시아, 프란슈 후크 밸리, 팔, 스텔렌보슈 등에서는 고품질 와인이 나온다.

포도밭 토양은 매우 다양하다. 자갈, 화강암, 진흙, 모래, 이판암, 그리고 케이프 사암이라고도 알려진 깊고 진한 적색토 등이 있다. 와인 산지는 온화한 날씨의 케이프타운 지역과 지중해의 무더운 지역과 비슷한 기후가 있는 곳도 있다. 찌는 듯한 무더위가 존재하는 산지에서도 대서양과 인도양에서 불어오는 바닷바람 덕분에 포도 재배에 도움이 되고 있다.

(2) 포도 품종

주요 포도 품종으로는 청포도는 케이프 리슬링, 샤르도네, 슈냉 블랑, 헤인풋, 뮈스카델, 리슬링, 쏘비뇽 블랑이 적포도는 까베르네 프랑, 까베르네 쏘비뇽, 쌩쏘, 메를로, 피노따쥬, 삐노 누아, 시라즈가 있다. 와인은 대부분 포도 유형에 따라 라벨을 붙인다. 품종에 따라 라벨이 붙은 와인은 해당 포도 품종을 75% 이상 함유해야 한다. 다시 말해, 색슨버그Saxenburg 쏘비뇽 블랑은 쏘비뇽 블랑이 최소한 75% 이상이어야 한다.

1972년 남아프리카공화국에 원산지 표시제도가 시행되었고, 1990년대 중반의 심화된 법규에서는 에스테이트Estate라는 용어가 명확히 규정되었다. 에스테이트 와인이란 동일한 구역 내에서 '생태학적 조건'을 공유하는 한 구획 이상의 땅에서 나오는 와인을 말한다.

현재 가장 많이 재배되는 포도는 슈냉 블랑으로 이곳에서 재배되는 포도의 1/4을 차지하며, 우아한 드라이 와인과 매력적인 스위트 와인을 생산한다. 화이트가 주류를 이루지만 까베르네 쏘비뇽, 시라즈, 피노따쥬 같은 레드 와인에 대한 관심이 커가고 있다. 특히 토착 품종인 피노따쥬는 남아프리카에서 육종되어 재배되고 있는 독특한 품종으로 과일향이 풍부하고 야성미 넘치는 거친 레드 와인으로 태어난다.

(3) 와인 생산 지역

오래된 항구도시 케이프타운을 중심으로 부채 모양으로 펼쳐져 있다. 케이프타운은 정상이 평평한 해발 1067m의 산이 우뚝 솟아 있는데, 테이블 마운틴이라 한다. 남아공의 포도 재배지역은 남위 22°~35°에 위치하고 있다. 주요 와인 생산지역은 두 개로 나뉘는데, 하나는 온난하고 해양성 기후인 서부 케이프 주변과 평균기온이 높고 일교차가 큰 내륙으로 구분된다. 수확은 1월 말에서 4월 중순 사이에 이루어진다.

스텔렌보쉬 Stellenbosch

이 지역은 오래된 항구도시 케이프타운 근처에 위치하고 있다. 최고 품질의 레드 와인을 생산하는 지역으로 남아공 와인산업의 메카라 여겨진다.

콘스탄시아Constantia

고품질 와인은 대부분 해안가 소규모 와인 산지에서 나온다. 특히 이 지역의 클라인 콘스탄시아Klein Constantia가 생산하는 스위트 와인은 나폴레옹이 유배생활 중에 제일 좋아했던 와인으로 알려져 있다.

팔Paarl

스텔렌보쉬에서 내륙쪽으로 위치한 와인 산지 중에서 중요하고 오래된 지역이다. 지중해의 무더운 지역과 흡사한 기후를 공유하고 있어 시라와 피노따쥬 같은 프랑스 론 스타일 레드 와인이 생산된다.

〈남아프리카공화국 대표적인 와인 생산자〉			
1. 버켈더Bergkelder		7. 캐논캅Kanonkop	
2. 베이어스클루프 Beyerskloof		8. 콘스탄시아 Groot Constantia	
3. 보셴달Boschendal		9. 클로 말베른Clos Malverne	
4. 시몬시그Simonsig		10. 페어겔레겐 브이 Vergelegen V	
5. 엑셀시오르Excelsior		11. 페어뷰Fairview	
6. 조네블룸Zonnebloem			

PART Ⅳ 와인 테이스팅 & 서비스

Chapter 12

와인 테이스팅

1. 와인 테이스팅 자세

와인의 특징은 하늘의 별만큼 많다는 것이며, 모든 와인은 맛도 다르다는 것이다. 전 세계의 수없이 많은 와인 가운데에는 같은 포도 품종으로 만든 와인들도 있을 것이다. 하지만 누가 만들었느냐에 따라 그 맛은 달라질 수 있다.

마찬가지로 하나의 와인 생산자가 만든 와인일지라도 생산년도가 다를 때는 같은 맛의 와인이 나올 수 없다.

이처럼 생산지역, 생산자, 생산년도, 포도 품종에 따라 와인은 전혀 다른 맛을 낸다. 그뿐만 아니라 마시는 시기에 따라서도 와인의 맛은 달라질 수 있다. 대부분의 와인은 생산된지 몇 년 안에 마셔야 제맛을 즐길 수 있지만 어떤 와인은 수년 혹은 수십 년이 지나야 최고의 맛에 이르는 경우도 있기 때문이다.

따라서 우리는 코르크 마개를 열고 마셔 보기 전까지는 그 와인에 대해 정확히 알 수 없다. 와인을 마셔보았을 때 다시 말해 '테이스팅'tasting 했을 때만이 와인을 알 수 있는 유일한 길이다. 와인을 테이스팅해야 하는 중요한 이유가 바로 여기에 있는 것이다.

그렇다면 와인 테이스팅이란 무엇인가?

와인을 시음하고 감정한다는 것은 와인의 품질을 평가하고 그 특징을 찾아내기 위하여 일정한 방법과 절차에 따라서 사람의 감각기관을 통해 와인을 인지하고 분석하여 평가하는 의식적인 행위이다.

와인 시음에 있어서 동일한 와인인데도 장소, 시간, 기분에 따라 전혀 다른 느낌을 받을 수 있다. 이것은 사람의 감각이 주관적이기 때문에 시음하는 주변의 환경에 영향을 받기 때문이다. 그래서 가치 있는 와인 시음을 하려면 여건을 제대로 갖추어야 한다.

① 와인 : 시음하고자 하는 와인의 온도가 적정해야 한다. 화이트 와인은 흔들림이 없고 얼리지 않은 상태에서 시원하게 제공해야 한다. 드라이 화이트 와인은 9도~10도, 샴페인과 스위트 와인은 7~9도가 적당하며, 레드 와인은 13도~15도가 시음온도에 적절하다.

② 장소 : 와인 시음을 하는 룸은 햇빛이 잘 들어와서 충분이 밝거나 특별히 눈에 띄는 색채가 없으며 색상을 잘 관찰할 수 있는 흰 식탁보나 백지가 있으면 좋다. 적당한 실내 온도는 18~20°C가 이상적이다.

③ 시간 : 와인을 시음하기에 가장 적당한 때는 배고픔을 느끼게 되는 점심 직전인 오전과 저녁 식사 전인 오후이다. 중요한 시음은 보통 오전 11시경에 이루어지는데, 이것은 오전에는 미각 기관이 중성적일 뿐만 아니라 집중해서 시음할 수 있기 때문이다.

④ 와인 잔 : 전문가와 애호가 모두에게 와인 시음에 있어서 주요한 도구이다. 특히 시각과 후각 시음의 모든 단계에서 중요한 역할을 한다. 색깔이 없고 무늬가 없으며 투명한 크리스털crystal이면서 잔 두께는 얇을수록 좋다.

⑤ 시음 횟수와 종류 : 시음자 개인의 숙련도에 따라 이상적인 시음 횟수는 다르다. 와인 전문가들은 장시간 동안 많은 횟수의 와인을 시음한 후에도 정확한 평가를 내릴 수 있다. 그러나 보통의 애호가들은 3~6 종류를 시음하는 것이 적당하다. 시음할 때는 한 모금 들이킨 와인을 입 안에 머금고 있다가 분석하고 평가한 후에 바로 뱉어내야 한다.

⑥ 감정 방법 : 수평적 감정과 수직적 감정으로 나누어 실시하며 수평적으로는 동일한 빈티지vintage의 다양한 여러 지역을 비교하여 시음하는 것이고, 수직적인 방법으로는 동일한 와인의 각기 다른 빈티지를 비교하는 것이다.

⑦ 시음 순서 : 와인을 즐기는 순서와 동일하며, 약한 와인에서 강한 와인으로, 단순한 와인에서 깊은 맛의 와인으로, 젊은 와인에서 숙성된 와인으로 하면 된다. 특히 드라이 와인을 시음하고 스위트 와인은 마지막에 마시는 게 좋다. 반대로 할 경우, 단맛이 남아있어 올바른 평가를 하기 어렵다.

2. 와인의 색

(1) 색깔 Colour

같은 종류의 와인일지라도 실제로 와인의 색상은 조금씩 다르다. 와인의 색상은 포도의 품종과 산지 및 수확시기나 양조방법에 따라 달라지게 된다. 만약 빈티지가 같은 두 화이트 와인이 있을 때, 한 와인은 짙은 황금빛 와인이고 다른 와인은 엷은 노란색 와인이라고 하자. 일반적으로 색깔이 진한 황금색 와인은 더 깊고 풍부한 맛이 나지만, 엷은 노란색 와인은 깊은 맛은 덜하여도 한결 더 가볍고 산뜻한 맛이 난다.

이처럼 같은 화이트 와인이지만 색깔이 품종에 따라 다른데, 샤르도네가 쏘비뇽 블랑이나 리슬링보다는 색의 농도가 더 깊다. 레드 와인에서도 색상의 차이가 나는데 분홍색부터, 밝은 빨강 · 짙은 빨강에서 자주색 · 짙은 검은색까지 여러 색상이 있다. 이 가운데 보졸레 와인은 까베르네 쏘비뇽보다는 더 연한 색상이 난다. 일반적으로 진한 색일수록 풀바디 Full-Bodied 와인이라고 볼 수 있다.

(2) 농도 Intensity

와인의 농도는 색깔의 엷고 진함을 의미한다. 특히 레드 와인은 농도가 특히 중요하다.

색상이 연하고 농도가 낮은 경우는 포도 즙의 농도가 떨어지거나 색소성분이 충분히 우러나지 않았을 경우이다.

어린 포도나무, 덜 익은 포도 수확, 비가 많이 온 해의 수확년도 등이 원인이라고 할 수 있다. 이런 와인은 대체로 가볍게 마실 수 있는 와인들이며 오래 보관하기에는 적합하지 않다.

색상이 진하고 농도가 높은 경우라면, 잘 익은 포도를 수확하였을 뿐만 아니라, 양조과정에서도 탄닌과 안토시안 성분을 잘 추출한 경우이다. 이런 와인은 짜임새가 있고 맛의 구조가 탄탄하다. 그래서 장기 숙성이 가능하고 탁월한 맛의 와인이 많다.

화이트 와인의 경우에는 색상이 너무 연하거나 농도가 없으면 수확년도에 비가 많이 왔거나 덜 익은 포도로 와인을 양조했을 가능성이 크다. 물론 추운 지역에서 생산했는지와 포도 품종에 따라 밀도의 차이가 있다는 것을 염두해 두는 것이 좋다.

(3) 투명도 Limpidity

와인의 투명도는 맑고 윤이 나는 상태를 말한다. 그렇다고 와인의 투명도가 곧 와인의 품질을 나타내는 것은 아니다.

예를 들어 부유물질이 떠다니는 탁한 와인이 있다고 하자. 이 와인은 보관을 잘못해서 생긴 경우이거나 아니면 품질에 문제가 없는 자연적인 현상일 수도 있다. 와인을 병입하기 전에 걸러 주지 않고 바로 병에 담는 와인은 이처럼 탁한 와인이 많다. 또한, 오래된 와인에서 주석이 함유된 경우도 있지만 이러한 불투명한 와인을 두고 품질이 떨어진다고 말하기는 곤란하다.

그러나 소비자들이 불투명한 와인을 선호하지는 않기 때문에 현대 양조기술은 와인을 너무 맑게 만들려고 하는 경향이 있다. 특히 샴페인이나 화이트 와인은 투명한 상품을 선호하기 때문이다.

(4) 숙성에 따른 색상

와인의 색상은 병 속에서 숙성을 거치면서 미묘하게 그 색깔이 변하게 된다. 화이트 와인 대부분은 나이를 먹을수록 색깔이 더 진해지는데, 처음에는 그린 빛이 감도는 연하고 맑은 노란 색상에서 짙은 황금빛으로 바뀐다. 반대로 레드 와인은 시간이 지나면서 색깔을 잃고 엷어진다. 초기의 보랏빛을 띤 적색에서 적색과 오렌지색, 그리고 갈색의 순으로 점점 변해 가는 것이다.

만약에 와인의 색상이 이와 같은 자연현상과 다르다면, 일단 의심해 보아야 한다. 예를 들어 병입한 지 얼마 안 된 드라이 화이트 와인이 짙은 금색이라면 맛이 변해서 마실 수 없는 와인일 수 있다. 마찬가지로 화이트 와인이 짙은 갈색을 띠고 있다면 변질에 문제가 있다는 징후일 수 있다.

레드 와인도 마찬가지다. 영한 레드 와인이 갈색이라면 좋은 맛이 나올 수 없다. 물론 오래된 적포도가 짙은 적갈색으로 변할 수 있는데, 이 와인들은 병입된 후에 오랜 시간이 흘러 과숙성되었다고 볼 수 있다.

와인 숙성기간에 따른 색깔 분류

구분	화이트 와인	레드 와인
숙성 초기Young ⇕ 숙성 말기Aged	무색Colourless	푸른빛을 띤 적색Blue Red
	녹색을 띤 노랑색Greenish Yellow	보랏빛을 띤 적색Violet Red
	연한 노랑색Pale Yellow	자줏빛을 띤 적색Purple Red
	연한 황금색Pale Gold	체리 빛을 띤 적색Cherry Red
	황금빛을 띤 노랑색Golden Yellow	루비색을 띤 적색Ruby Red
	빛 바랜 황금색Old Gold	암홍빛을 띤 적색Garnet Red
	낙엽색Dead Leaves	벽돌빛을 띤 적색Brick Red
	적색을 띤 밤색Maderised	오렌지 빛을 띤 적색Orange Red
	호박색Amber	기와색을 띤 적색Tile Red
	연한 갈색Russet	적색을 띤 갈색Reddish Brown
	갈색Brown	황갈색Ochre

참조 : 한관규 저, "보르도 와인", (주) 지구문화, 2019.

(5) 점도粘度 Viscosity

와인 테이스팅 용어 가운데 '와인의 눈물'이라는 표현이 있다. 바로 와인의 점도를 말하는 것으로서 와인 잔을 가볍게 흔들어 보면 알 수 있다. 와인 잔의 벽 아래로 흘러내리는 물질이 있는 데 이걸 두고 '눈물'이라고 표현한 것이다.

이는 와인 성분 가운데 알코올과 글리세린이 표면장력 때문에 잔에 붙는 원리이다. 점도와 흘러내리는 속도에 따라 '기름진Oily', '보통의Normal', '묽은Watery' 와인으로 나눈다. 알코올과 글리세린의 함유량이 많을수록 와인이 천천히 흐르며 입 안의 무게감바디도 더하다.

3. 와인의 향

(1) 와인의 향

와인의 향을 맡는 것은 와인의 품질을 이해하는 데 있어서 꼭 필요한 일이다.

와인의 색을 평가했다면 와인 잔을 천천히 원을 그리듯 돌려서 와인의 향이 발산하도록 한 후에 코를 갖다 대면 향기가 퍼지게 된다. 이때 와인은 산소와 접촉하여 더욱 진한 향과 맛을 발산하게 되는 것이다. 그 다음에 한 모금 마시고 입 안에서 공기를 조금 흡입한 후 와인을 돌리면서 음미하면 복합적 풍미를 느끼게 된다.

와인은 물, 알코올, 산 등 여러 성분들로 구성되어 있다. 이 가운데 향과 관련된 성분은 800여 개나 된다고 한다. 화학식으로 풀어 보자면 이 성분들은 서로 섞여 있는데, 이 혼합물의 결과가 바로 와인의 향인 것이다.

(2) 아로마와 부케

아로마Aroma와 부케Bouquet는 와인의 향기를 묘사하는 용어이다. 향기라는 뜻의 아로마와 꽃다발이라는 뜻의 부케, 이 모두가 '와인의 향'이라는 뜻이지만 이 둘 사이에는 약간의 차이가 있다. 와인의 향기는 시간이 흘러가면서 변해 간다.

아로마와 부케는 이처럼 시간에 따라 달라지는 향기의 차이를 구별해 놓은 것이다.

① **아로마** : 포도송이 자체에서 우러나온 향과 포도즙이 와인으로 변해 가는 발효 과정 중에 생겨난 향이다. 아로마는 포도 자체에서 비롯되는 향이기 때문에 자연스럽고 풍부한 느낌의 과일향 · 꽃향 · 풀향 등으로 이루어져 있다.

② **부케** : 발효가 끝나면 포도즙은 와인으로 바뀌어 있다. 이후 와인은 숙성이라는 새로운 과정을 거쳐야 한다. 와인이 충분하게 숙성되면 맛과 향이 더욱 품위 있게 바뀌게 되기 때문이다. 이때 아로마는 점점 사라지면서 좀 더 복잡하고 중후한 향기가 난다. 이 향을 바로 '부케'라고 한다.

(3) 좋은 향과 나쁜 향

와인의 향만으로도 좋은지 아닌지를 어느 정도 구별할 수 있다. 예를 들어 타버린 성냥 냄새나 매니큐어 냄새가 난다면 문제가 있는 와인이다. 타버린 성냥 냄새는 지나친 아황산 가스 때문이다. 그리고 매니큐어 냄새는 여러 가지 원인이 있을 수 있지만 발효를 너무 일찍 끝냈거나 너무 높은 온도에서 발효했을 경우다. 이럴 때에는 공기 중에 와인을 놔두면 곧 사라질 수 있다.

특히 다양한 향을 발견하고 우수한 향의 와인을 구별하기 위해서는 향에 대한 훈련이 필요하다. 이와같이 향에 대한 훈련으로 와인 아로마향 키트를 활용하는 것도 좋은 방법이다.

향과 그룹의 종류

그룹 향	아로마 향 Aromas
동물향 Animal	사냥 동물, 사향노루 등 동물 냄새, 각종 고기류, 햄, 소시지, 피, 가죽, 고양이 오줌, 양젖 치즈 …
숲향 Balsamic	소나무, 잣나무, 송진, 이끼 …
나무향 Woody	고목나무, 참나무, 마른 나무, 젖은 나무, 코르크 냄새, 삼나무 …
화학적향 Chemical	석유, 벤젠, 알코올, 식초, 요오드, 약, 소독제, 썩은 계란, 플라스틱, 금속류 …
향신료향 Spices	계피, 각종 후추, 박하, 허브, 감초, 정향, 아니스, 송로버섯 …
탄내나는향 Burnt	담배연기, 굽는 냄새, 연기, 구운 빵, 캐러멜 caramel, 나무 숯, 고무 탄내 …
에테르-발효향 Ethereal	푸른 사과, 설익은 바나나, 아세톤, 양초, 요구르트, 버터, 맥주 …
꽃향 Floral	오렌지 꽃, 아카시아 꽃, 튤립, 장미, 금잔화, 라일락, 제비꽃 …
과일향 Fruity	포도, 자두, 체리, 버찌, 살구, 복숭아, 사과, 배, 산딸기, 카시스, 멜론 melon, 오렌지, 파인애플, 망고, 대추야자, 리치 …
미네랄향 Mineral	마그네슘, 부싯돌, 석회, 백묵, 먼지 …
식물향 Vegetal	허브, 포도 잎, 줄기, 각종 피망류, 카시스 잎, 보리수 잎, 담배 잎 …

참조 : 한관규 저, "보르도 와인", (주) 지구문화, 2019.

(4) 와인 향 분류법

독특한 경험은 와인의 향기를 맡는 과정에서도 경험할 수 있다. 비슷한 아로마 향끼리 서로 묶어 향을 그룹화할 수 있으며 이 분류법을 참고해서 풍요로운 와인 테이스팅 자리가 되도록 응용해 보자.

국내에 존재하지 않는 여러 아로마향들이 와인에 함유되어 있기 때문에 지속적인 경험을 통해 느끼는 것이 와인향 기억에 도움이 된다.

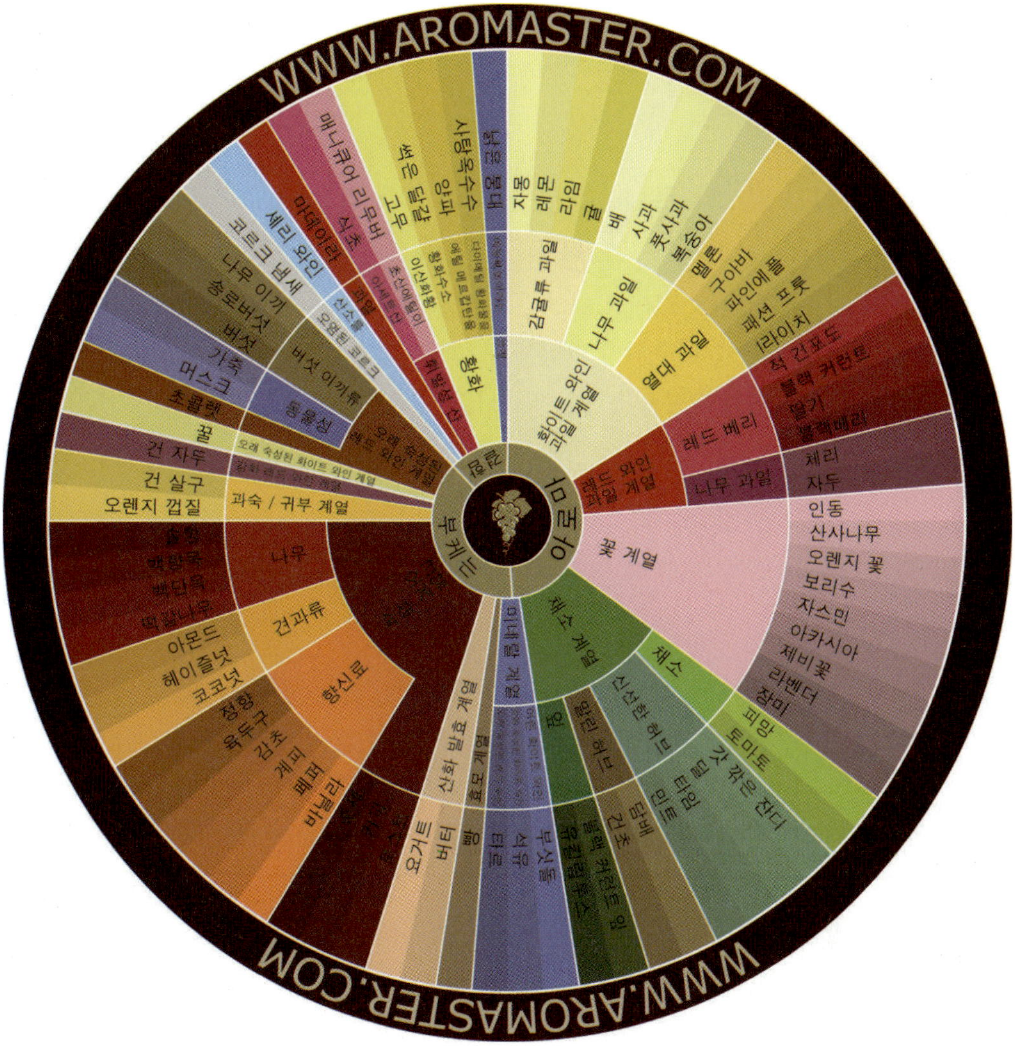

아로마 휠

4. 와인의 맛

와인의 맛을 테이스팅하기 위해서는 자연스럽게 한 모금 마신다. 와인을 입 안에 머금고 입 안 표면을 충분히 적신 후에 입술을 오므려서 숨을 빨아들이듯이 와인을 혀 위로 부드럽게 돌린다. 이러한 방법을 프랑스어로 그뤼마쥬grumage라 하며, 이렇게 하면 입 안에서 와인이 데워질 뿐만 아니라 혀의 미뢰 곳곳을 자극하는 효과가 있다. 그래서 와인의 맛과 향을 더욱 잘 음미할 수 있다.

이때 중요한 것은 입 안에 들어간 와인의 양이다. 너무 많거나 적어서도 안 된다. 입 안에 와인의 양이 많을 땐 와인을 돌리기가 힘들어진다. 반대로 적다면, 입 안의 열이 알코올을 모두 증발시킬 염려가 있다.

(1) 드라이Dry 와 스위트Sweet

와인을 마시면 가장 처음 느껴지는 맛이 단맛이다. 단맛을 느끼는 미뢰가 혀의 앞쪽에 몰려 있기 때문이다. 와인의 단맛은 신맛과 탄닌 맛과 함께 주요한 와인 맛 가운데 하나다. 그래서 당도에 따라 와인을 구별하기도 한다. 드라이 와인 또는 스위트 와인은 바로 와인의 당도를 표현한 것이다.

먼저 드라이란 단어는 '무미건조한'이란 뜻이지만 와인의 경우는 단맛이 없는 와인을 말한다. 그리고 단맛의 와인은 스위트 와인이라고 한다. 드라이와 스위트의 중간 맛, 약간의 단 맛이 느껴지면서 드라이한 와인은 미디엄 드라이 와인Medium-Dry Wine 이다.

와인 당도의 저/중/고에 따른 용어, 시음 시의 느낌 및 와인 분류

당도	용어	시음 시의 느낌	와인
저	드라이	감지될 만한 정도의 당분이 함유되어 있지 않음	보르도, 부르고뉴 꼬뜨 뒤 론 레드, 쏘비뇽 및 샤르도네 화이트
중	살짝 달콤한 미디엄 드라이	약하게 감지될 만한 정도의 당분 함유	독일 리슬링, 캘리포니아 올드 바인 진판델, 이탈리아의 모스카토
고	달콤한, 디저트 와인	뚜렷하게 달콤할 정도의 당분 함유	보르도 쏘떼른느, 남프랑스 벵두나뚜렐, 헝가리 토카이, 독일 아이스와인, 포르투갈 포트

당도의 강도별 구분 ("와인 테이스팅 코스" p. 29 참조)

(2) 산도Acidity

시큼한 맛의 산도 또한 와인 맛을 내는 데 중요하다. 특히 와인과 음식의 조화를 이루기 위해서는 신맛의 역할이 크다. 그래서 오래된 와인이라도 조금이나마 신맛이 느껴져야 한다. 그렇지 않으면 와인은 생기를 잃고 주스처럼 달짝지근한 맛이 될 것이다.

와인 산도의 저/중/고에 따른 용어, 시음 시의 느낌 및 와인 분류

산도	용어	시음 시의 느낌	와인
저	약간 시큼한, 산도가 부족한	신맛이 감지되지만 구운 사과처럼 그 정도가 약함	오크 풍미의 샤르도네, 크림 셰리
중	새콤한, 상큼한	싱싱한 사과처럼 상쾌함이 느껴지는 보통 정도의 신맛	이탈리아 삐노 그리지오, 칠레 메를로
고	톡 쏘는, 날카로운	덜 익은 사과처럼 거칠다 싶을 만큼 강한 신맛	프랑스 쌍쎄르, 이탈리아 끼안띠

산도의 강도별 구분 (“와인 테이스팅 코스” p. 30 참조)

산도와 마찬가지로 적포도에는 탄닌 성분도 들어 있다. 우리가 덜 익은 감을 먹었을 때에 느껴지는 떫은 맛이 바로 탄닌 성분 때문이다. 그런데 와인의 품질이 좋을수록, 와인 숙성시간이 오래될수록, 떫은 맛은 사라지고 탄닌은 깊고 중후한 맛을 드러낸다. 대부분의 레드 와인은 탄닌 성분이 풍부하다.

탄닌의 저/중/고에 따른 용어, 각 강도별 시음 시의 느낌 및 와인 분류

탄닌	용어	시음 시의 느낌	와인
저	탄닌이 없는	입 안을 마르게 하는 텁텁함이 전혀 감지되지 않음	프랑스의 보졸레, 드라이한 로제 와인
중	벨벳 같은, 탄닌이 부드러운	입 안을 마르게 하는 텁텁함이 약하게 감지됨	부르고뉴 레드, 보르도 뽀므롤, 캘리포니아 메를로
고	깔깔한, 탄닌이 거친	입 안을 마르게 하는 텁텁함이 자극적이도록 뚜렷함	이탈리아 바롤로, 호주 까베르네 쏘비뇽

탄닌의 강도별 구분 (“와인 테이스팅 코스” p. 38 참조)

(3) 균형 Balance

와인의 품질을 결정짓는 데 가장 중요한 요소 가운데 하나가 균형감이다. 와인은 그 맛과 부케 사이에 균형이 잡혀 있어야 한다. 그뿐만 아니라 맛의 모든 요소가 골고루 느껴져야 하고, 한 요소가 다른 요소를 압도해서는 안 된다. 최근에 생산된 햇 와인보다는 오래 숙성된 와인일수록 균형감이 중요하다.

좋은 와인은 탄닌, 산도, 당도 이렇게 세 가지 성분 모두 적절하게 골고루 균형을 이루었을 때다. 입 안에 와인을 머금었을 때 거칠지 않고 전체적인 인상이 조화롭고 부드럽게 느껴진다면, 균형이 잡힌 와인이라고 할 수 있다.

와인의 균형 도표

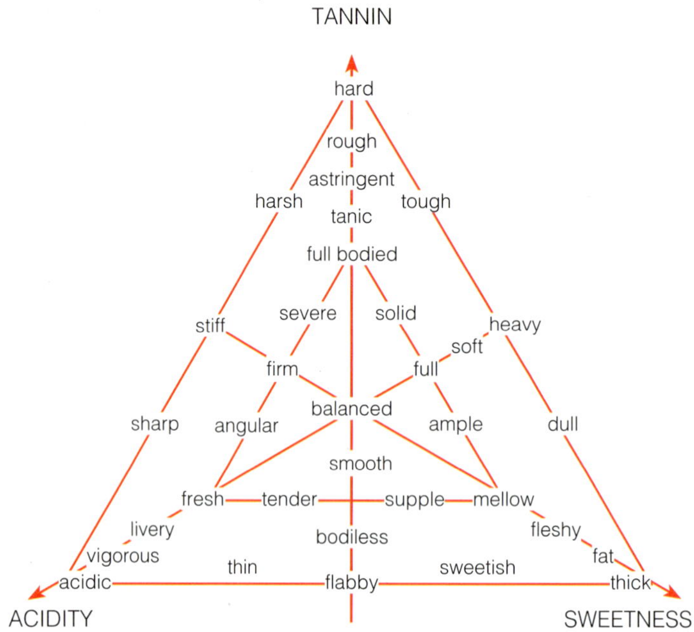

레드와인

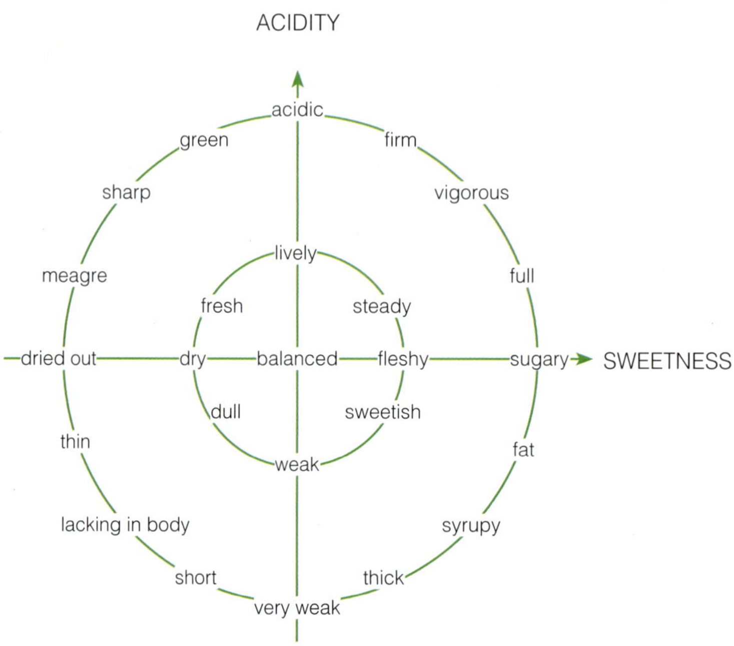

화이트와인

Prâtis des vins de Bordeaux, cole du Vin de CIVB

(4) 바디Body

와인의 바디는 입 안에서 느껴지는 무게감이다. 와인이 무겁게 느껴져도 실제 무게는 180그램 정도다. 다시 말해 입 안에 느껴지는 무게감은 실제 무게와는 다른 것이며 그 느낌만이 묵직한 것이다.

① **라이트 바디**Light-Bodied : 가볍고 섬세한 맛이 나는 와인으로, 과일 주스로 말하자면 배 주스처럼 농도가 낮은 와인이다.

② **미디엄 바디**Medium-Bodied : 맛이 가볍지도 않고 무겁지도 않은 중간 와인이다. 미디엄 바디 와인은 오렌지 주스 같은 농도를 가졌다.

③ **풀 바디**Full-Bodied : 진하고 풍부한 맛이 나는 와인이다. 토마토 주스처럼 걸쭉하고 묵직한 맛에 비유할 수 있다.

질감의 저/중/고에 따른 용어, 각 강도별 시음 시의 느낌 및 와인 분류

질감	용어	시음 시의 느낌	와인
저	가벼운, 라이트 바디	탈지 우유처럼 묽고 가벼운 질감	독일 리슬링, 이탈리아 모스카토(주로 스파클링, 화이트, 로제 와인)
중	중간대의 무게감, 미디엄 바디	초코 우유와 같은 중간대의 보통 질감	보르도 화이트, 보졸레, 칠레 메를로(고급 화이트, 일반적인 레드 와인)
고	묵직한, 풀 바디	초콜릿 밀크셰이크처럼 진하고 걸쭉한 질감	보르도 그랑 크뤼, 캘리포니아 올드 바인 진판델, 포르투갈 포트 와인(고급 레드, 디저트, 주정강화 와인)

질감의 강도별 구분 ("와인 테이스팅 코스" p. 37 참조)

(5) 여운과 뒷맛Finish

와인 테이스팅의 마지막 단계는 물론 와인을 마시는 것이다. 와인을 목에 넘긴 후에 남는 여운 맛을 피니쉬라고 하며, 향을 잔향이라고 한다. 뒷맛과 잔향은 와인의 질을 평가하는 데 중요한 요소이다.

품질이 떨어지는 와인들은 마시고 난 뒤에 와인 맛이 금새 사라진다. 그러나 우수한 와인들은 그 맛과 부케가 몇 초 이상 지속되며 향미가 지속되는 시간의 초당 단위를 프랑스어로 꼬달리Caudalie라고 한다. 와인의 피니쉬는 약 3초~10초간 지속되는 경우가 일반적이며 오래될수록 고급 와인으로 평가된다.

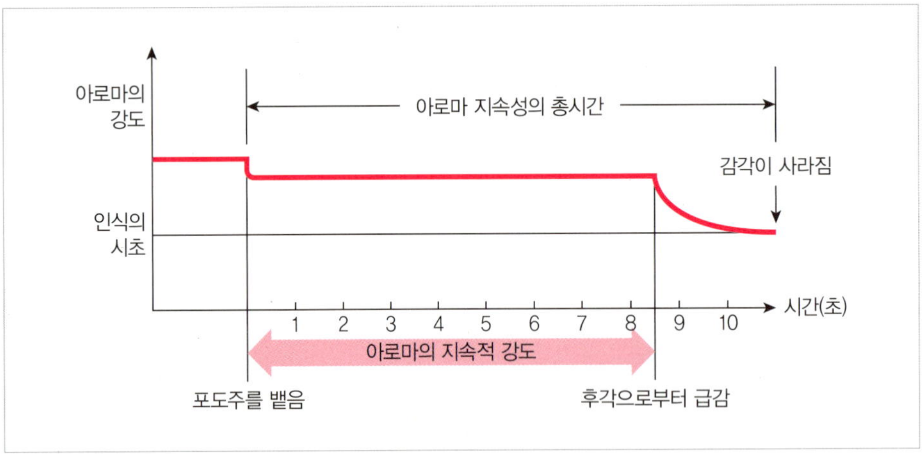

5. 와인 테이스팅 전문 용어

(1) 균형감 Balance

와인의 맛과 향 및 부케가 잘 어울리며, 산도와 탄닌의 요소가 조화로울 때 균형감이 있다고 한다. 너무 시큼하거나 날카롭거나 흐물흐물할 때 균형감을 잃은 와인이라고 할 수 있다.

(2) 복합성 Complexity

향기, 맛, 부케와 끝 맛이 잘 조화되어 있을 때에 그 와인은 복합성을 갖게 된다. 거의 오감을 만족시키는 수준이다. 복합성이 느껴지지 않는 와인을 맛이 텅 비었다거나 단조롭다고 말한다.

(3) 부케 Bouquet

부케는 일반적으로 와인의 복합적인 향기를 일컫는다. 엄밀히 말하면 부케는 와인이 숙성할 때에 내는 특유의 미묘한 향기를 말하는데, 원래 포도가 갖고 있던 향기인 아로마와는 다른 것이다.

(4) 깊이 Depth

와인 맛이 풍부하고 복합적일 때에 깊이가 있다고 한다. 깊이가 없는 와인을 두고 '단조로운 와인' 또는 '밋밋한 와인'이라고 한다.

(5) 뒷맛 Finish

와인을 삼킨 이후에 느껴지는 여운의 맛이다. 뒷맛은 혀 뒤에 있는 감각기관에서 예민하게 느낀다.

(6) 과일 향 Fruit Aroma

와인에서 과일 향은 매우 중요하며 풍부할수록 좋은 품질이다. 숙성되면서 과일 향이 사라지고 버섯이나 나무 또는 흙 향으로 변화되어 간다.

(7) 다리 Legs

와인을 잔에 따랐을 때 잔의 표면에 흘러내리는 무늬를 '와인의 다리' 또는 '와인의 눈물'이라고 한다. 와인 속의 알코올과 글리세린이 표면장력으로 결합되어 특이한 모양을 만들어 내는 것이다.

(8) 비단결 와인 Velvety

다소 부드럽게 느껴지고 깊은 맛을 내는 와인을 일컫는다. 벨벳 또는 실키하다고 표현한다. 반대되는 용어는 '거칠고 조잡스러운 맛'이다.

(9) 지속성 Length

와인을 삼킨 뒤 입 안에 와인 맛과 향이 남아 있는 시간을 말한다. 그 시간이 길수록 일반적으로 좋은 와인이다.

(10) 코 Nose

와인의 향과 부케를 두고 '와인이 코를 가졌다.'라고 말한다.

6. 와인 병의 종류 및 크기

(1) 유리병의 특징

유리 그릇에 음료를 담기 시작한 것은 오래 전이지만 지금으로부터 250여 년 전 영국에서 오늘날과 비슷한 형태의 와인 병이 개발되면서 널리 사용되기 시작하였다고 한다. 와인 병이 나오면서 와인 저장이 용이해졌으며 와인의 품질을 알맞게 유지할 수 있는 계기가 되었다.

일반적으로 병입된 와인은 공기가 차단되므로 산화가 지연되어 와인이 상하지 않게 되고 병 속에서 와인은 점차 숙성되어 맛이 더 좋아지게 된다. 현재와 같은 고급 와인이 나오게 된 출발점은 유리로 만든 와인 병의 출현과 그 맥락을 같이한다.

유리병에 와인을 담는다고 해서 와인의 맛이 더 좋아지지는 않지만, 와인은 안전하게 보존될 수 있는 것이다.

와인 병의 재료가 되는 유리 재질은 알코올과 산 · 페놀 · 탄닌 등에 견딜 수 있는 중성적인 성향을 띠고 있으며, 보통 와인 병은 녹색과 갈색으로 착색되어 자외선으로부터 와인을 보호하게 된다. 병입된 와인은 햇빛에 노출되어도 변하지 않으며 영하 15°C에서 영상 80°C까지 온도에 견딜 수 있어 운송할 때에 안정적인 상태를 유지할 수 있다.

와인 병의 색깔은 연한 녹색부터 짙은 녹색에 이르기까지 다양한데, 특히 짙은 초록색은 자외선을 차단하는 데 효과적이라고 한다. 화이트 와인은 일반적으로 연한 녹색 병에 담는다. 하지만 투명한 병에 담긴 것도 있으며, 독일 와인 중에는 연한 노란색이나 갈색 병에 담긴 것도 있다. 로제 와인은 아름다운 장밋빛을 볼 수 있도록 투명한 병에 담는다.

(2) 와인 병의 모양

와인 병 모양으로 그 와인의 신상을 어느 정도 파악할 수 있다. 와인 산지나 그 와인에 사용된 포도 품종에 따라서 와인 병 모양이 구분되기 때문이다. 프랑스 와인의 기본적인 병 모양으로는 보르도 형과 부르고뉴 형, 알자스 형, 샴페인 형으로 구분된다.

이 같은 것이 전 세계로 확대되어 보르도의 주요 포도 품종으로 만들어진 와인은 보르도 스타일의 병에 담고 부르고뉴 지역이 원산인 삐노 누아로 만든 신세계 와인은 부르고뉴 스타일의 병에 담게 되는 것이 일반적이다. 그래서 병 모양만으로 그 와인의 기본적인 특징을 알 수 있다.

① **보르도 형** : 보르도 스타일의 와인 병은 가장 널리 사용된다. 둥글게 각진 어깨에 목이 좁다란 디자인으로 되어 있다. 보통 보르도가 아닌 다른 지역에서 생산되는 까베르네 쏘비뇽이나 메를로 와인도 이같은 유형의 병을 사용한다. 진판델이나 끼안띠 및 산지오베제 같은 와인도 같은 병 모양을 가졌다. 이 병은 쏘비뇽 블랑이나 세미용, 삐노 그리지오와 같은 화이트 와인을 병입하는 데 쓰인다. 일부 미국 와인 중에는 길이를 1인치 정도 더 늘림으로써 좀 더 날씬하게 보이는 모양의 병을 사용하고 있다.

② **부르고뉴 형** : 보르도 스타일의 병보다 둘레가 더 크며 어깨가 낮고 완만한 곡선 모양이며 키가 더 작은 편이다. 부르고뉴에서 레드 와인은 삐노 누아 포도 품종으로 만들고 화이트 와인은 샤르도네 품종으로 만드는데, 이 같은 경우에 따라 다른 국가에서도 만들어지는 삐노 누아와 샤르도네 와인도 대부분 부르고뉴 병 모양을 기준으로 삼고 있다. 부르고뉴 형과 병 모양은 비슷한데 병에 특이한 사인이나 문장이 새겨져 있다면 꼬뜨 뒤 론 와인이다. 에르미따쥬나 샤또뇌프 뒤 빠쁘와 같은 레드 와인이나 꽁드리유 같은 화이트 와인이 대표적인 예다. 이탈리아의 바르바레스코나 바롤로 와인 중에도 이런 모양이 있다.

③ **알자스 형** : 어깨 부분이 날씬하게 처져 있으면서 길쭉한 병 모양이 플룻 모양 같다해서 플룻 병이라고도 불린다. 알자스뿐만 아니라 독일 지방의 와인 병 모양으로서 대부분 화이트 와인에 쓰인다.

레드 와인에서는 거의 찾기 힘든 형태이지만 알자스의 삐노 누아는 이 병을 사용하고 있다. 그 밖에도 리슬링이나 게뷔르츠트라미너와 같은 품종으로 만든 와인들 가운데에는 이런 디자인의 병 모양이 많다.

④ **샴페인 형** : 샴페인을 담는 병은 부르고뉴 병보다 어깨가 더 넓고 무거우면서 나지막하다. 이는 병 속의 탄산가스 압력을 견디기 위함이다. 전 세계의 스파클링 와인은 대부분 이 디자인의 병을 사용한다.

(3) 와인 병 크기

대부분 와인의 용량은 750ml이며 가장 널리 활용되고 있다. 보통 우리가 흔히 보게 되는 와인 병은 750ml 용량을 담을 수 있는 크기이다. 하지만 375ml 또는 187.5ml 짜리 작은 병의 와인이나 500ml 용량의 와인도 유통되고 있다. 전문 와인샵에서는 기본 용량의 2배인 1.5리터짜리 매그넘과 임페리얼이라고 불리는 6리터짜리 와인 병도 간혹 볼 수 있다.

와인 병 크기는 와인을 보관하는 기간과 관계가 있다. 대체로 와인 병이 작을수록 숙성이 더 빨리 진행된다. 그래서 전문가들은 와인을 오랫동안 저장해 두려면 매그넘 사이즈 이상의 용량이 좋다고 한다. 매그넘 사이즈는 보통 와인 2병 분량에 해당되는 1.5리터 용량이다.

와인 병 크기에 따른 명칭과 용량

와인 병	용량	한 병 기준 용량
스플릿 Split	187.5 mL	1/4병
하프 보틀 Half bottle	375 mL	1/2병
보틀, 부떼이유 Bottle, Bouteille	750 mL	1병
매그넘 Magnum	1.5 L	2병
제로보암 Jéroboam	3 L	4병
레호보암 Réhoboam	4.5 L	6병
메투젤라 Méthuselar	6 L	8병
살마나자르 Salmanazar	9 L	12병
발타자르 Balthazar	12 L	16병
네부차네자르 Nebuchadnezzar	15 L	20병

만약에 큰 용량의 와인을 사고 싶다면 전문적인 용어들을 알아볼 필요가 있다. 보통 와인 4병에 해당하는 3리터 크기의 병을 더블 매그넘이라고 한다. 제로보암은 미국에서는 3리터짜리 와인을 일컫고, 유럽에서는 주로 4.5리터짜리를 말한다. 임페리얼은 6리터짜리 와인이다.

스파클링 6리터짜리 병을 메투젤라라고 부르기도 한다. 샴페인 지역에서는 병 사이즈에 따라 이름을 다르게 부르기도 한다.

(4) 펀트 Punt

병 밑바닥 안쪽에 위로 불룩 솟아 있는 모양을 펀트라고 한다. 고급 와인들일수록 이런 모양의 와인이 많다. 와인 속의 미세한 침전물이 병 바깥쪽으로 모이게 하기 위하여 만든 것인데, 샴페인은 내부 압력을 견디기 위해서 펀트를 만든다. 부르고뉴 와인이나 보르도 와인은 대부분 펀트가 있다.

사실 저렴하고 대중적인 와인은 펀트가 필요 없고, 또 대부분 펀트가 없다. 소믈리에들은 이 펀트 구멍에 손가락을 넣고 와인을 따른다. 와인을 따를 때 손에 안정되게 병을 고정시키기 편리하기 때문이다.

Chapter 13.

고객의 와인 주문

와인 바구니를 이용한 주문 받기

고객에게 주문한 와인 확인하기

① 라벨을 보여준다.

② 와인병과 빈티지를 알려준다.

③ 확인 후에 서비스를 시작한다.

1. 소믈리에의 역할과 자질

소믈리에는 레스토랑에서 필요한 와인을 선정하고 관리할 뿐만 아니라 식사가 이루어지는 동안 고객이 마시는 모든 주류를 책임지고 서비스해주는 전문 직업인이다. 이들의 주된 역할은 와인을 소개하고 조언하는 일이다. 이들은 레스토랑 와인 리스트를 잘 알고 있기 때문에 고객의 요청에 따라 와인을 고르는 데 도움을 준다.

소믈리에는 손님의 취향과 요구에 따라 적절한 와인을 추천해 준다. 특히 소믈리에는 레스토랑의 음식과 와인의 조화에 대해서도 잘 알고 있다. 그래서 그 날의 스페셜 메뉴 등 식사 메뉴와 잘 어울릴 만한 와인을 고르는 데 큰 역할을 담당하게 된다.

2. 와인 리스트

레스토랑에 갔는데 어떤 와인을 골라야 할지 모르겠다면 먼저 와인 리스트를 보면 된다. 와인의 가격은 얼마인지, 산지는 어디이며 품종은 무엇인지 등등, 와인 리스트는 와인을 고르는 데 도움을 주는 와인 메뉴판이다. 와인 리스트를 보면 와인의 영역별로 카테고리를 정해 몇 종류로 구분해 놓았다.

보통 와인의 종류는 스파클링, 화이트, 로제, 레드, 디저트 와인으로 나누어진다. 그리고 와인의 생산 지역에 따라 국가별, 지방별, 품종별 또는 가격대별로 세분화하고 있다. 와인 리스트의 정보가 상세하게 설명되어 있을수록 와인을 고르기가 한결 더 쉬워진다.

와인 리스트(메뉴)

	Bordeaux	
2014	Chateau de la Vieille Chapelle Bouchales Merlots (Vin de Table)	160,000
2010	Chateau Sorbey(Haut Medoc)	90,000
2006	Chateau Cap Leon Veyrin Cru Bourgeois (Listrac-Medoc)	160,000
2014	Chateau Mouton Rothschild (Pauillac, Grand Cru Class 1등급)	1,300,000
2003	Chateau Calon-Segur (Saint-Estephe, Grand Cru Classe 3 등급)	470,000
2000	Chateau Lafon Rochet (Saint-Estephe, Grand Cru Classe 4 등급)	340,000
2001	Chateau Ducru Beaucaillou (Saint-Julien, Grand Cru Classe 2 등급)	620,000
2003	Chateau Gruaud-Larose (Saint-Julien, Grand Cru Classe 2 등급)	450,000
2014	Chateau D'arcole (Sanit-Emilion Grand Cru Classe)	160,000
2004	Chateau Certan de May(Pomerol)	340,000
	Northern Rhone	
2015	Eric Texier Saint-Julien en Saint-Alban	100,000
2016	Jean Louis Chave Selection Saint Joseph Offerus	120,000
2014	Domaine Jamet Cote Rotie	500,000
2012	Domaine Alain Voge Cornas Les V/V	270,000
1999	Paul Jaboulet Aine Hermitage La Chapelle	680,000
	Southern Rhone	
2007	Domaine Rayas, Chateau des Tour Vacqueyras	245,000
2013	Clos Saint-Jean Chateauneuf-du-Pape	180,000
1999	Chateau Cabrieres Chateauneuf-du-Pape	210,000
1978	Chateau Cabrieres Chateauneuf-du-Pape	400,000
2013	Chateau de Beaucastel Chateauneuf-du-Pape	360,000
1988	Chateau Cabrieres Chateauneuf-du-Pape, Prestige	470,000
	Bourgogne	
2016	Domaine Heresztyn-Mazzini Bourgogne	150,000

	Cotes de Nuits	
2015	*Domaine Xavier Durand Cotes de Nuits-Village "Les Saints Seine V.V*	150,000
2014	*Domaine A.F.Gros, Hautes-Cotes de Nuits Bourgogne*	150,000
	Gevrey Chambertin	
2014	*Domine Humbert Freres Gevrey Chambertin-V.V*	240,000
2007	*Domaine Drouhin-Laroze, Gevrey-Chambertin*	280,000
2013	*Domaine Bernard Dugat-Py, Gevrey-Chambertin V.V*	380,000
2015	*Maison Olivier Bernstein Gevery Chambertin 1er Cru "Les Champeaux"*	630,000
2006	*Domaine Bruno Clair, Gevrey-Chambertin 1er Cru "Clos St-Jacques"*	670,000
	Morey St-Denis	
2014	*Maison Frederic Magnien Morey St-Denis 1er Cru "Les Ruchots"*	220,000
2014	*Domaine Francois Legros, Morey St-Denis 1er Cru "Clos Sorbe"*	260,000
	Chambolle-Musigny	
2014	*Domaine Francois Legros , Chambolle-Musigny V.V*	220,000
2015	*Domaine Olivier Jouan Chamboll Musigny Les Bussieres V.V*	210,000
2013	*Domaine Francois Legros, Chambolle-Musigny 1er Cru "Les Noirots"*	280,000
	Vosne-Romanee	
2014	*Domaine Robert Sirugue, Vosne-Romanee V.V*	230,000
2015	*Domaien Mongeard-Mugneret, Vosne-Romanee*	300,000
2009	*Domaine Arnoux-Lachaux, Vosne-Romanee "Les Hautes Maizieres"*	320,000
2013	*Domaine de la Romanee-Conti Romanee-Saint-Vivant Grand Cru*	4,000,000

(1) 와인 종류

와인을 화이트, 로제 및 레드 색상별로 구분하는 것은 가장 보편적인 방법이며, 먼저 주문할 와인의 색상을 고려한다. 그리고 발포성 또는 드라이한 와인을 생각하고 그 다음에는 와인의 바디감이 있는지를 정한다. 같은 레드 와인이라 하더라도 무거운 느낌의 와인인지 아니면 가볍게 마실 수 있는 와인인지, 와인의 바디를 음식과 조화를 생각해서 결정하는 것이 좋다.

(2) 포도원 이름

와인 생산지 말고 특별히 포도원 이름이 표기된 경우가 있는 데 주로 고급 와인들에 쓰여 있다. 같은 포도 품종이라도 포도원이 다른 경우라면 맛의 차이가 있다.

(3) 와인 산지

여러 국가, 지방 또는 포도원에서 생산된 와인은 각각 자기만의 특징이 있다. 와인 리스트 대부분은 와인이 생산된 국가 혹은 생산 지방 등을 표기하고 있어서 와인을 찾는 데 도움이 된다. 그러나 와인의 생산지역을 자세하게 기재하지 않거나 읽기 어려운 외국 지명도 많이 있다.

(4) 포도 품종

포도 품종에 따라 와인을 분류할 수도 있는데 각 품종별로 다양한 와인들이 있다. 이를테면 까베르네 쏘비뇽이나 샤르도네 또는 메를로 계열로 여러 품종의 와인들을 맛볼 수 있다. 그 품종 내에서 가격이나 산지를 고려해서 최종 와인을 선택하면 된다. 캘리포니아에서 생산되는 샤르도네와 프랑스의 샤르도네는 맛이 다를 것이다. 이러한 특성을 이해하고 포도 품종 와인을 선택하면 유익할 것이다.

(5) 생산년도

이른바 '빈티지'라고 부르며 포도가 수확된 연도를 말한다. 스파클링 와인들은 일반적으로 빈티지를 표기하지 않는다. 국내의 경우는 잔으로 주문하는 하우스 와인에도 일반적으로 빈티지 와인을 판매한다. 같은 와인이라도 생산년도가 다르면 값은 달라진다.

(6) 가격

와인의 가격은 기본적인 출발점이 된다. 자신의 예산안에서 와인을 골라야 하기 때문이다. 와인 리스트에는 각 와인 종류별로 저렴한 와인부터 가격대가 높아지는 순서로 아니면 그 역순으로 표시되어 있는 경우가 많다. 마실 와인의 가격대를 생각하고 있다가 그 범위 내에서 고른다. 가격은 보통 750ml 1병을 기준으로 삼는다. 해당 레스토랑에서 구비하고 있는 하우스 와인은 병 또는 잔 단위로 가격이 표시되어 있다.

3. 와인 선택

와인 주문 시 까베르네 쏘비뇽보다는 삐노 누아를 더 좋아하거나, 어느 국가나 지역 혹은 특정한 포도원이나 특정 메이커의 와인을 좋아한다면 자신의 기호를 밝히고 자신감 있게 와인을 주문해 본다. 그러나 와인 리스트를 보고도 알 만한 와인이 없어 당황하거나, 음식에 어울릴만한 와인을 못 찾을 경우 또는 어떻게 주문해야 할지 모를 때 그 현명한 대처방법을 알아보자.

이처럼 어떤 와인을 골라야 할지 망설일 때 와인에 대한 풍부한 지식과 경험을 갖고 있는 소믈리에에게 요청하여 적절한 와인을 추천받을 수 있다. 그를 통하면 마셔보지 못한 와인이나 가성비가 뛰어난 와인을 만날 수 있다.

(1) 소믈리에의 조언

와인 리스트에 희망하는 와인이 없다면 어떻게 해야 할까? 아니면 와인 리스트의 목록이 빈약하거나 그 식당의 음식에 어울리는 와인만 구비하고 있다면, 그래서 와인 선택의 폭이 좁다면 어떻게 해야 할까? 또는 예산에 맞는 와인 가운데 아는 와인이 없을 땐 어떻게 할 것인가?

이럴 땐 소믈리에에게 조언을 구하는 것이 가장 좋은 방법이다. 소믈리에는 레스토랑의 와인을 잘 알고 있고, 그 음식에 잘 어울리는 와인을 소개해 줄 수 있다. 또한 이들은 여러 손님을 상대하고 있기 때문에 손님에게 어울릴 만한 와인의 노하우가 있을 것이다.

(2) 소믈리에에게 주문할 때 주의할 점

① 원하는 와인 종류를 분명히 말하라.

원하는 와인에 대해서 자세하게 얘기할수록 소믈리에는 거기에 가장 가까운 와인을 골라 줄 수 있다. 이를테면 가벼운 느낌의 레드 와인을 원한다든지, 까베르네 쏘비뇽보다는 보졸레 지방의 갸메 와인을 더 좋아한다는 식으로 자신의 기호를 말한다. 구체적일수록 좋다.

메를로 품종을 좋아한다면 메를로 가운데 어떤 와인들을 구비하고 있는지 정확하게 물어 보고 메를로 와인이 없다면 가장 비슷한 맛의 와인은 무엇인지 상의해 보자.

② 맛의 특징을 이야기하라.

탄닌 맛의 농축미가 있는 와인 아니면 과일 향이 풍부한 상큼한 와인 등 어떤 것이든 자신이 즐기는 와인의 맛이 있다면 알려주는 게 좋다.

③ 예상한 가격대를 말하라.

와인을 고를 때 염두에 둘 것 가운데 하나가 와인의 가격이다. 예산이 얼마인지 정확하게 얘기해 준다면 소믈리에가 그 가격대의 좋은 와인을 소개할 것이다.

④ 동행이 있을 때

혼자 와인을 마시는 경우에는 와인 선택에 큰 문제가 없지만 일행이 있다면 상황은 달라진다. 이들의 의견을 먼저 물어 보는 것이 예의다. 이를테면 레드 와인이 좋은가 또는 화이트 와인을 선택할지 물어 보고 주문하는 것이 좋다. 만약 동행 가운데 와인을 잘 아는 사람이 있을 경우에는 그에게 주문을 맡기거나 조언을 구하는 것도 좋다. 오히려 자신이 초대한 손님들을 잘 대접하는 것이 될 것이다.

레스토랑에서는 잔으로 주문할 수도 있고 병으로 주문할 수도 있다. 물론 여러 명이 함께 마실 경우에는 병으로 주문하는 게 좋다.

⑤ 주문자가 와인 전문가라면

참석자 중에 와인에 대해 잘 알고 있는 사람이 있다면 초청자는 그 사람에게 식사할 때 와인을 골라 달라고 부탁할 것이다. 이 때 주의해야 할 점이 있다. 먼저 예산을 생각하라는 것이다. 너무 비싼 와인은 주문하지 말라.

호텔은 와인 값에 서비스 수수료와 부가세가 포함되어 계산된다는 것도 염두에 두자. 이런 제안을 받았다면 초청자에게 다양한 가격대의 와인을 동시에 추천하는 것이 좋다. 그리고 마지막 결정은 그 사람이 하는 것이 바람직하다.

만약 특이한 와인이 있다거나 마시고 싶은 와인이 있다면 직접 그 와인을 들고 가서 레스토랑에서 마실 수도 있다. 이럴 경우 레스토랑에 따라서 추가 금액인 '콜키지Corkage' 비용을 요구하는 데 보통 1만원~3만원 내외이며 이 금액을 부담할 경우 와인 잔을 제공받고 부가 서비스도 받을 수 있다. 콜키지 비용을 안 받는 레스토랑도 있다. 만약 이런 곳이라면 그 레스토랑의 와인 한 병을 주문하고 가지고 간 와인을 마시는 게 예의다. 그리고 소믈리에에게 한 잔 권하는 것도 좋다. 또한 레스토랑에 와인을 가져가기 전에 먼저 전화로 문의해 보아야만 한다.

4. 와인 주문

와인을 고르는 일이 익숙한 고객도 있겠지만 익숙하지 못한 고객에게는 매우 낯선 일일 것이다. 와인을 주문한다는 건 그리 어려운 일은 아니며 음식을 고르는 것과 같다. 레스토랑에 가면 그 날의 특선 메뉴가 눈길을 끄는 것처럼 와인도 그 식당의 추천 와인을 주문할 수 있다. 또한 레스토랑에서는 다양한 가격대 와인이 구비되어 있다. 가격에 부담없는 와인을 선택해 보자.

(1) 탁월한 와인 주문

① 와인 리스트를 보면서 무엇을 할까?

먼저 주문할 와인의 종류를 선택하고, 가격대를 고려해 본다.

② 주문할 와인의 양은 얼마나 해야 하나?

일반적으로 한 사람에 반 병 정도가 적당하다. 물론, 점심이거나 식사 전에 칵테일을 마셨다면 이보다 더 적게 주문할 수 있다.

③ 어떤 가격대의 와인을 주문하는 게 좋을까?

한 사람의 음식 값 정도에 해당되는 와인을 주문하면 된다.

④ 메뉴판에 없는 와인을 주문하려면?

일단 소믈리에에게 물어 보고 나서 그 와인이 있다면 주문하고, 없을 경우에는 비슷한 와인을 메뉴판에서 주문한다.

⑤ 와인을 주문했는 데 맛이 안 좋다면?

음식과 함께 먹으면 별로 문제가 없으나, 와인이 변질된 것 같으면 직원에게 요청하여 품질을 확인해 본다. 와인 품질은 가격과 정비례하니 참고하면 좋다.

(2) 어려운 발음 탈출해 보기

와인을 주문할 때는 와인 이름과 리스트에 적힌 보조 설명까지 가격을 제외하고는 상세히 말해야 한다. 같은 회사에서 나온 와인이라 하더라도 생산년도가 다른 경우도 있고, 아니면 포도 품종이 다를 수 있기 때문이다.

먼저 리스트에 적힌 내용을 그대로 발음해 보자. 그러나 와인 이름을 말하기 어렵다면 와인 리스트에 붙어 있는 와인 고유 번호를 말해도 좋다. 이를테면 "121번 끼안띠 끌라시꼬로 주세요."라고 할 수 있다. 물론 외국어 발음이 어렵겠지만, 좀 틀려도 크게 문제될 게 없다. 새로운 요리를 시킬 때도 이름이 혼동스러울 때가 많은 법이다.

와인 명칭을 발음하기가 어렵다면 손가락으로 와인 이름을 가리키면서 주문해도 된다. 종업원이 충분히 알아들을 것이다. 발음 때문에 곤란하더라도 마셔보고 싶다면 주저하지 말고 그 와인을 주문하면 된다.

(3) 와인과 식사

전채 요리용 와인과 메인 요리용 와인을 동시에 주문해도 되고 아니면 각 단계별로 주문해도 된다. 그리고 레드 와인과 화이트 와인을 동시에 주문할 때에는 각 와인을 언제 마실지 알려주는 게 좋다. 대개는 전채용 와인은 스파클링 또는 화이트, 메인 코스에는 드라이한 레드가 일반적이다. 두 번째 와인을 메인 코스에 서빙해 달라고 요청한다.

리스트에 원하는 와인이 없다면 소믈리에에게 요청하면 된다. 만약 동일한 와인이 없는 경우에는 비슷한 와인을 고르는 게 좋다. 레스토랑 중에는 와인을 보관하는 창고가 좁은 곳이 많다. 인기 있는 와인이 다 팔려서 재고가 없는 경우도 생길 수 있는 것이다. 좋은 레스토랑이라면 리스트에 맞게 와인들을 보관하는 것이 바람직하다.

(4) 와인의 주문량

주문할 와인의 양은 테이블의 인원 수에 달려 있다. 쉽게 계산하기 위해서는 1인당 반 병씩 주문하면 무리가 없다. 일반적으로 여성은 1/3병, 남성은 2/3병 정도로 저녁 식사에 마시는 양을 고려하면 된다. 보통 와인 한 병에 6~7잔이 나온다. 만약 테이블에 여덟 사람이 앉아 있다면 먼저 두 병 정도만 주문하는 게 좋다. 이후에 더 주문하기를 원한다면 그 때 상황에 맞게 주문하면 된다.

초청자는 마신 와인의 병 수를 체크하는 것이 좋다. 그래서 식사가 거의 끝나갈 무렵 초대한 이들에게 물어 보라. '와인을 더 주문할까요?'라고 했을 때 '충분하다거나 적당하게 잘 마셨다'는 반응을 보이면 주문을 마치면 된다.

Chapter 14

와인 서비스

1. 와인 액세서리와 글라스 종류

와인을 즐기기 위해서는 와인과 잔 이외에도 여러 액세서리들이 필요하다. 코르크 스크루, 포일 커터 같은 액세서리들을 선택할 때 사용이 편리한 것을 갖추는 것이 좋다. 또한 어떤 것들은 디자인이 아주 매력적이어서 와인 애호가 선물용으로도 인기가 있다. 식사 테이블에서 와인과 함께 대화 소재로도 즐길 수 있는 와인 소품, 어떤 것들이 있는지 알아보자.

(1) 코르크 스크루 Corkscrew

다양한 스크루의 모양이 있지만 기능은 모두 같다. 코르크 마개를 보다 쉽고 부드럽게 따는 기능이 우선이며, 어떤 스크루는 조금 더 쉽고 어떤 것은 보다 재미있게 병 마개를 딸 수도 있다.

스크루의 기본 스타일은 직접 당겨서 빼는 것, 지레의 원리를 이용하여 빼는 것, 그리고 빙빙돌려서 빼는 것 이렇게 세 가지다. 스크루를 구입할 땐 기능적이나 디자인이 좋은 것을 구매하는 것이 바람직하다.

왜냐하면 다루기 쉽고 많은 힘을 쓰지 않아도 마개가 쉽게 뽑히는 편리한 점과 고급 와인, 올드 빈티지 와인에는 이에 상응하는 코르크 스크류를 사용하는 것이 바람직하다.

①

②

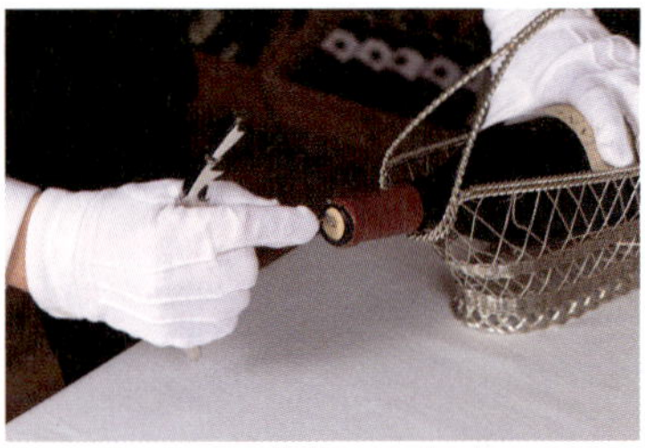

③

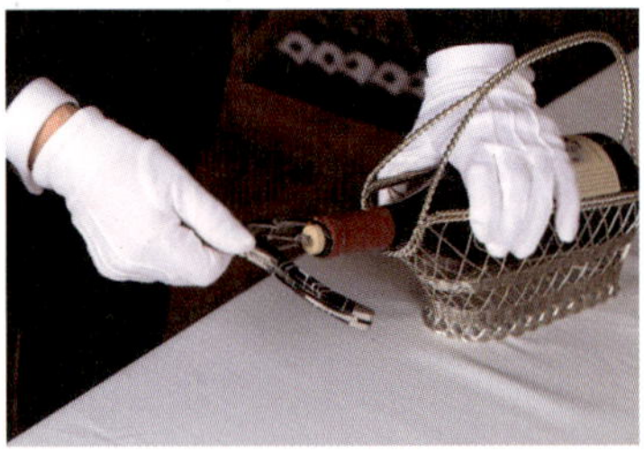

④

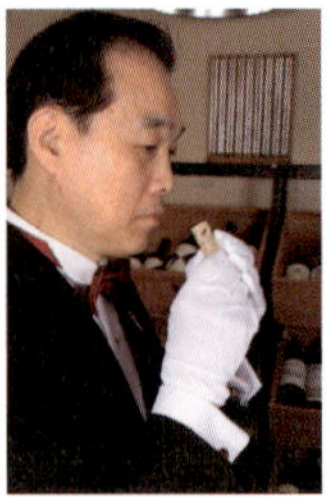

T자 스크루

가장 기본적인 형태의 오프너다. T자 모양의 스크루는 나무나 플라스틱의 손잡이에 쇠로 된 기다란 스크루 부분으로 되어 있다. 사용할 때는 나사부분을 코르크에 꼽아 뽑아내면 된다.

1단 지렛대 스크루

코르크 마개 뽑기가 힘들다면 지렛대 스크루를 사용한다. 간편하면서도 초보자들도 쉽게 사용할 수 있는 오프너다. 싱글 지렛대 스크루는 5cm 정도의 지렛대가 붙어 있다.

윙 지렛대 스크루

스크루 양쪽에 나비 같은 날개가 있다. 윙타입으로 코르크에 나사를 꼽고 상단 부분을 끝까지 돌리면 양쪽 날개가 펼쳐진다. 양 날개를 눌러서 코르크 마개를 뽑는다. 초심자나 여성들이 사용하기 편리하다.

스크루 풀Screw pull

나사를 돌리는 것만으로도 마개를 뽑을 수 있는 오프너가 있다. 스크루 풀이라고 부르는 이 스크루는 코르크 마개에 나사를 박고 계속 돌리다 보면 병목에 부착된 프레임에 의해 마개가 뽑히도록 되어 있다. 스크루 풀 역시 조작이 간단해서 초보자에게 적합하다.

웨이터용 나이프Waiter's Knife

가장 단순하며 보편화된 모델로서 웨이터나 소믈리에들이 많이 사용하는 스크루이다. 스크루에는 나사뿐만 아니라 맥주병을 딸 수 있는 칼도 있고 캡슐을 자를 수 있는 칼도 달려 있다. 와인 코르크 마개 오픈 단계는 아래와 같다.

① 나이프로 병목의 호일을 잘라 벗겨낸다.

② 스크루 철심의 끝을 코르크 마개 윗부분의 중앙에 꽂는다.

③ 코르크 철심을 수직으로 세워 본체를 시계 방향으로 돌려주면서 철심을 코르크 마개에 박는다.

④ 철심이 코르크 마개에 90% 가량 박히면 동작을 중단한다.

2단 코르크 스크루 사용 방법

① 1단 스탭은 지렛대를 병 입구 둘레에 지지하여 본체를 뒤로 젖혀 코르크 마개를 반절 정도 빼낸다.

② 2단 스탭을 이용하여 코르크 마개를 4/5 가량 뽑는다.

③ 마지막은 손으로 코르크 마개를 잡고 조심스럽게 마개를 병에서 완전히 빼낸다.

(2) 기타 액세서리

① **포일 커터**Foil Cutter : 포일 커터는 와인 병을 열 때 마개의 알루미늄 호일을 벗겨 내는 데 쓴다. 커터를 병 입구에 대고 살짝 돌리면 호일이 빠진다.

② **와인 따르개**Pouring Spot, **드롭 스토퍼**Drop Stopper : 와인을 밖으로 흘리지 않게 따르기 위해 필요한 도구이다. 와인 병 입구에 따르개를 꽂아서 사용한다.

③ **와인 마개**Stopper : 마시고 남은 와인을 보관하기 위해 막아놓는 마개다. 코르크 마개를 응용한 것인데 좋은 품질의 스토퍼는 견고하게 채워지면서도 쉽게 뽑힌다.

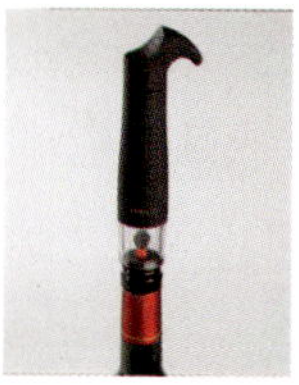

④ **와인 세이버**Saver : 와인 세이버는 와인 병 속의 공기를 밖으로 퍼내고, 밀봉 상태에서 와인을 보관할 수 있게 만든 기구다. 마시고 난 와인의 산화를 방지할 수 있다.

⑤ **와인 바구니**Basket, **페니어**Pannier : 레드 와인을 눕혀 놓을 수 있는 바구니다. 그러나 와인을 따를 때에는 직접 와인 병을 잡고 따르는 게 좋다.

⑥ **크레들**Cradle : 1개들이 와인을 보여주는 거치대.

⑦ **코르크 집게**Cork Retriever, **코르크 리프트**Cork Lift : 코르크 마개 일부가 와인 병에 들어갔을 때, 코르크를 건져내기 위해 쓰인다.

⑧ **와인 쿨러**Wine Cooler, **와인아이스 버켓**Wine Ice Bucket: 냉각통은 와인을 차갑게 식히기 위해 사용한다. 차가운 물이나 얼음을 넣어 와인을 식힐 수 있다.

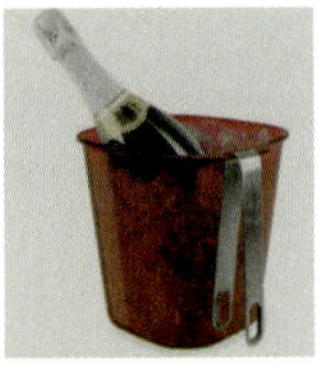

⑨ **타스트뱅**Tastevin : 와인 감정 접시, 일반적으로 은 또는 은 도금으로 되어 있으며, 안쪽에 크고 작은 진주 모양으로 오목한 형태로 되어 있다. 이 모양이 공기를 빠르게 접하게 하고 와인의 아로마와 부케를 발산하여 시음한다. 유리잔이 없는 시대에 전문가들이 시음하는 잔으로 사용하였다. 현재는 소믈리에 상징이나 이벤트 행사용으로 이용되고 있다.

(3) 와인 잔

와인 시음에 있어 잔의 선택은 중요한 일이다. 와인의 맛과 향이 달라지고 즐거움이 배가 되기 때문에 다양한 형태와 가격대의 와인 잔이 존재한다. 와인 잔을 구매하려면 디자인도 물론 중요하겠지만 기능은 무엇이며, 잔에 따라 와인의 맛은 어떻게 달라지는지, 와인 잔의 원리까지도 따져 보아야 할 것이다.

보르도 레드

부르고뉴 레드

에르미따쥬

끼안티 클라시코

빈티지 포트

몽라쉐

샤블리(샤르도네)

리슬링

와인 잔의 모양은 다양하지만, 몇 가지 공통적인 특징이 있다.

- 와인의 볼 모양은 둥그스름한 계란형이나 튤립 모양이다.
- 둥근 잔과 연결되어 다리가 있다. 일반적으로 다리는 투명하고 밋밋하다. 그리고 와인 잔을 제대로 잡을 수 있도록 충분히 길쭉하다.
- 다리 아래로는 와인 잔을 바칠 수 있도록 둥근 받침이 있다.

① 와인 잔 고르기

와인을 마실 때 좀 더 깊은 맛을 느끼고 싶다면 와인에 맞춰 와인 잔의 모양을 선택하는 것이 좋다. 화이트 와인용, 레드 와인용 와인 잔을 각각 별도로 구입하면 된다. 일반적으로 레드 와인 잔은 크고 입이 좀 더 넓은데, 그래야만 공기와 접촉하는 면이 넓기 때문에 와인의 향기를 더 풍부하게 느낄 수 있다. 화이트 와인은 보통 차갑게 마시는 데 온도가 쉽게 올라가지 못하도록 하기 위해서 용량이 적은 잔을 사용한다. 로제 와인인 경우 화이트 와인용 잔으로 고르면 된다. 스파클링 와인 잔을 따로 준비해 두고 싶다면 입이 좁고 긴 플룻 스타일이 적합하다. 스파클링 와인 특유의 거품을 잘 보존하기 위해서다.

② 와인 잔의 두께와 디자인

와인 잔은 두께가 얇아야 한다. 두께가 얇으면 와인의 온도를 입술로 섬세하게 느낄 수 있기 때문이다. 와인 잔에서 입이 닿는 부분은 매끈해야만, 와인이 부드럽게 입 안으로 들어갈 수 있다.

잘못된 글라스 선택은 좋은 와인을 볼품없는 와인으로 만들어 놓을 수 있다. 따라서 와인 잔은 투명하고 무늬가 들어가지 않아야 한다. 다리 받침은 안정적이어야 하며, 손으로 잡고 있을 때 편해야 한다.

③ 와인 잔에 따른 맛과 향

와인 잔에 따라서 와인 맛에 영향을 주는 것은 사실이다. 와인 잔은 크기와 높이, 잔 입구의 지름이나 경사각도에 따라 동일한 와인일지라도 향미가 다르게 느껴진다. 와인을 따를 때 미세한 기포는 증발하기 시작하면서 와인 향은 표면 위로 떠오르는 데 그 밀도에 따라 층이 달라진다.

꽃향과 과일향은 가장 위층에 자리하고 흙 향과 풀 향은 가운데층, 그리고 알코올 향과 오크향은 맨 아래층에 깔린다. 그래서 꽃과 과일향의 경쾌한 와인은 길쭉하고 오목한 잔에 따른다.

이는 와인잔 맨 윗층에 떠오른 향을 맘껏 음미하기 위해서다. 반대로 나무향과 오크향을 지닌 오래된 레드 와인은 더 널찍하고 둥근 와인 잔에 서빙해야 한다. 그런 경우에 와인의 향기는 조금씩 위로 올라가지만 그래도 그 향기가 잔에 그대로 남게 된다.

④ 와인 잔 세척

와인 잔을 씻을 때는 세제를 너무 많이 사용해서는 안 되며, 가능한 세제보다는 손으로 깨끗이 씻는 것이 좋다. 뜨거운 물에 헹구는 것만으로도 충분하다. 씻고난 다음에는 종이 수건으로 먼저 가볍게 닦고 나서 면 타월로 마무리하는 것이 좋다.

와인 잔을 보관할 때는 똑바로 세워서 보관할 수도 있고 경우에 따라서는 와인랙에 거꾸로 세워 보관할 수도 있다. 그런데 와인 잔을 보관하는 주위에 냄새가 나는 물건을 두어서는 안 된다. 왜냐하면 그 냄새가 와인 잔에 배일 수도 있기 때문이다.

2. 테이블 세팅과 디켄팅

①

②

③  ④  ⑤ 

(1) 호스트 테이스팅 Host Tasting

초보자에게 와인을 주문하는 것만큼이나 어렵게 하는 것이 호스트 테이스팅이다. 호스트 테이스팅이란 말 그대로 호스트나 와인을 주문한 사람이 와인 맛을 테이스팅해보는 것이다. 만약 주문했던 것과 다른 와인이거나 맛이 변질된 와인이라면 문제가 될 수 있다. 그렇기 때문에 호스트 테이스팅은 식사 자리에서 빼놓을 수 없는 중요한 시간이다.

① 레이블을 보며 주문한 와인인지 확인한다.

먼저 소믈리에가 와인을 호스트에게 보여 준다. 이 때 주문한 와인이 맞는지를 확인해야 한다. 와인의 이름을 확인하고 그리고 생산년도와 포도 품종 등을 확인한다. 그리고 와인 리스트에 적힌 부가 정보도 있으면 확인하는 게 좋다. 만약 주문한 와인과 같지 않다면 소믈리에에게 얘기해야 한다. 예를 들면 "난 2014년산을 주문했는 데 이건 2015년산인데요." 라고 정확히 말해 주는 게 요령이다.

② 코르크 마개를 보고 와인의 상태를 확인한다.

레이블을 확인하고 나면 소믈리에는 병을 따서 빼낸 코르크 마개를 호스트에게 보여준다. 이때 코르크의 상태로 변질된 와인을 가려낼 수 있다. 코르크에서 곰팡이 냄새가 나거나 코르크가 젖지 않고 말라 있다면 처리해 달라고 요청하면 된다.

③ 와인을 맛본다.

소믈리에는 호스트의 잔에 약간의 와인을 따라 줄 것이다. 와인의 빛과 향을 감상하고 맛을 본다. 특별한 문제가 없다면 '좋은데요' 같은 말로 의사를 표현한다. 이 때 주의할 점은 테이스팅을 질질 끌어서는 안 된다. 전문 테이스팅이 아니라 가볍게 맛을 본다는 느낌으로 짧은 순간에 판단해야 한다.

만약 와인맛을 보고 너무 시큼하거나 상한 느낌이 들면 소믈리에게 요청하여 거절해도 된다. 이때 그 와인이 왜 안 좋은지 자세하게 설명을 해 주어야 한다. 와인맛이 좀 이상하면 동석한 다른 이와 함께 맛을 봐도 좋다. 그런데 와인맛이 상하지도 않았는데 와인맛이 다르다고 해서 거절해서는 안 된다.

(2) 와인 병 열기

① 캡슐 벗기기

코르크 마개를 따기에 앞서 캡슐을 제거해야 한다. 보통 레스토랑에서는 포일 커터Foil Cutter라고 불리는 전용 칼을 사용하기도 한다. 포일 커터는 날카로운 날이 있는 작은 칼이다. 칼을 빙빙 돌리면서 코르크를 덮고 있는 캡슐을 제거하는 방식이다. 포일 커터가 없다면 보통 작은 칼을 사용하면 된다.

② 코르크 마개 따기

병을 열 때에는 각별한 주의가 필요하다. 스크루를 다루는 것은 나름대로 훈련을 해야 하기 때문이다. 작동법은 간단하다. 스크루 끝을 마개 속으로 밀어넣은 후, 손잡이를 빌어 마개를 잡아당긴다. 이 때 '펑' 하는 소리가 나지 않도록 주의해야 한다. 갑작스런 기압 차이로 와인이 흘러나올 수 있다.

병을 잘 개봉하기 위해서는 손잡이와 마개 둘 사이의 각도가 중요하다. 손잡이 끝을 마개와 직각이 되도록 놓고 정가운데로 밀어넣어야 한다. 끝이 제대로 들어가야 마개를 뽑기가 쉬울 것이다. 특히 T자 모양의 스크루 사용은 특별한 자세를 요한다. 병을 골반 정도의 높이에 두고 팔의 앞 부분에 힘을 주어야 한다.

손잡이 끝이 마개와 수직을 이루지 않고 비스듬한 상태에서 나사가 들어가면 뽑을 때 마개가 부서지게 된다. 또한 마구잡이로 힘만 써서 단번에 마개를 뽑는 것도 좋지 않다. 와인은 갑작스런 기압의 변화에 매우 민감하기 때문이다.

③ 마개가 부서지면 어떻게 해야 하나?

와인을 열다가 마개가 부서질 경우가 있다. 스크루가 충분하게 들어가지 않았거나 비스듬하게 들어갔기 때문이다. 또는 코르크가 불량이거나 오래되어 말라버렸을 때에도 병목에서 부서지곤 한다. 마개가 부서졌을 때 주의할 점은 마개가 걸렸다해서 코바늘이나 가위의 끝을 이용해서 빼려고 해서는 안 된다는 것이다. 마개가 더 작은 조각으로 부서지기 쉽기 때문이다. 만약 코르크 마개가 중간에서 부러졌을 때에는 스크루를 다시 조심하여 넣고 코르크 마개를 빼내면 된다.

코르크 마개를 뽑고 난 뒤 와인에 미세한 코르크 가루가 남아 있을 수도 있는데 그럴 때에는 와인을 조금 따라 버리는 게 좋다. 또 와인 잔에 코르크 가루가 있다면, 티스푼으로 떠내는 것이 좋다.

④ 스파클링 와인 열기

스파클링 와인은 파티나 여러 모임 등에서 가장 인기가 높은 와인이다. 수준 높은 와인 전문가들도 스파클링 와인의 병마개가 튀어 당황할 때가 있다. 이 좋은 순간을 실수 때문에 망치게 된다면 정말 안타까운 일이다. 어떻게 하면 손이나 와이셔츠가 젖지 않고 안전하게 스파클링 와인을 개봉할 수 있을까?

일단 얼음이 담긴 아이스 바스켓에 와인 병을 넣어 와인을 차게 칠링한다. 그리고 캡슐을 벗긴다. 다음에는 천으로 병 입구를 막고 엄지손가락으로 코르크를 단단히 누르면서 반대쪽 손으로 철사 줄을 푼다. 병 입구를 사람이 없는 방향으로 두고 천천히 코르크 마개를 뽑는다.

스파클링 와인 병을 땄을 때 거품이 새 나오는 이유는 그 와인의 온도가 너무 높거나 테이블에 너무 성급하게 놓았기 때문이다. 이런 경우 코르크 마개가 열릴 때 병 속에 있던 탄산가스가 거칠게 빠져나가는 현상이 생기게 된다. 그리고 스파클링 와인 병은 반드시 눕혀서 보관해야 한다.

병을 테이블에 똑바로 세워놓는 것만으로도 병에 초과 압력이 생겨 병마개를 열었을 때 와인이 갑작스럽게 흘러나올 수도 있다. 스파클링 와인을 서빙할 때는 잔에 와인을 조금씩 부어 주는 것이 예의이다.

거품이 가라앉도록 몇 초 동안 기다린 후에 잔의 3분의 2 정도가 차도록 다시 따르면 된다.

1단계 : 스파클링 와인 병 입구를 싸고 있는 호일을 잡아 벗긴다.

2단계 : 병마개와 병을 고정시켜 둔 철사 고리를 반대로 돌려 풀어둔다.

3단계 : 고리기둥을 하나씩 풀러낸 뒤 둥근 고리뚜껑을 걷어낸다.

4단계 : 병목을 부드럽게 쥔다. 이 때 엄지손가락으로는 마개를 누른다. 다른 손은 병 몸체를 잡고 병을 회전시킨다.

5단계 : 가스가 위로 솟아오르면서 마개에 강한 압력이 온다. 엄지로 마개를 꼭 눌러 이 압력을 저지한다.

6단계 : 마개가 잘 빠지지 않으면 집게를 이용하여 돌려서 마개를 연다.

(3) 와인 잔

테이블에 미리 와인 잔이 놓여 있다면 인원 수대로 맞추고 남는 잔은 치우도록 하는 게 좋다. 그래야 와인이 낭비되는 일이 없을 것이다. 그리고 와인을 마시지 않겠다고 하는 사람의 잔도 치우는 게 좋다. 식사 중에 새로운 와인을 주문하면 웨이터는 새 잔을 가져다 준다. 만약 화이트 와인을 마시다가 다른 화이트 와인을 마실 때에도 잔을 바꿔 달라고 하라. 물론 레드 와인도 마찬가지다. 그러나 같은 와인을 한 병 더 마실 경우에는 바꿀 필요가 없다.

(4) 와인 쿨러 Wine Cooler

화이트 와인을 시원한 온도에서 마시기 위해 와인 쿨러를 사용한다. 그러나 화이트 와인의 차가운 느낌이 싫다면 와인 쿨러를 요청하지 않으면 된다.

와인도 숨을 쉰다. 즉 와인이 공기와 접촉하게 되면 맛이 더욱 좋아진다는 것이다. 오래된 레드 와인을 마실 때에는 와인을 열자마자 바로 권하기보다는 10분 정도 두었다가 와인을 마시면 더 맛있게 느껴진다.

(5) 디켄팅 Decanting

① 디켄팅을 하는 이유

디켄팅은 1리터~2리터 용량의 유리 또는 클리스탈로 된 용기인 디켄터에 와인을 옮겨 담는 걸 말하는데 여기에는 나름대로 이유가 있다. 와인은 오랜 숙성과정 중에 불투명한 이물질이 생길 수 있다.

디켄팅은 이같은 불순물을 걸러 주는 역할을 한다. 와인 병 속에 생긴 미세한 찌꺼기들을 와인과 분리하는 작업이 디켄팅인 것이다. 디켄팅을 하는 동안 와인에 공기가 소통되어 산소를 흡수하여 와인의 산화작용이 활발해진다. 이는 병입하여 몇 년 동안 숙성할 때와 맞먹을 만큼 재빠르게 진행된다. 디켄팅을 하게 되면 와인의 맛은 한결 더 부드러워진다.

② 디켄팅

와인 중에서 레드 와인은 시간이 지날수록 그 속의 탄닌과 이물질들이 결합하여 미세한 찌꺼기를 만들어내고 병 바닥에 가라앉게 된다. 이 침전물은 사람 몸에 해로운 것은 아니지만 미관상 좋지 않고 와인을 마시는 즐거움을 방해할 수 있다. 그래서 와인을 깨끗하게 하기 위해 이것을 걸러주는 디켄팅을 하는 것이다. 결국 와인을 마시는 즐거움을 충분히 누릴 수 있도록 하기 위하여 디켄팅을 한다고 볼 수 있다. 탄닌이 강하고 영한 와인일 경우 디켄팅을 한 뒤 마시는 것이 좋다.

③ 와인도 숨을 쉰다.

디켄터에 와인을 서서히 부으면, 이때 와인이 공기와 접촉하여 산소를 만나 숨을 쉬게 된다. 이렇게 와인에 공기를 쐬면 와인의 향기와 맛은 더 풍부해지고 탄닌은 완화되어 더욱 부드러워진다. 젊은 레드 와인이나 풀바디한 화이트 와인도 디켄팅을 하는 경우도 종종 볼 수 있다.

④ 디켄팅하는 시간

디켄팅에 걸리는 시간은 경우에 따라 다른데 보통 몇 분에서 한 시간에 이르기까지 다양하다. 생산된 지 얼마 안 된 레드 와인은 한 시간 가량 둔다. 반면 오래된 와인은 일반적으로 그 와인을 마시기 15분 이내에 디켄팅을 완료하는 것이 좋다고 한다. 반면에 오래된 와인은 향이 잘 날아가서 공기와 접촉하면 향미가 사라지는 경우가 있기 때문이다. 디켄팅을 하면 특유의 향기나 맛이 날아갈 염려가 있기 때문에 곧바로 마시는 게 좋다.

⑤ 화이트 와인의 디켄팅

레드 와인을 디켄팅하는 것은 보편화되어 있지만 최근에는 고급 화이트 와인도 디켄팅하는 경우도 있다. 풀바디한 리슬링 화이트 와인의 경우, 처음 잔에 따른 와인보다 시간이 지난 마지막 잔에서 향기가 풍부하고 맛이 탁월하다는 것이 증명되어 티켄팅을 진행하기도 한다. 이렇게 고급 화이트가 디켄팅을 하여 약간의 산화 과정을 통해 와인이 한결 맛있다는 것이 증명된 것이다.

⑥ 디켄팅하는 순서

와인의 침전물을 걸러 내려면 다음과 같이 해야 한다.

- 서빙할 와인을 하루나 이틀 똑바로 세워 놓는다. 이렇게 하면 미세한 찌꺼기들이 바닥에 쌓이게 된다. 그래서 디켄팅하기가 훨씬 더 쉬워진다.
- 와인 마개를 조심스럽게 딴다.
- 휴지나 수건으로 와인 병 입구를 닦는다. 입구 안도 조심스럽게 닦아준다. 미세한 찌꺼기들이 묻어 나올 수도 있다.
- 병을 비스듬히 눕히고 디켄터에 와인을 천천히 따른다.
- 와인 병 입구에 찌꺼기들이 고이면 그만 따르고 병을 세운다.
- 디켄팅한 후, 오래된 와인은 바로 마셔야 하고 젊은 와인은 좀 기다렸다가 마신다.

⑦ 디켄터

디켄터를 최초로 발명한 곳은 영국이다. 침전물이 많았던 오래된 포트 와인을 거르기 위하여 고안된 것이라고 한다. 디켄팅 과정은 또 다른 즐거움을 줄 수 있다. 전통적인 디자인이든 현대적인 디자인이든 디켄터는 멋진 테이블 용품으로 식탁을 빛내주기 때문이다.

전통적인 디켄터 : 전통적인 디켄터는 목이 좁고 배 부분은 넓다.

목이 넓을수록 와인이 공기와 접촉하는 면이 많아지므로 좋지 않다. 디켄터의 모양은 투명하므로 와인의 아름다운 색깔을 볼 수 있다.

정통 크리스털 디켄터 : 아름다운 크리스털로 되어 있다.

오리모양 디켄터 : 앙증맞은 오리 모양은 테이블에 재미를 더할 것이다.

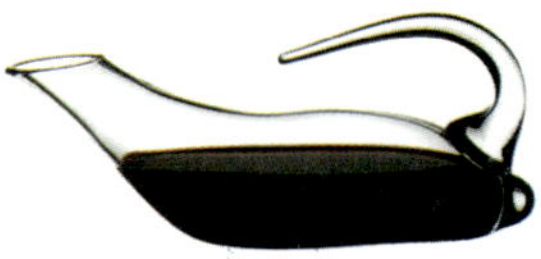

디켄터에 넣은 와인은 어둡고 선선한 곳에 보관해야 한다. 냉장고에 보관해도 좋다. 하지만 디켄터에 와인을 보관할지라도 일주일 이상 두어서는 안 된다. 좋은 디켄터일지라도 며칠 지나면 와인의 품질이 떨어지기 때문이다.

풀 스토퍼 Pull-Stopper : 어떤 디켄터들은 주둥이를 닫는 마개를 가지고 있다. 이 마개를 풀스토퍼Pull-Stopper라고 한다.

(6) 와인 따르기

호스트 테이스팅을 무사히 통과하면 소믈리에는 와인을 따른다. 일반적으로 와인 잔은 테이블에 놓아둔다. 예의를 갖추기 위해 잔 받침에 살짝 손을 대는 경우가 있긴 하지만 다른 술을 마실 때처럼 잔을 잡지는 않는다. 테이블에 있는 모든 사람의 잔이 채워지면 호스트는 건배를 제의한다.

(7) 잔 채우기

식사하는 동안 누가 와인을 서빙할 것인가? 물론 상황에 따라 달라진다. 웨이터나 소믈리에가 서빙하거나 호스트가 직접 서빙할 수도 있다. 아니면 각자 서로 따라주며 마실 수도 있다. 하지만 초대객이 많지 않다면 호스트가 직접 서빙하는 게 좋다. 와인은 권할 때 친절함이 더욱 돋보이는 법이다.

와인을 마시다가 두 번째 병을 주문할 때 같은 와인을 선택해야 하나? 아니면 다른 와인을 택하는 게 나을까? 정답은 없다. 마시는 와인이 맘에 들면 같은 와인을 또 시키면 될 것이고 별로 맘에 들지 않거나 분위기를 바꿔 보고 싶을 때에는 다른 종류의 와인을 주문한다.

(8) 와인 병 서빙하기

서빙 시 병을 어떻게 잡는 것이 올바른 자세일까? 이런 질문을 받은 한 영국의 와인 전문가는 "꽉 잡으라"고 의외로 단순한 대답을 하였다. 하지만 와인 병의 방향을 정확하게 조절하면서 꽉 잡고 있기란 쉬운 일이 아니다.

750ml짜리 병은 1.2~1.3 킬로그램이다. 병의 무게도 무시하지 못하여 똑바로 와인 잔에 따르기가 어렵다. 연습이 필요하다. 와인이 병에 가득 찬 경우에는 병의 중간부위를 잡으면 힘도 적게 들고 와인량도 조절 가능하다.

만약 이미 따진 병이라면 균형점이 달라질 것이다. 경험 많은 소믈리에는 본능적으로 좀 더 아래로 병을 잡는다. 그리고 서빙하는 동안 레이블이 보이도록 한다.

와인 잔에 따를 때에는 너무 적거나 또는 가득 채워서도 안 된다. 와인 향을 맡기가 어렵기 때문이다. 와인 잔의 크기에 따라 다르지만 1병에 6~7잔 나오는 와인잔일 경우 1/3 정도 따르는 것이 적당하다.

3. 스파클링 와인(샴페인) 서비스

①

②

③

④

⑤

(1) 준비

① 고객이 주문한 샴페인을 아이스 버켓에 넣고,

- 고객용 테이블 위에 준비할 경우는 흰색 냅킨을 깐 다음 그 위에 아이스 버켓을 올려둔다.
- 아이스 버켓 스탠드를 사용할 경우는 스탠드 위에 올려놓는다.

② 아이스 버켓 속에 샴페인병이 잠기도록 하고, 얼음과 물을 1:1 혹은 1:2 정도로 함께 넣어 사용하는데 아이스 버켓의 약 3/4 정도 채워 서비스 한다.

③ 샴페인병을 고객이 레이블을 볼 수 있도록 바깥쪽으로 눕힌 후, 흰색 냅킨을 4등분으로 접어서 샴페인병 목에 걸치고, 냅킨 끝이 아이스 버켓 바깥쪽으로 흘러내려야 한다. (주의, 흰색 냅킨이 아이스 버켓 안쪽으로 잠겨 젖지 않도록 한다.)

④ 스파클링 와인, 샴페인의 서비스는 6~8℃ 정도가 적당하다.

(2) 샴페인 설명

① 샴페인병 목에 걸친 냅킨을 접어서 오른손 손바닥에 쥐고, 왼손으로 와인 병목 부분을 잡고 냅킨으로 물기를 닦는다.

② 고객의 왼편에 서서 오른발을 반 걸음 앞으로 하고 오른손 손바닥에 냅킨을 올린 상태에서 샴페인병 아랫부분을 받치고, 왼손은 샴페인 목 부분을 잡는다. 그리고 고객에게 레이블이 정면으로 보여지게 하여야 한다.

③ 이때 한 손으로 샴페인을 설명할 때는 오른손은 샴페인 병을 잡고 왼손을 등 뒤에 붙인 자세를 취한다. 두 손으로 설명할 때는 한 손은 샴페인 병 위쪽을 다른 한 손은 아래쪽을 잡는다.

④ 고객께 샴페인 브랜드, 제조사, 와인 산지, 포도 품종, 빈티지, 음식과의 조화 등을 자세하게 설명드려야 한다.

(3) 샴페인 병 오픈

① 샴페인이 든 아이스 버켓을 테이블 위에 놓는다.

② 버켓 안에 있는 샴페인 레이블은 고객이 볼 수 있도록 하고, 와인 병목을 삼등분 한 흰색 냅킨으로 감싸준다.

③ 왼손 엄지로 병마개를 누른 상태에서 오른손으로 은박이나 금박의 포장지 윗부분을 벗긴다.

④ 계속 병마개를 누른 상태에서 병목 부분에 붙어 있는 철사 망으로 된 잠금쇠를 왼쪽으로 돌리면서 조심스럽게 푼다.

⑤ 왼손 엄지로 코르크의 윗부분을 누르면서 칠사 망을 완전히 벗겨낸다.

⑥ 왼손으로 아이스 버켓 속에 있는 샴페인 병을 꽉 잡고 오른손으로 코르크를 조심스럽게 소리나지 않게 약간씩 좌우로 비틀면서 빼낸다. 코르크가 순간적으로 튀어나가지 않도록 코르크를 견고하게 잡고 서서히 열어 준다.

⑦ 아이스 버켓에서 샴페인을 꺼내어 물기를 닦은 후 오픈하면 된다.

⑧ 샴페인 코르크를 제거한 후 코르크는 사이드 접시에 놓고, 흰색 냅킨으로 병 입구와 주위를 깨끗이 닦는다.

(4) 와인 운반

① 샴페인병의 물기를 냅킨으로 닦은 후, 오른손 엄지는 병 밑쪽 파인 곳에 넣고 나머지 손가락으로 병을 단단히 잡고 왼손 인지로 병목 부분을 받쳐 서비스할 자세를 갖춘다.

② 서비스할 때는 오른손은 엄지를 병 밑쪽 파인 곳에 넣고 나머지 손가락으로 병을 잡은 상태에서 서비스하고 왼손은 등 뒤로 향한다. 이때 레이블은 고객이 볼 수 있도록 해야 한다.

③ 또는 샴페인 병의 레이블을 고객이 볼 수 있도록 하고 오른손으로 레이블 반대쪽 샴페인 바디를 조심스럽게 잡고 서비스할 준비를 한다.

(5) 호스트 테이스팅

① 샴페인을 주문한 호스트에게 테이스팅을 요청하며, 튤립 또는 플룻트 모양의 글라스에 1/10 정도의 샴페인을 따른다.
② 호스트 오른쪽에서 서비스하며, 테이스팅한 후에 좋다는 말을 하면 감사하다는 목례를 한다.

(6) 서비스

① 여성, 신사, 상석 순으로 서비스하며, 와인 레이블을 고객에게 보여준 후에 서비스 한다.
② 왼손은 등 뒤로 하고 오른손으로 고객의 오른쪽에서 시계 방향으로 서비스 한다.
③ 샴페인 글라스에 7부 정도가 되도록 따르고 샴페인 방울이 떨어지지 않도록 병을 가볍게 돌리면서 마무리 서비스를 마친다. 병과 글라스의 간격은 약 3~5cm 정도가 적당하다.
④ 샴페인은 거품이 많이 나기 때문에 두세 번에 걸쳐 채워준다. 먼저 거품을 따라서 글라스 위까지 올라오면 멈추고, 거품이 없어지면 이어 한 두번 더 채워준다.

(7) 보관

샴페인 서비스가 끝난 후 아이스 버켓에 보관하게 되는 데 이때 레이블을 고객이 볼 수 있도록 샴페인 병을 조심스럽게 놓아두고 흰색 냅킨을 병목에 걸어둔다.

(8) 리필 서비스

① 고객이 샴페인을 다 마시고 나면, 아이스 버켓 안에 있는 샴페인을 꺼내 흰색 냅킨을 사용하여 병에 묻은 물기를 닦아낸 후 리필 서비스를 진행한다.
② 고객이 더 원하지 않을 경우도 있으니 물어본 후 계속 서비스한다.
③ 동일한 샴페인을 추가 주문할 경우에는 브랜드와 빈티지를 체크하고 같은 와인을 제공하여야 한다. 이때는 호스트의 테이스트용 와인 잔만 세팅하여 테이스팅 할 수 있도록 하고, 다른 고객은 같은 와인잔에 서비스한다.

4. 화이트 와인 서비스

①

②

③

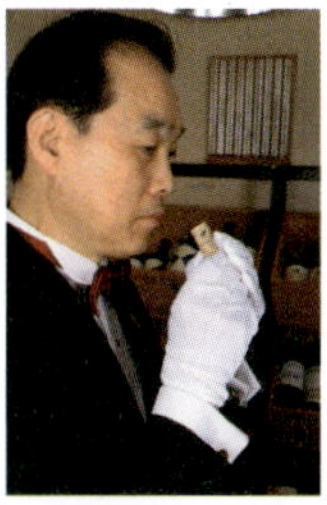

④

⑤

⑥

(1) 준비

① 고객이 주문한 화이트 와인을 아이스 버켓에 넣고,

- 고객 테이블 위에 준비할 경우는 흰색 냅킨을 접어서 깔고, 그 위에 아이스 버켓을 올려둔다.
- 아이스 버켓 스탠드를 사용할 경우는 스탠드 위에 올려놓는다.

② 아이스 버켓 속에 병이 잠기도록 하고, 얼음과 물을 1:1 혹은 1:2 정도 함께 넣어 사용하는데 버켓의 약 3/4 정도 채워 준비한다.

③ 고객이 와인병 레이블을 볼 수 있도록 바깥쪽으로 눕힌 후, 흰색 냅킨을 4등분으로 접어서 와인병 목에 걸치고, 냅킨 끝이 냉각용 바스켓 바깥쪽으로 흘러내려야 한다. (주의: 흰색 냅킨이 버켓 안쪽으로 잠겨 젖지 않도록 한다.)

④ 스위트 와인은 6~8℃가 적당하다. 더 낮은 온도에서는 방향의 발산이 억제되어 완전한 와인의 맛을 못 느낀다. 드라이 와인은 8~12℃가 적당하다. 더 높은 온도가 되면 산미와 활기를 잃게 된다.

⑤ **도구** : 전문가용 코르크 스크루, 2개의 사이드 접시, 흰색 냅킨, 온도계, 테이스트용 글라스, 아이스 버켓 및 스탠드

(2) 와인 설명 Presentation

① 와인병 목에 걸친 냅킨을 접어서 오른손 손바닥에 쥐고, 왼손으로 와인 병목 부분을 잡고 냅킨으로 물기를 닦는다.

② 고객의 왼쪽에 서서 오른발을 반보 앞으로 하고, 오른손 손바닥에 냅킨을 올린 상태에서 와인병 아랫부분을 받치고, 왼손은 와인병 목 부분을 잡는다. 그리고 고객에게 레이블이 정면으로 보이도록 한다.

③ 와인명, 제조사, 와인산지, 포도 품종, 빈티지, 음식과의 조화 등을 상세하게 설명한다.

(3) 화이트 와인 병 오픈

① 화이트 와인이 든 아이스 버켓을 고객 테이블 위에 갖다 놓는다.

② 버켓 안에 있는 와인 레이블을 고객이 볼 수 있도록 하고, 삼등분 한 흰색 냅킨으로 와인 병목을 감싸준다.

③ 테이블 위에 냅킨을 펼쳐두고 버켓에 들어 있는 와인 병을 꺼내 물기를 제거한다. 와인 레이블이 고객을 향하여 있어야 하고, 이때 병을 움직여서는 안 된다. 코르크 스크루에 달려 있는 웨이터용 나이프를 꺼내 병목 캡슐을 양방향으로 돌려서 벗겨 낸다.

④ 와인 캡슐을 제거한 후, 준비된 사이드 접시에 올려둔다. 그리고 준비된 냅킨으로 와인 병목 부분 및 코르크 마개 뽑아낸 부분을 깨끗이 닦는다.

⑤ 코르크 스크루 끝부분을 오른손 2번째 손가락으로 끝부분에 일치하여 코르크 중앙에 넣어 부드럽게 시계 방향으로 똑바로 삽입한다. 스크루의 1스텝 정도 남도록 하고 핸들 끝부분이 5시 방향으로 향하게 한다. 스크루의 끝이 코르크

의 반대편 하단으로 돌출되어서도 안 되는데, 병 안으로 코르크 부스러기가 떨어지기 때문이다.

⑥ 왼손으로 와인 병 목 부분과 코르크 스크루의 레버 부분을 동시에 감싸 쥔다. 오른손으로 핸들 끝부분을 위로 가볍게 끌어 올리듯이 살짝 당겨 올린다.

⑦ 코르크의 1/4이 병목에 남아 있을 때, 코르크를 손으로 잡고 좌우로 천천히 돌려 가면서 소리나지 않게 빼면 된다.

⑧ 와인의 이상 유무를 확인하기 위해 빼낸 코르크의 냄새를 맡고, 병 입구를 깨끗하고 젖은 흰색 냅킨으로 닦아 주어야 한다.

⑨ 코르크는 고객이 볼 수 있도록 사이드 접시에 올려서 호스트 오른쪽에 놓는다.

(4) 와인 운반

① 아이스 버켓에서 와인을 꺼내 냅킨 위에 놓고 양 끝 부분을 양손으로 잡고서 병에 묻어 있는 물기를 닦아준다.

② 왼손 손가락이 병 밑에서 받쳐주고 오른손으로는 와인 병목을 가볍게 잡고 운반한다. 흰색 냅킨을 길이 방향으로 2번 접고, 세로 방향으로 1번 접어 병 밑을 감싸주는 데 1/5정도가 병 밑으로 내려와야 한다.

③ 와인 병의 뒷쪽 레이블을 오른손으로 감싸 잡고 서비스할 준비를 한다.

(5) 테이스팅 Tasting

① 호스트에게 테이스팅을 요청하며, 와인 글라스에 1/10 정도의 와인을 따른다. 고객이 테이스팅을 사양하면, 다른 고객에게 요청하여 테이스팅을 해도 된다.

② 호스트가 테이스팅 하고 좋다고 하면, 오른쪽에서 시계방향으로 서비스 한다.

(6) 서비스 Service

① 이미 와인에 대해 확인했기 때문에 그 다음부터는 와인에 대한 설명없이 여성, 상급자, 남성 순서로 시계방향으로 서비스 한다. 이때 고객에게 항상 와인 레이블이 보일 수 있도록 해야 한다.

② 왼손은 등 뒤로 하고 오른손으로 고객의 오른쪽에서 자연스럽게 서비스한다.

③ 와인은 7~8명 정도 마실 양으로 따르고 와인 방울이 떨어지지 않도록 병을 가볍게 돌리면서 마무리한다. 와인병에 얼룩이 있을 경우 냅킨으로 닦아 주어야 한다.

(7) 보관Keeping

와인 서비스가 끝난 후 와인 병을 아이스 버켓에 다시 보관하는 데 이때 레이블을 고객이 볼 수 있도록 해야 한다. 병을 조심스럽게 놓아두고 흰색 냅킨을 병목에 걸어 둔다.

(8) 리필 서비스Refill Service

① 고객의 글라스에 와인이 조금 남아 있을 때 리필 서비스를 원하는지 확인한다. 리필을 원하면, 아이스 버켓 안에 있는 와인을 꺼내 물기를 닦아낸 후 앞서 설명한 방법대로 서비스한다.

② 고객이 와인을 더 원하지 않을 경우는 서비스를 마친다.

③ 동일한 와인을 추가 주문할 경우에는 브랜드와 빈티지를 체크하고 같은 와인을 제공한다. 이때는 호스트의 테이스트용 와인잔만 세팅하여 테이스팅 할 수 있도록 하고, 다른 고객은 같은 와인잔에 서비스한다.

5. 레드 와인 서비스

(1) 준비

① 고객이 주문한 레드 와인을 셀러에서 꺼내 바스켓에 넣고 레이블이 위로 향하도록 하여 흔들림 없이 운반해야 한다.

② 고객이 와인 레이블을 잘 볼 수 있도록 바스켓 안에서 위로 향하도록 한다.

③ **도구 :** 전문가용 코르크 스크루, 2개의 사이드 접시, 흰색 냅킨, 온도계, 테이스트용 글라스, 레드 와인 바스켓, 디켄터, 손잡이 달린 촛대, 성냥 등.

(2) 와인 설명

① 바스켓 속에 흰색 냅킨을 길이 방향으로 2등분, 세로 방향으로 1등분하여 접어서 넣고, 이 바스켓에 와인병을 눕혀 넣는다. 오른손으로 바스켓 아랫부분을 잡고, 왼손으로 병목 부분 또는 바스켓 고리 부분을 살짝 받쳐준다. 고객의 왼쪽에 서서 오른발을 반보 앞으로 하고, 고객이 주문한 와인 레이블을 보여준다.

② 고객에게 와인 이름, 와이너리, 와인 산지, 포도품종, 빈티지, 음식과의 조화 등을 상세하게 설명해야 한다.

(3) 레드 와인 병 오픈

① 고객이 바스켓 안에 있는 와인 레이블을 볼 수 있어야 하고, 병목 부분이 소믈리에 오른쪽으로 향하도록 해야 한다.
② 코르크 스크루에 달려 있는 웨이터용 나이프를 꺼내 병목 캡슐을 양방향으로 돌려서 벗겨 낸다.
③ 와인 캡슐을 제거한 후, 작은 사이드 접시에 올려둔다. 냅킨으로 와인 병목 부분 및 코르크 마개 뽑아낸 부분을 깨끗이 닦는다.
④ 코르크 스크루 끝부분을 오른손 2번째 손가락으로 끝 부분에 일치하여 코르크 중앙에 넣어 부드럽게 시계 방향으로 똑바로 삽입한다. 스크루의 1스텝 정도 남도록 하고 핸들 끝부분이 5시 방향으로 향하게 한다. 스크루의 끝이 코르크의 반대편 하단으로 돌출되어서도 안 되는데, 병 안으로 코르크 부스러기가 떨어지기 때문이다.
⑤ 왼손으로 와인 병 목 부분과 코르크 스크루의 레버 부분을 동시에 감싸 쥔다. 오른손으로 핸들 끝부분을 위로 가볍게 끌어 올리듯이 살짝 당겨 올린다.
⑥ 코르크의 1/4이 병목에 남아 있을 때, 코르크를 손으로 잡고 좌우로 천천히 돌려 가면서 소리나지 않게 빼면 된다.
⑦ 와인의 이상 유무를 확인하기 위해 빼낸 코르크의 냄새를 맡고, 병 입구를 깨끗하고 젖은 흰색 냅킨으로 닦아 주어야 한다.
⑧ 코르크는 고객이 잘 볼 수 있도록 사이드 접시에 올려서 호스트 오른쪽에 놓는다.

(4) 와인 운반

① 와인을 바스켓에 넣고 레이블이 위로 향하도록 하여 흔들림 없이 운반해야 한다. 와인의 침전물이 번지지 않게 병을 움직이지 않고, 돌아가지 않도록 해야 한다. 영한 레드 와인인 경우 트레이를 사용하는 것이 좋다.
② 와인 레이블을 잘 볼 수 있도록 바스켓 안에서 레이블을 위로 향하도록 한다.

(5) 테이스팅

① 호스트에게 테이스팅을 요청하며, 와인 글라스에 1/10 정도의 와인을 따른다. 이때 고객이 테이스팅을 거절하면, 소믈리에가 다른 고객에게 요청하여 테이스팅을 해도 된다.

② 호스트가 테이스팅 하고 좋다고 하면, 오른쪽에서 시계방향으로 서비스 한다.

(6) 서비스

① 와인 바스켓에 넣어 서비스한다.

② 이미 와인에 대해 확인했기 때문에 그 다음부터는 와인에 대한 설명없이 여성, 상급자, 남성 순서로 시계방향으로 서비스 한다. 고객에 항상 와인 레이블이 보일 수 있도록 해야 한다.

③ 왼손은 등 뒤로 하고 오른손으로 고객의 오른쪽에서 자연스럽게 서비스 한다.

④ 와인은 7~8명 정도 마실 양으로 따르고, 와인 방울이 떨어지지 않게 병을 가볍게 돌리면서 마무리 한다. 와인병에 얼룩이 있을 경우 냅킨으로 닦아 주어야 한다.

(7) 보관

와인 서비스가 끝난 후 와인 병을 아이스 버켓에 다시 보관하는 데, 이때 레이블을 고객이 볼 수 있도록 해야 한다. 병을 조심스럽게 놓아 두고 흰색 클로스를 병목에 걸어 둔다.

(8) 리필 서비스

① 고객의 글라스에 와인이 조금 남아 있을 때 리필 서비스를 원하는지 확인한다. 리필을 원하면 아이스 버켓 안에 있는 와인을 꺼내 물기를 닦아낸 후 설명한 방법대로 서비스한다.

② 고객이 와인을 더 원하지 않을 경우는 서비스를 마친다.

③ 동일한 와인을 추가 주문할 경우에는 브랜드와 빈티지를 체크하고 같은 와인으로 제공한다. 이때는 호스트의 테이스트용 와인잔만 세팅하여 테이스팅할 수 있도록 하고, 다른 고객은 같은 와인 잔에 서비스한다.

PART V 와인의 음식궁합과 유통

Chapter 15.

와인과 음식의 조화

1. 마리아주

와인은 음식맛을 잘 받쳐 주기 때문에 서로 궁합이 잘 맞는다고 하며, 프랑스어로 마리아주Mariage라고 한다. 그런데 와인과 요리 가운데에도 특별히 잘 어울리는 조합이 있다. 왜냐하면 어떤 요리에는 아주 맛있게 느껴지는 와인이 다른 요리와 함께 마시면 그다지 어울리지 않는다는 걸 오랜 세월 동안 경험을 통해 터득했기 때문이다. 이것이 와인과 음식 맛의 시너지 효과이다.

어떤 와인과 음식이 좋은 조화를 이룰까? 레스토랑에 갔는데 음식에 맞는 와인 고르기가 자신이 없다면 어떻게 해야 할까? 다음을 참고해 보자. 가장 전통적인 방식으로 선택해 본 와인 고르기 요령이다.

2. 와인과 음식의 전통적인 궁합

와인을 주문할 때 전통적인 방식을 존중하는 것이 실수할 경우가 적다. 레스토랑에서 일반적인 식사 코스를 정했다면, 전채 요리가 가장 먼저 나오고 메인 요리, 그리고 디저트까지 이어질 것이다. 이때 전식인 아페리티프 와인으로는 드라이한 스파클링 와인이나 화이트 와인을, 메인 식사에서 생선요리에는 화이트 와인, 육류 요리에는 레드 와인, 그리고 식사가 끝난 뒤에는 디저트 와인을 주문하는 것이다.

일반적으로 식사를 할 때 상큼한 화이트 와인을 먼저 마시고 중후한 레드 와인은 뒤에 마신다. 또한 두 가지 화이트 와인을 마실 경우에는 순하고 가벼운 와인을 먼저 마시고 풍미가 강한 와인을 뒤에 마신다. 마찬가지로 두 가지 레드 와인을 마실 때에도 좀 더 경쾌한 느낌의 와인을 먼저 마시고 무겁고 힘이 있는 느낌의 와인을 뒤에 마시는 법이다. 예를 들면 삐노 누아 품종으로 만든 와인을 먼저 마시고 까베르네 쏘비뇽 와인을 나중에 마신다.

샐러드나 생선요리에는 쏘비뇽 블랑이나 샤르도네가 잘 어울릴 것이다. 하지만 같은 생선일지라도 붉은 살 생선인 연어요리에는 레드 와인인 삐노 누아가 제격이다. 양념을 많이 한 고기요리에는 시라가 보다 잘 어울린다. 까베르네 쏘비뇽은 소고기 안심, 사슴 요리 등에 좋을 것이다.

식사 내내 와인을 한 종류만 마셔야 하나? 아니면 식사 코스마다 다른 종류의 와인을 시켜야만 하는가? 정답은 없다. 물론 코스마다 매번 다른 와인을 시키면 한결 즐거울 것이다. 하지만 식사 처음부터 끝까지 한 가지의 와인만 마신다 해서 문제될 건 없다. 그리고 같은 코스일 때 두 가지 다른 와인을 시킬 필요는 없을 것이다. 계속해서 연습을 해 나가다 보면 자연스럽게 알게 될 것이다.

3. 와인과 음식의 실험적인 궁합

와인과 음식 사이에는 서로 맞고 맞지 않는 궁합이 있다. 그래서 그 동안의 축적된 경험으로 '이런 음식에는 어떤 와인이 좋더라' 같은 기본적인 가이드 라인이 있다. 하지만 더욱 중요한 건 기호와 취향이다.

음식과 완벽하게 맞는 와인이 정해져 있다는 것은 아니다. 기름진 파스타는 화이트 와인보다는 레드 와인이 잘 어울린다는 건 사실이다. 그러나 화이트 와인이 좋다면 화이트 와인과 함께 즐겨도 된다. 이론적으로 궁합이 잘 맞다 하더라도 싫어하는 와인을 굳이 마셔야 할 필요는 없는 것이다.

더욱이 옛날의 가이드 라인이 오늘날과 맞지 않는 것은 퓨전요리가 등장했기 때문이다. 음식도 세계화 되었고, 또 입맛도 달라지고 있다. 따라서 옛날에 어울렸던 궁합이 지금은 맞지 않을 수 있다. 궁합도 변하는 것이다. 자신이 좋아하는 와인으로 여러 가지 시도를 하다보면 자신에게 맞는 와인과 음식의 궁합을 찾을 수 있다. 오로지 각자의 실험이 올바른 정답을 찾을 수 있는 길이다.

음식과 와인의 조화

와인 / 궁합	스파클링 와인	가벼운 화이트 와인	풀 바디한 화이트 와인	로제 와인	가벼운 레드 와인	풀 바디한 레드 와인	스위트 와인
전통적인 궁합	굴 캐비어 훈제연어	조개 새우 바다가재	연어 꽁치 닭고기	생선 닭고기	돼지고기 새요리 양고기	양고기 쇠고기 파스타	푸아그라 치즈 케이크
실험적인 궁합	식사전반	아시아 음식 매운 피자	돼지고기 토끼고기	돼지고기	연어 닭고기 돼지고기	참치 양파 구이 버섯	수프 올리브 매콤한 요리

프랑스 음식과 프랑스 와인의 조화

특정한 국가나 지방의 음식을 먹는다면 그 지방 와인을 마시는 게 좋다. 이탈리아의 파스타를 먹을 땐 이탈리아 와인이 가장 잘 어울리며 프랑스 부르고뉴 지방의 레드 와인과 함께 요리한 쇠고기 찜요리 '뵈프 부르기뇽'에는 부르고뉴 와인이 가장 조화를 이룬다. 즉 신토불이의 원리가 와인에도 적용되는 것이다.

그러나 새로운 조합을 찾아 보는 것도 흥미있는 일이다. 이를테면 이탈리아식 해산물 요리를 캘리포니아 와인과 즐길 수도 있고 매운 멕시코 풍의 닭고기 요리를 이탈리아 와인과도 즐길 수 있다. 와인을 고를 때 음식 재료를 보고 고르는 건 바람직하지 않다. 완성된 음식의 느낌을 생각하며 고르는 것이 바람직하다.

4. 와인과 한식의 궁합

한식과 와인, 둘 사이의 궁합은 어떨까? 와인은 우리 음식과도 잘 어울린다. 프랑스 음식, 중국 음식과 마찬가지로 한식은 가짓수도 매우 다양하기 때문에 와인과 궁합이 잘 맞는 요리들을 찾을 수 있다. 특히 음식의 양념을 좀 더 담백하게 하면 많은 와인과 잘 맞는다.

다음은 '와인과 훌륭한 파트너가 될 수 있는 우리 음식들'이다.

① 풀 바디의 레드 와인 : 등심, 안심, 갈비, 철판구이 등 쇠고기 요리
② 미디엄 바디의 레드 와인 : 양념 불고기, 주물럭 등 쇠고기 요리
③ 라이트 바디의 레드 와인 : 닭, 오리, 삼겹살
④ 드라이한 화이트 와인 : 생선회, 생선 구이, 조개 요리, 갑각류, 야채 버섯 등 나물류
⑤ 로제 와인 : 생선이나 낙지볶음, 닭고기, 해물탕, 해물 파전
⑥ 스위트한 화이트 와인 : 떡이나 과자 등 단맛이 많은 음식

5. 와인과 건강

"프렌치 패러독스French Paradox" 란 말이 있다. 프랑스인들은 육식을 좋아하지만 와인을 자주 마시기 때문에 심장병 발병률이 상대적으로 낮고 장수한다는 이야기다.

1991년 미국 CBS 방송국이 〈60 Minutes〉란 프로그램에서 프랑스의 세르주 르노 Serge Renaud 박사를 초청하였다. 르노 박사는 프랑스인은 높은 콜레스테롤과 알코올 섭취에도 불구하고 식이요법을 하는 미국인보다 심장병 발병률이 적다고 했다. 레드 와인에 포함된 폴리페놀 성분이 몸에 나쁜 콜레스테롤인 LDL 함량을 떨어뜨리고 몸에 좋은 HDL 함량을 높여 동맥경화를 예방하는 효과가 있으며 혈액순환을 원활하게 한다는 것이다.

이른바 와인은 마시는 야채로서 300여 가지의 영양소와 비타민, 무기질을 함유한 완벽한 식품이다. 그리고 와인은 사람의 체질을 알칼리성으로 유지하는 데 도움을 준다. 프랑스의 미생물 학자인 파스퇴르Pasteur는 와인 속에 박테리아가 서식할 수 없기 때문에 와인은 가장 위생적인 음료가 될 수 있다고 말했다.

그러나 와인을 지나치게 많이 마시는 것은 안 좋다. 식사 때 반주로 조금씩 꾸준히 마시는 게 좋다. 하루에 남자는 3~5잔, 여자는 1~2잔 정도가 무난하다.

(1) 와인은 건강 식품이다.

① 감기 예방

스페인 5개 대학연구팀이 조사한 결과에 따르면 레드 와인을 하루에 2잔 이상 마시는 사람은 전혀 마시지 않는 사람보다 감기에 걸릴 확률이 44% 낮았다고 한다.

② 해열 작용

몸의 열을 내려주며 이뇨와 배설을 원활하게 해준다.

(2) 와인은 장수 식품이다.

① 심장병 예방

와인에 들어 있는 폴리페놀이라는 성분은 동맥경화를 유발하는 펩타이드인 엔도셀린-1의 생산을 억제한다. 까베르네 쏘비뇽 품종의 와인이 제일 효과가 크다.

② 암 예방

레드 와인에 들어 있는 폴리페놀은 암을 예방하는 데 효과적이다.

③ 치매 예방

가장 흔한 치매인 알츠하이머병과 뇌졸중에 의한 혈관성 치매를 예방하는 데 도움이 된다.

(3) 와인은 다이어트 식품이다.

와인은 칼로리가 낮은 대신에 영양소가 풍부하다. 그래서 다이어트할 때 영양의 불균형을 해소할 수 있는 식품이다.

(4) 와인과 행복지수

와인은 무엇보다도 즐거움을 주는 음료다. 음식물이 주는 생리적 즐거움을 수치로 표현한 '만족지수'라는 정의가 있다. 와인은 이 가운데 아이스크림보다는 지수가 낮지만 60~70%로 꽤 높은 편에 속한다.

음식과 만족지수

음식 종류	우유	곡류	물	생선	고기	아이스크림	브랜디	레드 와인	화이트 와인
만족지수 (%)	7	12	30	57	62	85	90	60	70

Chapter 16.

와인 유통과 시장

1. 와인 구매

(1) 어디에서 와인을 구입할까?

국내에서도 음주 문화의 변화나 웰빙 트렌드로 와인을 구매하는 이들이 많아졌다. 와인을 판매하는 곳도 늘어날 뿐만 아니라 다양해지고 있다. 와인 전문 샵, 대형 할인점, 편의점에서도 와인을 팔고 있다. 와인을 구매하기 쉬워졌고, 그만큼 선택의 폭도 넓어졌다. 판매하는 곳의 특성만 잘 알고 있으면 좋은 와인을 저렴한 값에 구입할 수 있다.

① 대형 할인점

대형 할인점은 와인 유통 채널에서 꽤 중요한 입지를 차지하고 있다. 이곳의 장점은 와인의 가격이 상대적으로 저렴하다는 것인데, 많은 물품을 대량 구매하고 대량 판매하기 때문이다. 뿐만 아니라 각국의 와인들이 넘쳐 나는데 프랑스, 이탈리아, 독일부터 미국, 칠레, 호주, 남아공 산까지 다양한 국가의 와인들이 대형 마트에서 많이 유통되고 있다.

② 백화점과 전문 매장

백화점과 전문매장은 대중적인 와인부터 고급 와인까지 다양한 품질의 와인을 폭넓게 구비하고 있다. 대량으로 취급하는 곳이 아니기 때문에 값이 조금 비싸다. 하지만 와인 전문 매장이 꼽을 수 있는 특기는 전문성과 다양한 고객 서비스다. 고객을 대상으로 한 와인 시음회를 열고, 와인 강의를 개설한 곳도 있다. 또한 초보자나 애호가들을 대상으로 교육도 하며 컨설팅을 해주기도 한다.

③ 와인 경매

경매를 통해서 판매되는 와인의 양은 적다. 그러나 경매된 와인 가운데 오래된 빈티지의 고급 와인들은 천문학적인 숫자에 거래되곤 한다. 물론 경매에서는 오래된 빈티지만 취급하는 건 아니다. 최근 빈티지도 구할 수는 있는데, 시중가보다 저렴하게 구입할 수 있다는 매력이 있다. 하지만 경매로 저렴하게 구매하기가 쉽지만은 않다. 돈 있는 애호가들이 가격을 올릴 수도 있기 때문이다. 국내에는 현재 와인 경매가 가끔 이루어지고 있지만 외국에는 대중화되어 있다.

④ 와인 이벤트 마켓

호텔 또는 와인 박람회장에서 특별 할인 와인 판매가 이루어지고 있으며 시음과 함께 가성비가 뛰어난 와인을 구매할 수 있어 와인 애호가들이 선호하는 구매방법이다.

(2) 와인 수집

와인에 관심을 갖고 음미하다 보면 어느 새 와인이 좋아지게 되고 그러다 보면 점차 하나 둘 모으고 싶은 욕심이 생기게 된다. 아무 와인을 사모으는 것이 아니라 자신이 어떤 와인을 좋아하는 지, 진정한 와인의 맛과 개성을 찾아가다 보면 자신이 수집하고 싶은 와인을 찾을 수 있다.

① 테마를 정해서 모은다.

와인을 수집하면서 가장 좋은 점은 맛있는 와인을 제 때에 마실 수 있다는 것이다. 당신이 좋아하는 와인을 수집하게 되면 다양한 종류의 와인을 언제든지 맛볼 수 있는 것이다. 이때 당신이 좋아하는 품종이나 지역이 있다면, 테마를 정해 모으는 것도 좋은 방법이다. 어떤 수집가 중에는 정말 희귀한 와인만 모으는 사람도 있다.

② 우선 사놓고 나중에 마신다.

와인을 수집하는 또 다른 이유는 좋은 와인은 미리 사두어야 하기 때문이다.

몇몇 고급 와인들은 소량 생산되기 때문에 시간이 지나면 아주 비싸지고 그나마 구하기도 어려워진다. 그래서 이런 와인을 사두고 싶다면 시장에 출하되자마자 바로 사야 한다. 좋은 와인일수록 적기에 미리 사놓는 지혜가 필요하다.

③ 일단 시작해 보자

와인을 수집하려면 과연 무슨 와인을 사야 될까? 당신이 마셔 본 와인을 사는 게 제일 안전할 것이다. 그리고 인터넷이나 우편으로 와인을 살 때는 시음을 할 수 없으므로 신중히 판단해야 한다. 와인 시음회에 참석해 보거나 와인 애호가나 수집가에게 자문을 구해도 좋다.

(3) 금융 선물 거래

와인도 금융상품처럼 선물 거래가 되고 있다. 선물이라는 뜻은 일정기간 후에 물건을 인도하겠다는 권리를 넘기고 그 대가로 대금을 먼저 받는 것이다. 다시 말해 와인이라면 숙성되기 전 오크통에 들어있는 와인을 미리 맛만 본 뒤 우선 예약하는 방식이다. 프랑스 보르도 지역 와인 거래가 제일 많으며, '엉프리뫼르En Primeur'라고 하는 선물 거래 시스템이다.

와인 선물을 취급하는 와인 수입회사에 연락하여 방법, 절차, 카탈로그 등을 받아서 거래를 진행한다. 숙성된 후 나올 때 가격보다 저렴하게 예약할 수 있다.

2. 와인 보관 방법

(1) 와인의 수명 기간

와인은 살아 숨쉬는 식품이라고 한다. 모든 살아있는 생물들은 탄생부터 생을 마감할 때까지 여러 단계를 거치면서 변화하기 마련인데 와인도 마찬가지다. 포도 품종, 떼루와, 양조 방법, 수확년도, 보관 장소와 방법에 따라서 와인의 수명 또한 달라진다.

와인의 수명은 최소 1년에서 수십 년까지 천차만별이다. 포도 종류에 따라 다르고 양조 방법과 보관 조건에 따라서 크게 달라진다. 와인의 수명을 알기 위해서는 먼저 그 와인을 테이스팅해 보아야 진단이 가능하다. 와인은 살아있는 것이기 때문에 정기적으로 테이스팅해 보는 것이 최선의 방법인 것이다.

와인의 최적 수명

와인의 종류	최적의 와인 수명
햇 와인(보졸레누보나 벵 프리뫼르)	1~2년
가벼운 레드 와인	3~5년
로제 와인	1~3년
스파클링 와인(프레스티지 샴페인)	1~4년(5~15년)
드라이 화이트 와인	2~5년
조화롭고 유연성이 있는 레드 와인	5~10년
오크통에서 숙성한 화이트 와인	5~10년
탄닌 구조가 강직하고 조화로운 레드 와인	10~15년
진한 과일과 동물향이 있고 구조와 짜임새가 완벽한 레드 와인	20~50년

참조 : 한관규 저 "보르도 와인" (주) 지구문화, 2019.

(2) 보관 방법

와인은 보관이 무척 까다로운 주류다. 그래서 보관 조건이 구비되어 있지 않다면 구입한 후 빨리 마시는 게 가장 좋다. 몇십 년 묵은 와인, 앞으로 100년은 보관 가능한 와인처럼 오래된 와인 이야기를 종종 듣게 된다. 하지만 이런 와인들은 품질이 우수한 특등급 와인들이다.

또한 이런 고급 와인들은 보관 문제에 주의를 기울이지 않는다면 수명을 다하지 못하고 변질될 수 있다. 이처럼 와인은 섬세한 관리가 필요하다. 그럼 보관 장소의 요건을 살펴보자.

① **빛** : 빛은 와인에 해롭다. 만일 오랜시간 빛에 노출된다면 와인은 빠르게 산화가 일어난다. 빛으로 인한 변질은 맛뿐만 아니라 색깔에서부터 알 수 있다.

② **와인과 온도** : 와인을 마실 때 화이트 와인이나 레드 와인 모두 각각 마시기 적당한 온도가 있는 것처럼 와인을 저장할 때에도 적정 온도가 있다. 와인 보관의 이상적인 온도는 12℃~14℃ 사이이다. 물론 온도가 좀 다르다고 해서 와인이 상하는 건 아니다. 하지만 온도가 너무 올라가면 산화가 가속화되며 마개가 병목 위로 볼록하게 올라간다.

③ **와인과 습도** : 습도는 75%일 때가 가장 좋다. 이 정도일 때 코르크 마개가 가장 단단하게 와인을 막고 있다고 한다. 습도가 60% 이하일 때는 불충분하다. 너무 건조하면 코르크 마개가 건조해져서 부스러질 수도 있다.

필요 이상의 공기가 와인에 들어가면 급속히 산화된다. 그리고 공기 중에 너무 수분이 많아도 와인의 맛이 묽어질 수도 있다. 또한 습도 조절이 안 되면 와인 병 입구에 곰팡이가 생길 수도 있다. 와인 저장고에는 습도계를 준비해야 한다.

(3) 와인 보관 장소

국내는 사계절이 뚜렷하다 보니 와인을 보관하는 데 많은 어려움이 따른다. 여름은 너무 덥고 겨울은 너무 춥기 때문에 여름의 무더위와 겨울의 난방열기가 와인을 쉽게 손상시킬 수 있다. 특히 대부분의 주거 형태가 아파트인 경우 와인을 보관할 장소 또한 마땅치 않다.

① 냉장고

단기간 보관할 경우 적합하다. 하지만 자주 열고 닫기 때문에 온도가 떨어질 위험이 있어서 장기간 보관하기에는 적합하지 않다. 온도가 너무 내려가면 와인은 숙성을 멈출 뿐 아니라 코르크가 건조해져 산화될 염려가 있다. 또한 미세한 진동이 와인 보관에 좋지 않다.

② 아파트 및 주택

아파트에 와인을 보관할 경우에는 최대한 빈틈이 없는 공간이어야 한다. 나무 합판으로 된 벽이 있어도 와인을 보관하기에 좋다. 인테리어가 가능한 경우 나름대로 자신의 저장고를 만들 수 있다. 와인은 부엌 또는 베란다 서늘한 곳에 보관하는 것이 바람직하다.

주택인 경우 실내 계단 아래가 적합하다. 이층집의 경우 층계 밑의 빈 공간을 잘 활용할 수 있다. 여기는 그렇게 온도가 높지 않으면서 습도도 있는 편이라 그다지 비싸지 않은 와인 선반을 만들어 저장하면 좋다.

③ 와인 전용 냉장고

와인 저장고가 갖춰진 집이 아니라면 와인 전용 냉장고는 와인을 보관하기에 가장 이상적이다. 보통 '와인 셀러Wine cellar'라고 부르는 이 와인 전용 냉장고는 와인을 오랫동안 보관하기 위해 특별히 고안되었으며, 그 속에는 진동이 생기지 않으며 습도와 온도 등도 일정하게 유지할 수 있다.

와인 병은 온도별로 보관한다. 13~15도로 보관되는 위 칸에는 고급 레드 와인을 넣고, 8~11도로 유지되는 아래 칸에는 스파클링 또는 화이트 와인을 보관하면 된다. 일부 모델은 나무 박스에 포장된 와인을 보관할 수 있도록 만들어졌다. 와인 전용 냉장고는 모델에 따라 10병에서 200병까지 보관할 수 있다.

④ 와인 저장고

지하실이나 차고에 공간이 있다면 와인 저장고로 활용할 수 있다. 온도와 습도 장치를 설치하고 와인 보관 시 나름대로 분류를 한다면 와인 저장고로 손색이 없다. 와인 생산 지역별로, 또는 빈티지별로 분류하거나 와인을 보관할 때 번호를 매겨 두는 방법도 있다.

와인 셀러가 되기 위해서는 지면이 평평해야 하고 진동을 일으킬 수 있는 시설물들로부터 적당한 거리를 두고 떨어져 있어야 한다. 주로 와인 컬렉터나 레스토랑 전용 창고에서 사용하는 유형이다.

3. 와인 소비자 특성과 분류

와인 소비자들은 전통적으로 하우스 와인, 테이블 와인과 같은 일반 와인에서 고급 와인으로 점차적으로 진보하게 된다. 또한 소비자의 나이나 성별, 라이프 스타일이나 소득 등에 따라 다르지만 일반적으로 마시기 쉬운 저렴한 와인 또는 하우스 와인부터 마시기 시작한다.

예를 들어 화이트 와인은 중 저가의 쏘비뇽 블랑, 진판델 같은 접근하기 쉬운 품종 와인에서 점차적으로 맛과 향이 풍부한 샤르도네 품종으로 바뀌게 되고 프랑스 AOC, 이탈리아 DOC 와인과 같이 지역별 와인을 선호하는 단계를 넘어 고급 화이트 와인을 찾게 된다.

레드 와인 역시 마시기 부드럽고 가격 또한 부담이 되지 않는 제네릭 와인에서 메를로, 까베르네 쏘비뇽, 쉬라즈 등 품종별 와인을 찾게 되고 더 나아가 프랑스 그랑 크뤼Grand Cru, 미국 컬트 와인 등 최고 품질 와인을 애호하게 되는 것이다.

대개 와인 소비자들은 이러한 소비 패턴을 따르는 것이 일반적이다. 그러나 모든 와인 애호가들이 그렇지는 않다. 와인 소비자들은 단계적인 진보와는 다른 관점에서 소비가 이루어지기도 하는데 특히 개인 소득에 따라 여러 타입으로 구분된다. 실제로 얼마의 수입을 가진 사람이 어떤 와인을 선호하는 가에 대한 자료를 찾는 것은 쉬운 일이 아니다. 하지만 프랑스나 미국 등 주요 와인 생산국에서 분석한 와인 구매자에 대한 자료를 참고할만 하다.

먼저 와인을 자주 마시지 않는 소비자는 자국 내 생산되는 와인이나 네고씨앙 상표와인, 제네릭 와인과 같은 저렴한 와인을 잔으로 마시며 기회가 있을 때 여럿이 함께 마시는 경향이 있다. 따라서 와인 구매의 양은 그리 많지 않으며 브랜드 충성도 또한 높지 않다. 그러나 더 많은 양의 와인을 마시는 소비자 층은 와인을 병으로 구매하기를 좋아한다. 이들은 대개 중 저소득층으로 지불을 덜하면서 와인을 더 마시는 합리적인 소비자 부류이다. 따라서 와인의 종류나 브랜드에 대해 지나친 선호도는 가지고 있지 않으며 언제든지 가격이나 제품의 품질에 따라 선호도가 바뀔 수 있는 소비 이동이 가능한 부류이다.

높은 가격의 와인을 소비하는 부류는 고소득층과 와인 애호가들이다. 이들은 고급 와인에 대한 정보와 가격을 잘 알고 구매하는 경향이 있다. 특히 고급 자동차, 훌륭한 레스토랑, 큰 집과 같이 그 사람의 라이프 스타일에 맞는 선택을 추구하고 있다. 이 부류에서는 커다란 소비 이동은 거의 이루어지지 않는다.

이처럼 와인 소비자를 분류하고는 있지만 소득이 많은 사람이 고급 와인을 다량 구매하는 것은 아니며, 많은 구매자들 사이에는 실제로 다양한 품질의 와인을 소득과 관계없이 오버랩하여 구매하고 있다. 또한 개인의 소득이 증가한다고 하여 와인의 소비 수준이 상승되는 것은 더욱 아니다. 그리고 와인을 처음 시도할 때 저가의 와인부터 시작하는 것 또한 아니다.

와인 소비자 분류

위에서 살펴본 것처럼 소비자에 따라 와인을 다르게 구매하는 특성이 있기 때문에 소비자를 분류한다는 것은 쉽지 않으며, 주요 와인 생산 국가가 아닌 국내에서는 더욱 어려움이 있다. 또한 모든 사람들이 주류, 특히 와인을 즐기지 않기 때문이다. 이러한 특성을 바탕으로 국내 와인 시장에서의 수치와 차이는 있겠지만 와인 마케팅 측면에서 네 가지의 분류로 나누어 볼 수 있다.

첫째로 와인 애호가Connoisseurs들로서 약 5%에 해당한다. 그들은 와인에 대해 매우 잘 알고 자주 구매하는 부류의 소비자들이다. 따라서 약간은 자기 위주로서 편견을 가지고 다른 사람을 무시하는 경향이 가끔 나타나기도 한다.

두 번째로는 와인에 대해 더 알고자 하는 지망자Aspirants들로서 45% 비율이다. 그들은 모든 와인에 대하여 호기심이 있으며, 오픈 마인드를 가지고 와인 지식과 정보에 대한 교육과 와인 테이스팅의 경험을 갈망하고 있다. 동시에 와인에 더 익숙한 애호가 또는 전문가들에 대해 상대적 열등 콤플렉스가 있다.

세 번째로는 새로운 유망주Newcomers, 즉 잠재 고객으로 현재로서는 와인에 별 관심이 없고 많이 마시지 않는다. 그렇지만 그들에게 주어진 어떤 와인에 대한 충고나 제품을 받아들이는 경향이 있다. 와인 소비자의 35% 정도를 차지하며 앞으로 잠재성이 가장 큰 고객 층이다.

마지막으로는 단순 소비자Simple Drinkers들로 와인을 습관적으로 소비하나 와인에 관하여 특별한 관심은 없고 단지 습관적으로 와인을 소비하는 부류로서 15% 차지한다. 이 소비자들은 전 세계에 다소 균등하게 분포되어 있고 주로 전통적인 와인 생산국가의 고령층 사람들로 구성된다.

일반적인 주류는 제품에 대한 정보나 한정된 품목으로 구매 선택에 있어 쉽게 접근할 수 있는 반면, 와인은 쉽지 않고 복잡하여 이해하기에 시간과 노력이 필요하다. 따라서 와인 소비자 특성 및 분류는 와인 애호가에게 어느 정도 수준인가 가늠해 볼 수 있는 지표가 된다.

4. 와인 마케팅

(1) 와인 마케팅 기본 원칙

역사적으로 와인 산업은 마케팅보다는 상품의 본질에 더 치중하는 식으로 비즈니스가 진행되어 온 측면이 있다. 명성과 소비자의 인정을 받고 명성을 획득한 여러 국제적인 와인 브랜드의 생산자들은 여전히 마케팅 관련 지식과 사업적인 결정을 크게 신경 쓰지 않고 포도를 재배하여 좋은 와인을 만드는 데 집중하고 있다.

전 세계적으로 와이너리와 와인 브랜드들이 급격하게 늘어나면서 이제 와인 시장은 거의 포화상태에 이르고 있다. 수 천 상자 내외의 적은 양의 와인을 시장에 출하하던 소규모 와인 생산자들은 가격 경쟁력이 있는 대형 브랜드의 와인에 잠식되어 고통을 받기도 한다.

오랫동안 와인은 단순한 철학 하에 생산되어 왔다. 바로 품질 좋은 와인은 잘 팔린다는 신념이다. 불행히도 이제 좋은 와인을 만들기만 하면 성공하는 시대는 지나가고 있다. 오늘날 대부분의 와이너리는 품질이 좋은 와인을 만들고 있다. 이제는 현재의 와인 시장에서 와인을 잘 판매하기 위한 방법을 알기 위해서는 마케팅 관련 원칙 인식과 실천이 요구되고 있다. 아마도 경쟁사보다 와인을 더 잘 만들어야 할 뿐만 아니라 와인을 시장에서 더 잘 팔아야 한다.

영세 와이너리들은 대형 와이너리나 와인 대기업과 비교할 때 경쟁력이 없는 것이 현실이다. 먼저 문제점으로 큰 자본이 없거나, 자체 마케팅 전문가가 없거나, 충분한 상품 물량이나 브랜드가 없는 것이다. 이러한 상황에서 성공적인 와인 비즈니스를 위해서는 마케팅의 기본적인 법칙을 파악하여 실행하는 것이 중요하다.

(2) 와인 마케팅

와인 마케팅이란 "생산자가 소비자에게 베푸는 재화와 용역의 흐름과 관련된 사업 활동 행위"로 정의된다. 이것은 와인 마케팅의 단순화된 정의인 "와인 상품을 어떻게 정의하고, 홍보하고, 유통하고, 고객과의 관계를 유지하는 것"이라고 풀이할 수 있다. 결국에 와인 마케팅은 고객을 위하여 행하는 와인업체의 모든 활동으로 정의될 수 있다.

이같은 기본적인 정의로부터 시작하여 다음 단계는 마케팅 활동의 5가지 양상인 "5개의 P"로 불리는 상품Product, 장소Placement, 가격Price, 홍보Promotion, 위치선정Positioning 으로 구분된다.

① 생산한 와인 = 상품Product ; 무엇을 팔 것인가?

고객에게 제공하는 와인 제품과 서비스의 특별한 유형을 의미한다. 판매 제품을 보다 명확하게 묘사할 수 있어야 하며 경쟁사의 제품과 어떻게 다른 지 설명할 수 있어야 한다.

② 유통망 = 장소Placement ; 어디에서 팔 것인가?

고객들이 와인에 접근하는 방법을 의미한다. 와인 산업 분야에는 수많은 유통 채널이 존재하며 그 과정은 여러 가지 법률을 통해 규정되고 있다.

③ 와인 제품 = 가격Price ; 얼마에 팔 것인가?

와인 제품과 관련된 용역에 대한 가격 책정 부분이다. 가격을 결정하기 전에 와인 제품의 현위치를 이해하는 것이 우선적이다. 가격이 너무 낮다면 소비자들이 별로 주목하지 않을 것이고 가격이 너무 높다면 와인 판매가 어려울지도 모른다.

④ 와인 홍보Promotion와 광고Advertising ; 어떻게 지원할 것인가?

와인을 어떻게 홍보하고 판매할지에 관한 부분으로 다양한 경로가 있다. 직접 판매 방식도 있고 언론 홍보, 판촉 행사 등 다양한 방법이 있다. 이 요소들을 더해 보면 판매할 와인이나 브랜드의 시장 위치에 대해서 파악할 수 있고, 이러한 판단의 총합이 현재의 상황이다.

⑤ 회사의 위상 = 위치선정Positioning ; 어떻게 비교할 것인가?

와인과 고객의 포지셔닝이 다른 와인 경쟁업체와 관련해서 어떻게 규정되는지 결정해 준다. 정확한 포지셔닝이 다른 업체들과 차별화시키고 판매하는 와인이 다른 업체의 와인들보다 돋보이도록 하며 매출과 연관되어 진다.

(3) 와인 브랜드의 채용과 소비자에게 각인

와인 마케팅의 목표는 마케팅 원칙을 가지고 브랜드의 가치를 제고하는 것이다. 시간과 돈, 노력보다 더 많은 가치를 창조하는 것이다. 마케팅의 목표는 확고한 비전을 가지고 있고 마케팅 법칙을 잘 이해하고 있어야 한다.

또한 브랜드의 이미지와 가치에 부담이 되는 실수들을 피하기 위한 원칙을 확보하고 있어야 한다.

마케팅 노력을 위해 와인 브랜드를 선정해야 한다. 그리고 브랜드가 소비자의 마음 속에 각인되어야 하며 눈에 띄어야 한다. 그 브랜드는 시장 전체와 소비자의 마음 속에 명확한 위치를 확보하고 있어야 한다. 즉 모든 마케팅의 목표는 그 업계의 선두가 되는 것이다. 이러한 마케팅 활동이 회사와 브랜드의 힘과 가치를 올리게 되어 위상이 정립되는 것이다.

와인 비지니스에 있어서도 이러한 고전적인 마케팅 이론을 바탕으로 분명한 방안을 제시하고 실행하여 선두가 될 수 있는 영역을 만들어야 한다. 이것이 와인 회사를 위한 합리적이고 가시적인 전략 가운데 하나이며 성공적인 열쇠가 된다.

5. 국내 와인 시장 현황과 트렌드

웰빙에 대한 관심이 높아지면서 국내 와인시장 또한 급성장하고 있다. 1987년 와인 수입 자유화가 되었고 이후 1997년 경제위기, 외환위기와 2008년 미국 프라임 금융위기로 시련을 겪었지만 이제 제자리를 찾기 시작하였고 계속하여 수입액이 올라가고 있다. 국내 와인시장 규모는 2020년도 수입액이 약 3억 3만 달러로, 2019년도 대비 27%의 성장세를 보이고 있다. 이제 국내는 와인소비의 도입기를 지나 성장기에 있다. 이러한 성장을 이끄는 와인시장 요인을 살펴보자.

(1) 와인 소비자 증가와 동호회 활성

글로벌화된 식문화의 변화는 많은 와인소비로 이어지고 있다. 또한 고급 레스토랑에서의 외식이나 여성의 사회 진출로 인한 소비 지출의 확대, 그리고 가정에서도 와인을 즐기고 있다. 또한 코로나 상황으로 혼술, 혼와인을 즐기는 트랜드가 이어지고 있다. 이러한 현상은 와인소비의 특성과 맞물려 와인 소비자가 급증하는 결과를 가져왔으며 인터넷 카페, SNS 등에서 와인 동호회가 활성화되고 있다.

(2) 와인분야 종사자의 전문화

두번째 요인으로는 와인분야 종사자들이 전문화되고 있다는 점이다. 최근 와인 교육기관을 통해 전문교육을 받은 종사자들이 판매 현장에 투입되면서 와인에 대한 전문적인 지식과 판매 노하우로 와인 고객들에게 완벽한 서비스와 카운셀링을 해주고 있어 매우 긍정적인 판매 성장의 측면이라 할 수 있다.

(3) 다양한 와인 공급

인터넷과 SNS를 통한 전 세계 와인에 대한 정보가 와인에 대한 관심을 유도하고 있다. 유통업체들은 다양한 종류, 품질과 가격대의 와인을 판매하고 있다. 최근 칠레, 호주 등 신세계 와인 소비에서 지중해 연안의 스페인, 남프랑스, 이탈리아 와인, 그리고 흑해 연안의 조지아 와인 등도 다양하게 소비되고 있다. 특히 할인점과 편의점에서 품질대비 저렴한 가격의 와인이 유통되어 소비를 이끌어가고 있다. 또한 약 10,000~12,000 종류의 와인 유통은 소비자로 하여금 선택의 폭을 넓게 하여 시장 성장의 중요한 요인이 되고 있다.

(4) 유기농, 바이오다이나믹, 내츄럴 와인 시장의 확대

전 세계적으로 친환경 제품인 유기농법 농산물과 식품이 활기를 띠고 있다. 유기농 와인과 관련하여 유럽 및 미주의 관련 규정이 정비되었고, 2015년부터 국내시장에 이러한 와인들의 수입이 점차 늘고 있다. 건강과 장수 트렌드에 따라 유기농법 와인을 넘어 바이오다이나믹, 내츄럴 와인들의 성장 추세는 앞으로도 점차 확대될 것이다.

(5) 저가 와인 선물 및 대중화 시대

최근 접대와 선물이 제한된 금액에서 이루어져야 하는 법석인 이유로 저렴한 와인을 찾기 시작하였다. 또한 혼와인과 데일리 와인을 즐기려는 애호가들의 확장으로 가성비 좋은 저가 와인을 구매하는 현상이 진행되고 있다. 따라서 이러한 수요는 꾸준히 와인시장의 주력으로 자리잡을 것이며, 바람직스러운 시장으로 형성될 것으로 보인다.

(6) 가벼운 스파클링 및 로제 와인 강세

마지막으로 국내 와인 시장의 트렌드는 샴페인을 포함한 스파클링 와인 소비 성장과 로제 와인의 관심을 들 수 있다. 비단 국내뿐 아니라 전 세계의 소비 패턴이라 볼 수 있는 데, 화이트 와인에서 레드 와인으로 그리고 로제 와인으로 변화가 이루어지고 있다. 이러한 변화는 레드 와인 한 종류만을 즐기던 와인 소비를 벗어나고 있다. 특히 파티문화의 정착과 가볍게 즐기는 술 문화 그리고 여성들의 와인 선호로 이러한 추세는 계속 이어질 것이라 여겨진다.

앞에서, 성장하고 있는 국내 와인 시장의 환경을 여섯 가지로 요약하였지만 그 밖에도 와인을 소비하는 많은 요소와 다양한 이유가 있다. 국내 일인당 GNP가 3만달러를 넘었고, 기업가와 전문직인이 와인을 마시면서 시장을 선도하고 있다. 특히 건강과 장수에 대한 관심으로 도수가 낮은 알코올 선호, 접대 문화 변화, 경제 상황 등 사회적인 현상들이 와인 시장에 직 · 간접적으로 긍정적인 영향을 주고 있다.

와인이 가지고 있는 식품 및 기호적 측면의 가치를 이해하고 즐기려는 와인애호가들이 증가 추세에 있다. 따라서 국내의 와인 시장 성장은 정치적, 경제적으로 큰 변수가 없는 한 계속될 것으로 전망된다.

국내 연도별 와인 수입량과 수입액 (단위: t, 천달러) 2006년~2020년

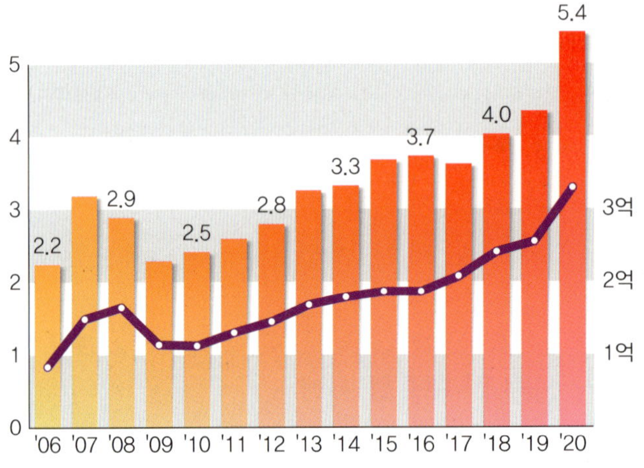

자료/관세청

와인 수입량·수입액 추이

수입량(만 t)
수입액(억 달러)

생산국가	수입량 T(톤)	수입액 (천달러)
프랑스	7,056.50	93,481
칠레	14,703.20	58,550
미국	5,502.70	56,025
이탈리아	7,452.90	48,731
스페인	10,200.40	25,595
호주	4,078.50	19,498
아르헨티나	1,448.50	7,291
뉴질랜드	825	6,738
포르투갈	806.5	4,326
독일	549.2	2,939
기타	1,503,3	6,843
합계	54,126.7	330,017

자료/관세청

[부록1] 와인 용어

> 외국어 표기 :
> (영) : 영어, (프) : 프랑스어, (이) : 이탈리아, (독) : 독어, (스) : 스페인어, (포) : 포르투갈어

Acetic 아세틱 **: (영) 신맛 나는, 식초 같은**

와인은 어느 정도 초산이 함유된다. 너무 과하면 식초 냄새나 신맛이 난다.

Acidity 어시디티 **: (영) 산, 산도**

와인에 신선함을 더하고 상큼한 맛을 내는 데 필수적인 요소로 구연산, 주석산, 사과산과 젖산 등이 있다. 산도가 너무 높으면 와인이 시어지고, 너무 낮으면 와인의 맛이 밋밋해지며 향이 입 안에 오래 남지 않고 짧게 끝난다.

Aftertaste 애프터 테이스트 **: (영) 뒷맛**

와인을 마시고 난 후, 입 안에 남아있는 맛. 여운 또는 피니시의 의미로 풍미가 오래 지속될수록 와인 품질이 뛰어나다.

Aggressive 어글레시브 **: (영) 공격적인**

와인의 산도나 탄닌이 또는 둘 모두가 강하고 많이 표출되는 경우이다.

Alcohol 알코올 **: (영) 알코올, 술**

알코올 음료에 들어있는 술은 주로 에탄올, 에틸 알코올이라 부르기도 함.

Aligoté 알리고떼 **: (프) 알리고떼 품종**

부르고뉴에서 두 번째로 많이 재배하는 화이트 와인용 포도 품종. 부르고뉴 최다 재배 품종인 샤르도네 만큼 맛이 진하지 않고 오래 보관하지 않지만 특징있고 개성있는 와인을 생산한다.

Appellation d'Origine Controlee 아펠라시옹 도리진 꽁트롤레 **: (프) 원산지통제명칭**

AOC라고 약어로 사용. 프랑스의 원산지명 품질 등급으로 특정 생산지역명을 사용하려면 포도 품종, 포도의 숙성도, 와인의 알코올 도수, 포도원의 총 생산량 그리고 재배 방식 등 모든 규정을 따라야 한다. 이것이 명시된 경우, O 위치에 원산지명이 들어간다.

Apéritif 아페리티프 **: (프) 식전주, 반주**

식전에 식욕을 돋구기 위해서 마시는 모든 음료를 지칭한다.

Aroma 아로마 **: (영) 아로마, 향**

포도 품종의 향으로 일반적으로 숙성되지 않은 와인의 향을 의미한다. 오크통 또는 병 안에서의 숙성 과정을 통해서 생성된 향인 부케Bouquet와는 구별된다. 하지만, 이 용어들의 사용이 이분법적으로 구분되지 않기 때문에 아로마와 부케 두 단어를 동의어로 사용하기도 한다.

Astringent 아스트린젠트 **: (영) 떫은 맛**

와인의 탄닌 성분에서 비롯되어 입이 마르게 하는 것 같은 떫은 성질을 의미한다. 탄닌의 양이나 특징이 떫은 정도를 결정한다.

Assemblage 아썽블라쥬 **: (프) 블렌딩, 배합**

블렌딩의 프랑스어로 포도 품종을 배합, 섞어 와인을 만드는 과정. 와인 생산자를 대표할 와인이 나오기까지 다양한 품종을 블렌딩하는 것을 뜻한다.

Auslese 아우스레제 **: (독) 아우스레제 와인**

독일 와인 QmP 등급 중 하나. 규정에 정해진 늦게 수확한 포도로 만든 와인. 귀부현상을 보이는 포

도가 사용되기도 한다.

Balance 밸런스 **: (영) 균형**

와인의 중요한 요소인 산도, 탄닌, 알코올 및 과일 성분 등 요소들의 조화로운 균형 관계. 전체적인 맛이 하나의 특징에 치우치지 않고 균형을 이루는 것으로 뒷맛과 함께 좋은 와인을 결정짓는 중요한 요소 중 하나이다.

Barrel 베럴 **: (영) 오크통**

오크통을 이르는 말. 중고가 와인들은 최소 6개월에서 3년 정도 오크통에서 숙성된 후 출시된다. 오크통에서 숙성된 와인은 향과 맛이 복합적이다.

Barrique 바리끄 **: (프) 보르도 오크통**

프랑스 보르도 지방에서 사용하는 225리터 용량의 오크통

Biodynamic 바이오다이내믹 **: (영) 유기농법, 생물역학방법**

포도 재배방법으로 토양, 포도나무, 인간 및 우주 사이의 공생적인 관계를 통한 유기농법을 뜻한다. 친자연적이고 환경적인 재배법으로 전 세계 명품 포도원에서 관심을 갖고 있다.

Body 바디 **: (영) 중량감, 포만감**

입 안에서 느끼는 와인의 꽉 찬 중량감 또는 포만감을 나타낸다. 풀Full바디, 미디움Midium바디, 라이트Light바디로 표현되며 풀바디 와인은 일반적으로 알코올 도수가 높다.

Blanc de Blancs 블랑 드 블랑 **: (프) 청포도 화이트 샴페인**

청포도로 만든 화이트 와인으로 주로 샴페인 또는 스파클링 와인의 종류를 표기할 때 쓰이는 용어. 샴페인인 경우 샤르도네 포도로 만든다.

Blanc de Noirs 블랑 드 누아 **: (프) 적포도 화이트 샴페인**

적포도로 만든 화이트로 샴페인 또는 스파클링 와인의 종류를 표기한다. 샴페인인 경우 삐노 누아 품종 포도로 만든다.

Blind Tasting 블라인드 테이스팅 **: (영) 블라인드 테이스팅**

와인 시음 시 라벨을 가려 와인 명이 공개되지 않는 경우를 의미한다. 병모양과 라벨이 와인 평가와 선별에 영향을 미치기 때문에 종이나 자루로 가린 후 테이스팅을 진행한다.

Bodega 보데가 **: (스) 와인 생산자, 와이너리**

스페인에서 와인 저장고 혹은 와인 생산자를 의미한다. 일반적으로 와인 회사는 복수형인 보데가스Bodegas로 사용한다.

Botrytis Cinerea 보트리티스 시네레아 **: (영) 회색곰팡이균**

습하고, 갠날이 반복적으로 나타나는 특정한 기후 조건에서 포도에 피는 곰팡이. 이 곰팡이에 의해 건조 부패되어 농도가 진한 포도를 만들어 낸다. 이 포도를 사용하여 보르도 쏘떼른 와인 같은 매우 달콤한 스위트 와인이 생산된다.

Breathing 브리딩 **: (영) 브리딩**

와인을 오픈 후, 공기와 접촉하여 와인을 부드럽게 하는 과정. 디켄터에 와인을 부어 공기와의 접촉을 최대로 하여 응축된 향과 맛을 부드럽게 해준다.

Bouquet 부께 **: (프) 부케, 숙성된 향**

와인이 숙성 과정을 거치면서 단순한 포도의 향을 넘어 복합적인 향으로 발달하게 된다. 레드 와인의 경우 동물향, 훈향 등 숙성된 와인에서 나오는 다양한 고급 향을 나타낸다.

Brunello di Montalcino 브루넬로 디 몬탈치노 **: (이) 적포도 품종**

이태리 산지오베제 변종 품종으로 만든 이태리 토스카나 지역의 최고 와인 산지. 브루넬로가 품종이며, 몬탈치노는 마을 명이다.

Brut 브륏 **: (프) 샴페인의 드라이한 당도**

샴페인의 당도를 표시하는 용어로 드라이한 경우를 의미한다. 브륏인 경우에는 1리터당 당분이 1.5% 이내이며 가장 많이 유통되는 대표적인 샴페인 또는 스파클링 와인의 맛이다.

BYOB 비와이오비 **: (영) 와인 또는 주류 지참**

Bring Your Own Booze'의 두문자어. 레스토랑이나 와인 바에 손님들이 주류와인을 가져가는 것을 의미한다. 주류를 가져갈 때는 레스토랑에 문의하거나, 소정의 서비스 비용을 지불해야 한다.

Cabernet Franc 까베르네 프랑 **: (프) 적포도 품종**

프랑스 보르도의 품종으로 까베르네 쏘비뇽과 블렌딩한다. 탄닌과 산도가 강하지 않지만, 허브 향 등 향이 풍부한 품종이다. 연하고 밝은 적색과 로즈베리와 검은 딸기나무향, 라이트 또는 미디엄 바디를 지닌 와인이 생산된다.

Cabernet Sauvignon 까베르네 쏘비뇽 **: (프) 적포도 품종**

보르도 지방 및 미국, 호주 등 세계 각 지역에서 생산되는 적포도 대표 품종. 이 품종으로 만든 와인은 색이 진하고, 탄닌이 많으며, 자두, 블랙체리, 베리 등의 과일향과 민트, 삼나무와 피망 그리고 숙성이 잘된 경우에는 담배, 동물 향이 특징이다.

Cask 캐스크 **: (영) 나무 술통**

나무로 제작된 와인 발효 통을 지칭하며, 와인의 발효와 숙성에 사용된다. 다양한 크기로 제작되지만, 주로 60갈론230 리터과 132갈론500 리터 사이즈가 일반적이다.

Caudalie 꼬달리 **: (프) 여운, 피니시**

프랑스어로 와인을 마시거나 뱉어낸 후에 지속되는 와인의 미각, 후각적 자극의 길이를 측정하는 단위. 1초를 1 꼬달리라 한다. 일반적으로 여운이 오래 지속될수록 고급 와인이다.

Cava 까바 **: (스) 스파클링 와인**

스페인에서 버블이 있는 스파클링 와인을 지칭한다. 바로셀로나 부근의 페네데스 지역의 까바가 유명하다.

Cave 꺄브 **: (프) 와인 저장고**

프랑스어로 양조장에서 오크통을 숙성하는 저장고 또는 와인을 판매하는 장소. 양조장에서는 주로 지하에 설치되어 있고, 넓은 의미로는 포도원이나 공동 생산 조합을 의미한다.

Chai 쉐 **: (프) 양조장**

프랑스 포도원의 양조장을 의미하며, 와인 생산 시설을 갖춘 건물을 뜻한다.

Chaptalization 샵딸리자시옹 **: (프) 가당**

와인 양조에서 포도의 당도가 낮은 경우, 알코올 함량을 높이기 위해서 포도즙에 설탕을 첨가하는 작업. 와인 생산국가들에 따라 허가 또는 금지하는 규정이 있다.

Chardonnay 샤르도네 **: (프) 청포도 품종**

전 세계 가장 많이 재배되는 화이트 와인 품종. 프랑스 부르고뉴, 샹파뉴 지역과 미국, 호주 등에서 재배된다. 레몬, 사과, 배향 등이 나며 오크 숙성 시 이국적인 과일향, 바닐라, 오크 향을 갖는 고급 화이트 와인이 된다.

Château 샤또 **: (프) 와인 생산자, 와이너리**

프랑스 보르도 지역의 생산자를 표현. 포도밭에 하우스를 짓고 포도 재배 및 양조하는 건물을 지칭할 뿐 아니라 생산자 및 상표로서 사용된다.

Chenin Blanc 슈냉 블랑 **: (프) 청포도 품종**

프랑스 루아르 지방의 화이트 와인용 품종. 멜론, 복숭아, 배, 향신료와 감귤류의 향이 부드럽게 나며 드라이 화이트 와인부터 스파클링 등 다양한 와인이 생산되고 있다.

Claret 끌라레 **: (프) 보르도 로제 와인**

17세기 영국 사람들이 보르도 레드 와인을 일컫는 영어 표현이다. 현재는 보르도 로제 와인 스타일을 의미한다.

Classico 클라시코 **: (이) 와인 생산 중심지역**

이태리 와인 생산지역 내 중심이 되는 곳으로 최고 수준의 지역을 의미한다. 끼안티 지역에서 끼안티 클라시코는 명성이 높은 DOC 와인을 생산한다.

Climat 끌리마 **: (프) 특정 포도 구획**

프랑스 부르고뉴 지방 포도밭 토지대장에 있는 지명에 사용되는 개념으로 특정 포도밭을 의미함.

Clos 끌로 **: (프) 작은 포도밭**

프랑스 부르고뉴에서 벽으로 둘러싸인 포도밭을 의미하는 용어로 많이 사용된다. 그 의미가 확대되어 포도원 자체를 의미하기도 한다.

Closed 크로우즈드 **: (영) 닫힌**

와인이 병입한지 얼마 안 돼 개성과 특징이 나타나지 않는 상태. 보관 상태나 빈티지에 따라 닫혀있는 시간이 달라진다.

Complex 콤플랙스 **: (영) 복합적인**

가장 주관적인 와인 용어. "복합적인 와인"이란 다양한 종류의 향과 풍미를 지니고 있는 고급스러운 와인을 표현할 때 사용한다.

Concentrated 칸선트레이티드 **: (영) 농도가 진한**

와인에 녹아있는 탄닌, 산도, 알코올과 과일 성분이 풍부할 때 농도가 진하다고 표현. 훌륭한 와인은 농도가 진하고 풍미가 많아, 애호가들은 이런 와인을 선호한다.

Corked 코르크드 **: (영) 코르크가 변질된**

깨끗하지 않거나 불량인 코르크를 와인 마개로 사용하여 와인 품질에 이상이 있는 경우. 와인의 향과 과일 성분이 없고 곰팡이 또는 젖은 나무 냄새가 날 경우 코르크의 오염으로 변질된 것이다.

Crémant 크레망 **: (프) 스파클링 명칭**

프랑스 샴페인 지역 외에서 생산되는 스파클링 명칭이다. 알자스, 부르고뉴, 루아르 지방에서 생산되는 경우 크레망이라 지칭한다.

Crianza 크리안사 **: (스) 품질 등급**

스페인에서 생산하는 일반적인 와인 등급이다. 와인 생산자는 오크통에서 최소한 6개월 이상 숙성해야 이 등급 용어를 사용할 수 있다.

Cru 크뤼 **: (프) 특정 포도밭**

프랑스 고급 포도를 생산하는 고유한 특징의 포도밭을 가리키는 용어. 생산지에 따라 포도밭 등급의 의미로 사용되기도 한다.

Cru Bourgeois 크뤼 부르주와 **: (프) 보르도 와인 등급**

보르도에서 1855년 그랑 크뤼 등급에 들지 못한 포도원 중에서 우수한 포도원들을 위해 1930년에 만든 새로운 와인 등급이다.

Cru Classé 크뤼 클라쎄 **: (프) 그랑크뤼 등급 분류**

프랑스의 와인 등급 분류 개념으로 그랑 크뤼 최고급 와인의 품질을 구분하기 위한 순위 등급. 보르도에서 1855년 그랑 크뤼 등급 분류 때 사용한 용어이다.

Cuvée 퀴베 **: (프) 선별된 발효조에서 양조된 와인**

원래는 특정 주조 통이나 오크통의 와인을 의미한다. 요즘에는 블렌딩을 한 와인의 최종 결과물을 지칭하기도 함. 여러 오크통 와인이 혼합된 상태.

Dégorgement 데고르쥬망 **: (프) 침전물 제거**

샴페인 와인 병 안에서 발효과정을 거치는 생산과정의 한 단계. 효모 찌거기를 제거하기 위해 병목 부분을 급속 냉각시킨 상태에서 뚜껑을 오픈하여 침전물을 빼내는 작업

Delicate 델리커트 **: (영) 섬세한**

와인이 가벼우며 은은하지만 신중함이 있는 개성적인 스타일. 일반적으로 화이트 와인이 레드 와인보다 더 섬세함이 있다.

DOC 디오씨**: (이) 원산지통제명칭**

프랑스의 AOC와 비슷한 이탈리아의 원산지통제명칭 Demoninazione di Origine Controllata 와인으로의 약어.

DOCG 디오씨지 **: (이) 품질보증 원산지통제명칭**

이탈리아 와인의 최상위 품질 등급으로 DOC급 와인보다 더 세분화되고 보증하는 와인 산지 카테고리. Denominazione di Origine Controllata e Garantita의 약어

Domaine 도멘 **: (프) 와인 생산자, 와이너리**

프랑스 부르고뉴 지방에서 와인을 생산하는 포도원 또는 와인 회사를 이르는 말.

Eau de Vie 오드비 **: (프) 스피릿츠, 고도주**

프랑스에서 주로 와인을 원료로 하는 알코올 도수가 높은 증류주. 대표적인 것으로 꼬냑, 아르마냑 등이 있다.

Eiswien 아이스바인 **: (독) 아이스 와인, 달콤한 와인**

영어로는 아이스 와인. 독일어로 가을에 수확되지 않은 포도들이 서리나 눈이 내리면 얼게 되며, 포도알의 당도가 응축되어 높은 단맛의 와인을 만들 수 있다. 캐나다에서도 아이스 와인을 생산한다.

Elegant 엘리건트 **: (영) 우아한**

와인이 품위가 있고 좋은 밸런스를 유지하여 멋진 여성을 표현하는 것 같이 쓰이는 용어. 좋은 와인을 시음 시 고급스럽게 느낄 때 사용한다.

En Primeur 엉 쁘리뫼르 **: (프) 선물 거래**

프랑스 보르도의 고급 와인인 경우, 와인을 병입하기 전에 선물 유형으로 거래하는 내용이다.

Fermentation 퍼멘테이션 **: (영) 발효**

포도를 수확하여 줄기를 제거하고 압착된 포도즙이 발효조에서 당분이 알코올로 전환되는 양조 과정을 지칭. 이러한 알코올 발효가 끝나면 강한 사과산을 부드럽고 맛이 좋아지게 하는 유산 발효를 진행한다.

Fining 파이닝 **: (영) 여과, 정제과정**

양조 과정에서 벤토나이트 또는 계란 흰자 등의 응고제를 사용하여 와인에 있는 부유물질들을 제거하는 과정. 불어로는 콜라쥬Collage 라고도 한다.

Finish 피니시 **: (영) 뒷맛, 여운**

와인을 마신 후 입과 목 부분에 남는 맛과 향을 의미하며, 1초에 1꼬달리Caudalie 라 평가하며 오래 지속될 수록 좋은 와인이다.

French Paradox 프렌치 패러독스 **: (영) 프랑스인의 역설**

육류 위주의 고지방 식사를 하는 프랑스인의 심장병 발병률이 현저하게 낮은 현상. 이유로 레드 와인을 마시기 때문이라고 1991년 미국에서 방송되면서, 와인이 건강에 좋다는 '프렌치 역설'이 시작되었다.

Fresh 프레쉬 **: (영) 신선한, 생생한**

와인에서 신선한 느낌은 좋은 와인을 나타내는 요소이다. 생동감이 있고 깨끗한 느낌의 와인을 신선하다고 표현한다.

Gamay 가메 **: (프) 적포도 품종**

프랑스 보졸레 지방에서 재배되는 품종으로, 햇와인으로 유명한 '보졸레 누보'를 만든다. 신선한 산딸기, 복숭아 등의 과일향이 풍부한 라이트 바디 와인을 생산한다.

Gewurztraminer 게뷔르츠트라미너 **: (독) 청포도 품종**

게뷔르츠트라미너는 독일어로 "알싸한, 매운" 뜻을 의미한다. 독일과 프랑스 알자스 지방에서 재배되며 향이 강하고 짜임새 있는 힘찬 무감미 와인을 주로 생산하는 포도 품종. 매콤한 한식과 중식에 잘 어울리는 와인이다.

Glycerin 글리세린 **: (영) 와인 요소**

와인 발효과정에서 발생하는 물질로서 모든 와인에 들어있다. 알코올 함량이 높을 수록, 포도를 늦게 수확하여 당도가 높을수록 글리세린 양이 많아진다. 질감을 부드럽게 하며, 바디감을 높여준다.

Gran Reserva 그랜 레세르바 **: (스) 최고 품질 등급**

스페인에서 와인 생산자가 최고의 빈티지의 경우, 와인을 양조하고 오랜 숙성을 거쳐 생산하는 고급와인이다. 리호아 와인의 경우 오크통에서 최소 2년 이상 숙성을 거쳐 출시한다.

Grand Cru 그랑 크뤼 **: (프) 최고 포도밭 또는 와인 등급**

프랑스 개념으로 고급 와인을 생산하는 자연조건 떼루아를 형성하고 있는 포도밭 중에 최상의 포도밭. 와인 생산자 또는 포도밭 등급을 정하는 카테고리로도 사용되고 있다.

Grand Vin 그랑 벵 **: (프) 대표 상표 와인, 최고 와인**

프랑스의 포도원에서 최고의 포도로만 생산된 것을 의미하며 메인 상표 와인이다. 그랑벵 와인을 만든 후, 제외되었던 포도로 두 번째 세컨Second Label 와인을 만들어 판매하기도 한다.

Grenache 그르나슈 **: (프) 적포도 품종**

그르나슈 누아Grenache Noir가 원래 명칭이며, 프랑스 론 지방의 샤또뇌프 뒤 빠프, 타벨 지역과 호주에서도 재배된다. 높은 알코올 도수와 매콤한 검은 후추향과 적색 과일향이 나는 와인을 만든다.

Grenache Blanc 그르나슈 블랑 **: (프) 청포도 품종**

그르나슈의 화이트 와인용 포도로 스페인과 프랑스에서 많이 재배되고 있는 품종이다. 알코올 도수가 높고 묵직하며 산도가 낮은 와인을 만드는 품종으로 론 지방이나 스페인에서 가르나차 블랑카 Garnacha Blanca라는 이름으로 재배되고 있다.

House Wine 하우스 와인 **: (영) 글라스 와인**

레스토랑에서 잔 단위로 파는 와인을 의미하며 글라스 와인이라고도 한다. 하우스 와인은 그 레스토랑에서 제공하는 음식과 잘 어울리는 와인을 선정하고 합리적 가격에 제공되는 와인이다.

Icewine 아이스와인 **: (영) 스위트 와인**

독일어로는 아이스바인Eiswien이라 부르는 탈콤한 디저트 와인이다. 늦은 수확으로 포도가 얼게되고, 고농축된 포도로 와인을 만들어 당도와 산도가 오묘한 조화를 이루는 와인이다. 독일과 캐나다 아이스와인이 유명하다.

Late Harvest 레이트 하비스트 **: (영) 늦은 수확**

가을에 포도를 늦게 수확한다는 의미로서 포도의 당도를 높게 하여 와인을 만들면 와인은 달콤하게 된다. 이 문구가 와인 레이블에 명시되는 경우, 대부분 스위트하여 디저트 와인이다.

Maceration 마쎄라씨옹 **: (프) 침용**

영어로는 매서레이션으로 와인 발효 기간 동안 포도즙이 포도의 껍질과 씨앗의 고체 부분과 접촉되어 색깔과 질감이 만들어지는 과정이다.

Malbec 말벡 **: (프) 적포도 품종**

프랑스 까오르 지방 와인의 주요 구성 품종으로 보르도 지방에서는 말벡이라고 부르며 탄닌 성분이 많고 색상이 강하며 보조 품종이다. 아르헨티나 멘도사 지방의 말벡은 색이 진하지만 부드러운 레드 와인으로 생산하여 인기 있다.

Meritage 메리티지 **: (영) 캘리포니아 와인**

미국 캘리포니아에서 보르도의 포도 품종을 블렌딩하여 만든 와인을 뜻한다. 레드 와인은 까베르네 쏘비뇽, 메를로와 까베르네 프랑으로 구성된다.

Merlot 메를로 **: (프) 적포도 품종**

보르도 지역의 쌩떼밀리용, 뽀므롤의 주요 품종이며 그 외 다른 지역에서도 주로 탄닌이 많은 까베르네 쏘비뇽과 혼합하면 부드러운 맛을 보태준다. 세계 여러 곳에서 재배되며 단일 품종으로도 와인이 생산되고, 과일향이 풍부하며 부드러워 마시기 쉽다.

Nebbiolo 네비올로 **: (이) 적포도 품종**

이태리 피에몬테 지방의 주요 포도 품종이다. 바롤로Barolo, 바르바레스코Barbaresco 지역의 석회질과 백악질 토양과 서늘한 기후에서 잘 자라며 맛이 진하고 묵직하며 질감이 뛰어난 와인이 생산된다.

Négociant 네고시앙 **: (프) 와인 회사**

프랑스에서 와인 무역, 또는 판매회사를 지칭한다. 네고시앙은 와인을 매입하여 판매할 뿐 아니라 햇와인을 가지고 병입될 때까지 숙성작업, 보관에 이르기까지 직접 작업을 하기도 한다.

Oak Barrel 오크 배럴 **: (영) 오크통**

오크가 와인에 미치는 좋은 영향으로 발효와 숙성 과정에 사용된다. 프랑스산이 유명하며 미국산과 러시아산 오크통도 생산된다. 오크통에 숙성한 와인에서는 바닐린Vanillin향이 특징적이며 토스트 향, 카라멜, 코코넛 향 등을 느낄 수 있다. 오크통은 가격이 높고 숙성 기간 동안 비용이 들기 때문에 중고가의 와인을 생산할 때 사용된다.

Oenologist 외놀로지스트 **: (영) 양조학자**

와인에 관한 학문을 연구하는 사람. 포도 재배 과정과 양조, 숙성 과정 전반에 걸친 모든 와인을 분석하고 조언하는 와인 전문가.

Petit Verdot 쁘띠 베르도 **: (프) 적포도 품종**

보르도 보조 품종으로 포도가 완전히 잘 익었을 경우 진한 색깔, 탄닌성분, 알코올향의 달콤한 맛을 제공해준다. 반대로 이 품종이 잘 익지 않았을 때는 와인이 시고 씁쓸한 거친 맛을 띄게 된다. 일반적으로 까베르네 쏘비뇽과 메를로와 함께 사용되는 품종이다.

Phylloxera 필록세라 **: (영) 포도나무 해충**

포도나무에 기생하는 진딧물 해충으로 19세기 후반에 프랑스 및 서유럽의 포도나무를 갉아먹어 황폐화가 되었다. 이 병충해에 면역성이 있는 미국산 포도나무 뿌리에 접목하여 회생이 되었다.

Pinot Meunier 삐노 므니에 **: (프) 적포도 품종**

프랑스 샹파뉴 지역의 적포도 품종으로 보조적으로 사용한다. 최근 단일 품종으로 샴페인을 만들기도 하며, 삐노 누아보다 과일향이 직접적으로 드러나고 오랜 숙성이 필요 없다. 만생종으로 서리에 강하기 때문에 가장 늦게 수확하는 품종이다.

Pinot Noir 삐노 누아 **: (프) 적포도 품종**

부르고뉴 레드 와인 품종으로 기후에 민감해 재배하기가 어렵고 생산성이 낮아 경비가 많이 드는 품종이다. 포도 알이 작고 즙이 많으며 다른 품종과 혼합되는 경우는 드물다. 부르고뉴 레드 와인 이외에 포도즙 색이 투명해 샴페인 양조에도 사용된다.

Reserve 리저브 **: (영) 품질 등급**

Reserva 또는 Riserva라고 지칭하며, 유럽에서는 와인 규정에 의거하여 숙성기간에 따라 생산한 와인을 의미한다. 일반적으로 품질이 뛰어나며 가격 또한 높게 책정된다. 반면, 신세계 국가에서는 좋은 포도를 선정하여 와인을 만들었거나 와인을 분류할 때 사용하기도 한다.

Riesling 리슬링 **: (독) 청포도 품종**

독일과 프랑스 알자스 지방에서 재배되는 청포도 품종으로 매우 특별하고 기품있는 와인을 생산한다. 알코올 함량이 낮으며 신맛이 강하다. 과 숙성된 포도로는 스위트 와인을 만든다.

Sangiovese 산지오베제 **: (이) 적포도 품종**

이태리 토스카나 지역에서 재배되는 포도 품종. 끼안띠 Chianti 나 부르넬로 디 몬탈치노 Brunello di Montalicino 등의 자갈, 점토, 편암 그리고 이회토 토양의 포도밭에서 고급 품질의 와인이 생산된다.

Sauvignon Blanc 쏘비뇽 블랑 **: (프) 청포도 품종**

프랑스 보르도와 루아르 그리고 뉴질랜드에서 재배되는 화이트 품종. 풋풋하고 신선한 자몽향과 산미가 좋은 라이트 바디 와인이 생산된다. 보르도 지역에서는 세미용과 블렌딩되며, 루아르 쌍쎄르 및 퓌이 퓌메 마을에서 고급 와인이 생산된다. 뉴질랜드 쏘비뇽 블랑 와인은 과일향과 맛이 풍부하여 인기가 있다.

Sec 쎅 **: (프) 드라이한**

프랑스어로 드라이한 이라는 뜻. 화이트 와인의 경우 당분이 없는 것이 특징. 스파클링 와인 등급의 경우 당분이 많지 않은 드라이한 와인을 의미한다.

Sémillon 세미용 **: (프) 청포도 품종**

보르도 지역에서 많이 재배되는 청포도 품종으로 주로 쏘비뇽 블랑과 섞어 사용한다. 특히 쏘떼른느 지역의 스위트 와인을 만들며 수년간 저장했다가 마실 수 있는 와인이다.

Sommelier 소믈리에 **: (프) 와인 총괄 책임자**

레스토랑 또는 와인 바에서 와인을 담당하는 책임자로서 와인 구매와 저장, 와인 리스트를 작성하며, 고객에게 와인과 음식을 조화시켜 주며 서비스를 제공하는 역할을 한다.

Spicy 스파이시 **: (영) 향신료의, 매콤한**

레드 와인에서 과일향과 함께 나는 향신료 향. 계피, 후추, 박하, 허브와 정향, 육두구 등의 후각 테이스팅 용어이다.

Spumante 스푸만테 **: (이) 스파클링 와인**

이태리에서 생산되는 스파클링 와인을 통칭한다.

Structure 스트럭츄어 **: (영) 구조감**

와인의 골격과 와인의 전반적인 구성을 의미한다. 산도, 탄닌, 글리세린, 알코올, 당분이 와인을 이루는 요소로 갖추어진 구조로 "단단하다 또는 약하다" 라는 표현을 사용한다.

Sulfurous acid 설퍼로우스 산 **: (영) 아황산**

와인 양조 시 매우 극소량을 첨가하여 살균 또는 산화방지를 위해 사용한다. 와인의 방부제 역할을 하지만 많이 사용하면 두통을 유발할 수 있어 법적 규제가 엄격하다.

Super Toscana 슈퍼 토스카나 **: (이) 슈퍼 투스칸**

이탈리아 토스카나 지역에서 DOC 규정을 준수하지 않은 까베르네 쏘비뇽 품종을 사용해 생산한 고급 와인을 지칭한 신조어. 토스카나 전통적인 산지오베제 포도로 만든 와인보다 품질이 우수하고 가격이 높아 최고급 토스카나 와인을 통칭한다.

Superiore 수페리오레 **: (이) 상위 품질 등급**

이태리 와인 생산 지역 중에 일반적으로 품질이 상위인 경우 지역명과 함께 사용한다. 알코올 함량, 숙성기간 등이 일반 와인보다 더 높은 규정이 적용된다.

Syrah 시라 **: (프) 적포도 품종**

더운 기후인 프랑스 남부 론 강, 랑그독 루시옹 지역에서 많이 재배되는 적포도 품종. 호주 및 신세계 생산국에서는 시라즈Shiraz라고 부른다.

Table Wine 테이블 와인 **: (영) 와인 등급**

프랑스 와인의 낮은 등급인 벵 드 따블Vin de Table로 일상적으로 마시는 낮은 등급의 와인을 지칭. 식사 때에 음식과 함께 마시기 좋은 와인으로 프랑스에서 벵 드 프랑스Vins de France라 부른다.

Tannin 탄닌 **: (영) 탄닌**

포도송이의 껍질, 씨, 꽃자루 등에 있는 유기 성분으로 와인을 장기간 보존될 수 있도록 해준다. 탄닌이 많은 경우에 생산 초기에는 텁텁한 느낌이 강하지만 숙성되면 부드러워져 복합미의 와인으로 바뀌게 된다.

Tastevin 타스트벵 **: (프) 테이스팅 잔**

프랑스 부르고뉴 지방에서 예전에 사용하는 시음용 은제 용기. 와인 상인들이 사용했던 것으로 유리잔과 달리 깨지지 않고, 가운데는 불룩하게 올라온 형태로 되어있어 와인 색상을 보거나 시음을 쉽게 할 수 있는 구조를 갖고 있다.

Tempranillo 뗌쁘라니요 **: (스) 적포도 품종**

스페인의 대표 레드 와인 품종. 리오하에서 가장 잘 적응하고 좋은 품질의 와인을 생신한다. 이 품종 와인은 색이 진하고 검붉은 자두, 딸기, 향신료와 담뱃잎 향이 나는 와인이 생산된다.

Varietal 버라이어틸 **: (영) 품종 와인**

특정 품종으로 만든 와인이다. 단일 품종인 까베르네 쏘비뇽, 메를로, 삐노 누아 및 샤르도네 등으로 만든 와인을 지칭한다.

Vieilles Vignes 비에이유 비뉴 **: (프) 오래된 포도나무**

프랑스의 오랜 수령의 포도나무를 뜻하며 V.V의 약어로 사용된다. 영어로는 올드 바인Old Vine으로 표기된다. 오래된 포도나무의 포도는 생산량은 적지만 섬세하고 우아한 와인을 생산할 수 있다.

Vin de Pays벵 드 뻬이 **: (프) 프랑스 와인 등급**

프랑스 테이블 와인 부류에 속하는 와인이나 라벨에 지역명을 표기할 수 있다. 특히 와인 라벨에 AOC 원산지 없이 포도 품종을 기입하는 경우 벵 드 뻬이 와인이다.

Vintage빈티지 **: (영) 수확년도**

포도가 재배되고 수확되어 와인을 생산한 연도를 말한다. 대부분 와인 라벨에 빈티지가 나오지만 수확연도가 다른 포도들을 블렌딩하는 경우 빈티지를 표기하지 않으며 샴페인과 셰리가 있다.

Viognier비오니에 **: (프) 청포도 품종**

프랑스 론 지방에서 재배되는 청포도 품종으로 고품질의 섬세한 와인을 생산한다. 론 북부 지방의 꽁드리유와 샤또 그리에가 이 품종 와인으로 유명하다.

Yeast이스트 **: (영) 효모**

와인 생산에 있어서 절대적으로 필요한 곰팡이류. 효모는 와인 발효과정을 통해 당분을 알코올과 이산화탄소로 분해한다.

Zinfandel진판델 **: (영) 적포도 품종**

1850년대부터 미국에서 재배되기 시작한 대표적인 레드 와인 품종으로 미국 내에서 많은 재배면적을 가지고 있다.

[부록 2] 국가 및 지역별 와인의 종류 및 등급

1. 메독Medoc 지역 1855년 크뤼 클라쎄 Cru Classe – 61개 레드와인

등급	샤또 명칭
1등급	샤또 오브리옹Chateau Haut–Brion
	샤또 라피트 로칠드Chateau Lafite–Rothschild
	샤또 라뚜르Chateau Latour
	샤또 마고Chateau Margaux
	샤또 무똥 로칠드Chateau Mouton–Rothschild
2등급	샤또 브란 깡뜨낙Chateau Brane–Cantenac
	샤또 꼬스 데스뚜르넬Chateau Cos d'Estournel
	샤또 뒤크뤼 보까이유Chateau Ducru–Beaucaillou
	샤또 뒤르포르 비방Chateau Durfort–Vivens
	샤또 그뤼오 라로즈Chateau Gruaud–Larose
	샤또 라스꽁브Chateau Lascombes
	샤또 레오빌 바르똥Chateau Leoville–Barton
	샤또 레오빌 라 까즈Chateau Leoville–Las Cases
	샤또 레오빌 뿌아페레Chateau Leoville–Poyferre
	샤또 몽로즈Chateau Montrose
	샤또 삐숑 롱그빌 꽁떼스 드라렁드Chateau Pichon–Longueville Comtesse de Lalande
	샤또 삐숑 롱그빌 바롱Chateau Pichon–Longueville Baron
	샤또 로장 세글라Chateau Rauzan–Segla
	샤또 로장 가씨에Chateau Rauzan–Gassies
3등급	샤또 보이드 깡뜨낙Chateau Boyed Cantenac
	샤또 깔롱 쎄귀르Chateau Calon–Segur
	샤또 깡뜨낙 브라운Chateau Cantenac Brown
	샤또 데스미라이유Chateau Desmirail
	샤또 페리애르Chateau Ferriere
	샤또 지스꾸르Chateau Giscours

등급	샤또 명칭
3등급	샤또 디쌍Chateau D'Issan
	샤또 끼르방Chateau Kirwan
	샤또 라그랑주Chateau Lagrange
	샤또 라 라귄Chateau La Lagune
	샤또 랑고아 바르똥Chateau Langoa-Barton
	샤또 말레스꼬 쌩떽쥐뻬리Chateau Malescot Saint-Exupery
	샤또 마르끼 달렘 벡께르Chateau Marquis d'Alesme Becker
	샤또 빨메르Chateau Palmer
4등급	샤또 베이슈벨Chateau Beychevelle
	샤또 브라네르 뒤크뤼Chateau Branaire-Ducru
	샤또 뒤아르 미롱 로칠드Chateau Duhart-Milon-Rothschild
	샤또 라퐁 로쉐Chateau Lafon-Rochet
	샤또 마르끼 드 떼름Chateau Marquis-de-Terme
	샤또 프리외레 리신Chateau Prieure-Lichine
	샤또 쌩 삐에르Chateau Saint-Pierre
	샤또 딸보Chateau Talbot
	샤또 라뚜르 까르네Chateau La Tour-Carnet
	샤또 뿌제Chateau Pouget
5등급	샤또 다르마이약Chateau d'Armailhac
	샤또 벨그라브Chateau Belgrave
	샤또 까멍싹Chateau Camensac
	샤또 깡뜨메를로Chateau Cantemerle
	샤또 끌레르 미롱Chateau Clerc Milon
	샤또 꼬스 라보리Chateau Cos Labory
	샤또 크르와제 바쥬Chateau Croizet-Bages
	샤또 도작Chateau Dauzac
	샤또 그랑 뿌이 뒤까스Chateau Grand-Puy-Ducasse
	샤또 그랑 뿌이 라꼬스뜨Chateau Grand-Puy-Lacoste
	샤또 오바주 리베랄Chateau Haut Bages Liberal

등급	샤또 명칭
5등급	샤또 오바따이에Chateau Haut-Batailley
	샤또 린치 바주Chateau Lynch Bages
	샤또 린치 무싸Chateau Lynch Moussas
	샤또 뻬대스끌로Chateau Pedesclaux
	샤또 뽕떼 까네Chateau Pontet-Canet
	샤또 바따이에Chateau Batailley
	샤또 뒤 떼르트르Chateau Du Tertre

2. 그라브Graves 1959년 그랑 크뤼 클라쎄 Grand Cru Classe – 화이트, 레드 와인

샤또 명	와인
샤또 오브리옹Château Haut-Brion	레드
샤또 부스꼬Château Bouscaut	화이트, 레드
샤또 까르보니에Château Carbonnieux	화이트, 레드
샤또 도멘 드 슈발리에Domaine de Chevalier	화이트, 레드
샤또 꾸엥Château Couhins	화이트
샤또 꾸엥 뤼르똥Château Couhins-Lurton	화이트
샤또 드 퓌외잘Château de Fieuzal	레드
샤또 오바이Château Haut-Bailly	레드
샤또 라뚜르 마르띠약Château Latour-Martillac	화이트, 레드
샤또 라빌르 오브리옹Château Laville Haut-Brion	화이트
샤또 말라르틱 라그라비에르Château Malartic-Lagravière	화이트, 레드
샤또 라미씨용 오브리옹Château La Mission Haut-Brion	레드
샤또 올리비에Château Olivier	화이트, 레드
샤또 빠쁘 끌레방Château Pape Clément	레드
샤또 스미스 오 라피뜨Château Smith Haut Lafitte	레드
샤또 라뚜르 오브리옹Château La Tour Haut-Brion	레드

3. 쏘테른Sauternes 지역 1855년 크뤼 클라쎄 Cru Classe – 스위트 화이트 와인

등급	샤또 명
특 1등급Premier Cru Supérieur	샤또 디껨Château d'Yquem
1등급Premier Crus	샤또 라뚜르 브랑쉬Château La Tour Blanche
	샤또 라포리 뻬이라게Château Lafaurie–Peyraguey
	샤또 끌로 오 뻬이라게Château Clos Haut–Peyraguey
	샤또 드 레이뉴 비뇨Château de Raygne–Vigneau
	샤또 쉬뒤로Château Suduiraut
	샤또 꾸떼Château Coutet
	샤또 끌레망스Château Climens
	샤또 기로Château Guiraud
	샤또 리외쎅Château Rieussec
	샤또 씨갈라–라보Château Sigalas–Rabaud
	샤또 라보 프로미Château Rabaud–Promis

*1855년 등급 분류 받은 2등급 15개 샤또가 추가로 존재함.

4. 쌩때밀리옹Saint-Emilion 2012년 그랑 크뤼 클라쎄 – 레드 와인

등급	샤또 명
프르미에 그랑 크뤼 클라쎄 Premier Grand Cru Classé A	샤또 앙젤뤼스Château Angelus
	샤또 오존Château Ausone
	샤또 슈발 블랑Château Cheval Blanc
	샤또 빠비Château Pavie
프르미에 그랑 크뤼 클라쎄 Premier Grand Cru Classé B	샤또 보세쥬르 베코Château Beau–Sejour Becot
	샤또 보세쥬르Château Beausejour
	샤또 벨에르 모낭주Château Belair–Monange
	샤또 까농Château Canon
	샤또 까농 라 가프리에르Château Canon–la–Gaffeliere
	샤또 피작Château Figeac
	샤또 라 가프리에르Château laGaffeliere
	샤또 라 몽도뜨Château la Mondotte

등급	샤또 명
프르미에 그랑 크뤼 클라쎄 Premier Grand Cru Classé B	샤또 라르씨 뒤까스Château Larcis-Ducasse
	샤또 빠비 마껭Château Pavie-Macquin
	샤또 트로롱 몽도Château Troplong-Mondot
	샤또 트로뜨비에이유Château Trottevielle
	샤또 바랑드로Château Valandraud
	샤또 클로 푸르떼Clos Fourtet

* 그랑 크뤼 등급 분류 받은 64개 샤또가 추가로 존재함.

5. 부르고뉴 꼬뜨 도 르Cotes d'Or 지역의 그랑 크뤼

구분	꼬뮌 마을	그랑 크뤼 끌리마
꼬뜨 드 뉘 Cotes de Nuit	쥬브레 샹베르땡 Gevrey-Chambertin	샹베르땡Chambertin 샹베르땡 끌로드베즈Chambertin-Clos de Bèze 마지 샹베르땡Mazis-Chambertin 라트리시에르 샹베르땡Latricières-Chambertin 그리오뜨 샹베르땡Griotte-Chambertin 샤뻴 샹베르땡Chapelle-Chambertin 뤼쇼뜨 샹베르땡Ruchottes-Chambertin 샤름 샹베르땡Charmes-Chambertin 마주와이에르 샹베르땡Mazoyères-Chambertin (샤름 포함)
	모레 생 드니 Morey-St-Denis	끌로 들라 로슈Clos de la Roche 끌로 쌩드니Clos Saint-Denis 끌로 데 랑브레Clos des Lambrays 끌로 드 따르Clos de Tart 본느 마르Bonnes Mares
	샹볼 뮈지니 Chambolle-Musigny	뮈지니 Musigny 본느 마르Bonnes Mares
	부조Vougeot	끌로 드 부조Clos de Vougeot
꼬뜨 드 본 Cotes de Beaune	본 로마네 Vosne-Romanee	로마네 꽁띠Romanée-Conti 라로마네 La Romanée 로마네 쌩비벙 Romanée-Saint-Vivant 라따슈 La Tâche 리슈부르그Richebourg 라그랑드뤼La Grande Rue 그랑 제셰조Grands Echezeaux 에셰조Echezeaux

구분	꼬뮌 마을	그랑 크뤼 끌리마
꼬뜨 드 본 Cotes de Beaune	알록스 꼬르동 Aloxe Corton	꼬르똥Corton 꼬르똥 샤를마뉴Corton–Charlemagne 샤를마뉴Charlemagne
	뾜리니 몽라쉐 Puligny Montrachet	몽라셰 Montrachet 슈발리에 몽라셰Chevalier–Montrachet 바따르 몽라셰Bâtard–Montrachet 비엥브뉴 바따르 몽라셰Bienvenues–Bâtard–Montrachet
	샤샤뉴 몽라쉐 Chassagne Montrachet	몽라셰Montrachet 바따르 몽라셰Bâtard–Montrachet 크리오 바따르 몽라셰Criots–Bâtard Montrachet

[부록 3] 국가 및 지역별 와인 생산지

1. 프랑스

전 지역	
보르도Bordeaux	사부아Savoie
루아르 밸리Loire Valley	론 밸리Rhone Valley
샹파뉴Champagne	프로방스Provence
알자스Alsace	랑그독-루시용Languedoc-Roussillon
쥐라Jura	남서부South-West
부르고뉴Bourgogne	코르스Corse

샹파뉴	
샹파뉴 AC Champagne AC wine area	꼬뜨 데 블랑Cote des Blancs
몽타뉘 드 랭스Montagne de Reims	꼬뜨 드 세잔Cote de Sezanne
발레 드 라 마른Vallee de la Mame	오브Aube

보르도	
메독Medoc	라랑드 드 포므롤Lalande-de-Pomerol
쌩테스테프Saint-Estephe	포므롤Pomerol
뽀이악Pauillac	쌩때밀리옹Saint-Emilion
생줄리앙St-Julien	생 포이 보르도Sainte-Foy-Bordeaux
오 메독Haut-Medoc	프리미에 꼬뜨 드 보르도Premieres Cotes de Bordeaux
리스트락Listrac	페삭 레오냥Pessac-Leognan
물리스Moulis	그라브Graves
마고Margaux	앙트르 되 메르Entre-Deux-Mers
꼬뜨 드 블레이Cotes de Blaye	바르삭Barsac
꼬뜨 드 부르Cotes de Bourg	쏘테른Sauternes

부르고뉴	
샤블리 앤 꼬뜨 도르Chablis and the Yonne Cote d'Or	꼬뜨 샬로네즈Cote Chalonnaise
꼬뜨 드 뉘Cote de Nuits	마코네Maconnais
꼬뜨 드 본Cote de Beaune	보졸레Beaujolais

론	
꼬뜨 뒤 론Cote du Rhone	라스토Rasteau
꼬뜨 로티Cote-Rotie	지공다스Gigondas
콩드리유Condrieu	봄 드 브니즈Beaumes-de-Venise
콩드리유/생 조셉Condrieu/St-Joseph	바케라Vacqueyras
샤또 그리에Chateau-Grillet	샤토네프 뒤 파프Chateauneuf-du-Pape
생 조셉St-Joseph	리락Lirac
에르미타주Hermitage	타벨Tavel
코로나스Coronas	꼬뜨 뒤 벙투Cotes du Ventoux
생 페레St-Peray	꼬뜨 뒤 뤼베롱Cotes du Luberon

2. 이탈리아

전 지역	
발레다오스타Valle d'Aosta	마르케Marche
피에몬테Piedmont	아브루초Abruzzo
리구리아Liguria	라치오Lazio
롬바르디아Lombardy	몰리제Molise
베네토Veneto	캄파니아Campania
트렌티노알토아디제Trentino-Alto Adige	바실리카타Basilicata
프리울리베네치아줄리아Friuli-Venezia Giulia	풀리아Puglia
에밀리아로마냐Emilia-Romagna	칼라브리아Calabria
토스카나Tuscany	시칠리아Sicily
움브리아Umbria	

토스카나
끼안티 Chianti DOCG
끼안티 클라시코 Chianti Classico DOCG
베르나차 디 산 지미냐노 Vernaccia di San Gimignano DOCG
볼게리 Bolgheri
부르넬로 디 몬텔치노 Brunello di Montalcino DOCG, 로소 디 몬탈치노 Rosso di Montalcino
비노 노빌레 디 몬테풀치아노 Vino Nobile di Montepulciano DOCG, 로소 디 몬테풀치아노 Rosso di Montepulciano

피에몬테
바르베라 다스티 Barbera d'Asti DOCG
로에로 Roero, 아르네이스디로에로 Arneis di Roero DOCG
바르바레스코 Barbaresco DOCG
바롤로 Barolo DOCG
돌체토 달바 Dolcetto d'Alba
아스티 Asti DOCG, 모스카토다스티 Moscato d'Asti DOCG
가비 Gavi, 코르테제 디 가비 Cortese di Gavi DOCG

3. 스페인

전 지역	
토로 Toro	프리오라토 Priorato
루에다 Rueda	페네데스 Penedes
리베라 델 두에로 Ribera del Duero	라만차 La Mancha
리호하 Rioja	셰리 Sherry

4. 독일

전 지역	
모젤 자르 루버Mosel-Saar-Ruwer	라인헤센Rheinhessen
아르Ahr	팔츠Pfalz
나헤Nahe	뷔르템베르크Wurttemberg
라인가우Rheingau	바덴Baden

5. 미국

워싱턴 주
컬럼비아 밸리Columbia Valley AVA
왈라 왈라 밸리Walla Walla Valley AVA
야키마 밸리Yakima Valley AVA
레드 마운틴Red Mountain AVA

오리곤 주	
윌라메트 밸리Willamette Valley AVA	로구 밸리Rogue Valley AVA
움쿠아 밸리Umpqua Valley AVA	애플케이트 밸리Applegate Valley AVA

아이다호 주
스네이크 리버 밸리Snake River Valley

캘리포니아 주	
소노마 밸리Sonoma Valley	리버모어 밸리Livermore Valley
나파 밸리Napa Valley	산타클라라 밸리Snata Clara Valley

나파 밸리
로스 캐너로스Los Carneros AVA
아틀라스 피크Altas Peak sub AVA
하우엘 마운틴Howell Mountain sub AVA
마운트 비더Mount Veeder sub AVA

오크빌 Oakville sub AVA
러더포드 Rutherford sub AVA
스프링 마운틴 Spring Mountain sub AVA
스태그스 립 디스트릭트 Stags Leap District sub AVA
세인트 헬레나 St. Helena sub Ava
칠리스 밸리 Chiles Valley sub AVA
욘트빌 Yountville sub AVA
오크놀 Oak Knoll sub AVA

6. 칠레

전 지역	
아콩카과 밸리 Aconagua Valley	쿠리코 밸리 Curico Valley
카사블랑카 밸리 Casablanca Valley	마울레 밸리 Maule Valley
마이포 밸리 Maipo Valley	비오 비오 Bio Bio
라펠 밸리 Rapel Valley	

7. 호주

남호주	
클레어 밸리 Clare Valley	맥라렌 배일 McLaren Vale
애들레이드 플레인스 Adelaide Plains	쿠나와라 Coonawarra
바로사 밸리 Barossa Valley	야라 밸리 Yarra Valley

8. 뉴질랜드

North Island(북섬)	South Island(남섬)
오클랜드 Anckland	넬슨 Nelson
기즈번 Gisborne	말보로 Marlborough
혹스 베이 Hawke's Bay	센트럴 오타고 Cental Otago

참고 문헌

- 고재윤, “와인 커뮤니케이션”, 세경, 2010.
- 김준철, “와인”, 백산 2009.
- 로드 필립스, 이은선 역, “도도한 알코올”, 와인의 역사, 시공사, 2002.
- 마니 올드, 정미나, “와인 테이스팅 코스”, 시그마북스, 2015.
- 뱅상 가스니에, 김명경 역, “와인 테이스팅 노트 따라하기”, ㈜ 바롬웍스, 2010.
- 서한정, “서한정의 와인가이드”, 그랑벵코리아, 2004.
- 소펙사, “프랑스 포도주와 오드비 세계로의 여행”, SOPEXA Coree, 1996.
- 실뱅 피티오 & 장-샤를 세르방, 백재화 & 이정욱 공역, “부르고뉴 와인”, 2009.
- 오펠리 네만, 박홍진 역, “와인은 어렵지 않아”, 그린쿡, 2015.
- 이기철 역, “이탈리아 DOC와 DOCG 와인 리스트”, 이탈리아 무역관 이탈리아 대사관 무역진흥부, 2007.
- 이순주 & 고재윤 역, “뉴밀레니엄시대의 와인 소믈리에 경영실무”, 백산, 2001.
- 캐빈 즈랠리, 정미나 역, “와인 바이블”, 출판사, 2016.
- 타라 토마스, 박원숙 역, “와인 101”, 가산출판사, 2012.
- 한관규, “보르도 와인”, (주) 지구문화, 2019.
- 황헌, “와인잔에 담긴 인문학”, 시공사, 2020.
- 뉴질랜드 와인 협회(New Zealand wine) www.nzwine.com
- 독일 와인 협회(Wines of Gemany) www.germanwines.de
- 미국 캘리포니아 와인 협회(California Wine Institute) www.wineinstitute.co.kr
- 스페인 와인 협회(wines from spain) www.foodswinesfromspain.com
- 칠레 와인 협회(Wines of Chilie) www.winesofchile.org
- 프랑스 보르도 와인 연합회(CIVB ; Bordeaux Wine Council) www.bordeaux.com
- 프랑스 부르고뉴 와인 연합회(BIVB ; Bourgogne Wine Board) www.bourgogne-wines.com
- 프랑스 샹파뉴 와인 연합회(Comité Champagne) www.champagne.fr
- 호주 와인 협회(Wine Australia) www.wineaustralia.com
- Hugh Johnson, Jancis Robinson “The World Atlas of Wine”, 8rd ed, 그린쿡, 2020.
- Jancis Robinson “The Oxford Companion to Wine” Rev.3rd ed, Oxford University Press 2006
- Madeline Puckette & Justin Hammack “The Essential Guide to Wine” Wine Folly LLC 2015
- Steven Kolpan “Exploring Wine” Rev.3rd ed Wiley 2010
- Tom Stevenson “Sotheby's Wine Encycolpedia” Rev.5rd ed, DK 2011

Principles of Wine

와인학 원론

한관규 · 이성희 · 정미영 글 · 사진

초판 1쇄 인쇄 : 2021. 5. 15.
초판 1쇄 발행 : 2021. 5. 20.

발행처 : ㈜ **지구문화**
발행인 : 주병오 · 주민기

등록번호 : 제 9-57호
등록일자 : 1979. 7. 13

경기도 파주시 회동길 209 파주출판문화정보산업단지
전화 : (031) 955-2777 팩스 : (031) 955-7731

독자 의견에 항상 귀 기울이고 있습니다.
홈페이지 : www.ji-gu.co.kr
E-mail : jigupub@hanmail.net

*값은 뒷표지에 있습니다.
*잘못된 책은 바꾸어 드립니다.

ISBN 978-89-7006-889-3 값 22,000원